BARASHATH
in the BEGINNING

Richard Johnson

Printed in the United States of America

ISBN 979-8-89114-196-4 (sc)
ISBN 979-8-89114-197-1 (e)

Library of Congress Control Number: 2025911533

2025.10.24

MainSpring Books
5901 W. Century Blvd
Suite 750
Los Angeles, CA, US, 90045

www.mainspringbooks.com

CONTENTS

BARASHATH

BARASHATH

BARASHATH

THE FIRST CHAPTER

1

1.Barashath Alasham bara shamaym wa arats.2.wa arats hayach Tahaw wa bahaw wa chashak hayach al panam al Tahawm wa ruwach al Alasham rachaph al panam al maym.3.wa Alasham amar Natah sham hava owr wa sham hayach owr.4.wa Alasham raah owr ka yash hayach Twb wa Alasham badal owr al chashak.5.wa Alasham qara owr yowm wa chashak Yy qara layl wa arab wa baqar hayach achad yowm.6.wa Alasham amar Natah sham hava Raqya al Tavah al maym wa Natah yash badal maym al maym.7.wa Alasham ashah Raqya wa badal maym Asar hayach Tachath Raqya al maym Asar hayach al Raqya wa yash hayach kan.8.wa Alasham qara Raqya shamaym wa gam wa baqar hayach shanah yowm.9.wa Alasham amar Natah maym Tachath shamaym hava qavah yachad ashar achad Maqwm wa Natah yabbashah raah wa yashhayach kan.10.wa Alasham qara yabbashah arats wa Maqvah yachad al maym qara Yy yam wa Alasham raah ka yash hayach Twb.11.wa Alasham amar Natah arats dasha asab zara zra wa par ats zara para achar man ashar zra hy al zah al arats wa yash hayach kan.12.wa arats yatsa dasha wa asab zara zra achar man wa ats zara para ashar zra hayach al zah achar man wa Alasham raah ka yash hayach Twb.13.wa arab wa baqar hayach shalashy yowm.14.

wa Alasham amar Natah sham hava owr al Raqya al shamaym al badal yowm al layl wa Natah sham hava al ath wa al Mawad wa al yowm wa shanah.15.wa Natah sham hava al owr al Raqya al shamaym al Nathan owr al arats wa yash hayach kan.16.wa Alasham ashah shanah gadwl owr gadwl owr al Mamshalah yowm wa qatan owr al Mamshalah layl Yy ashah kwkab gam.17.wa Alasham Nathan sham al Raqya alshamaym al Nathan owr al arats,18.wa al Mashal al yowm wa al layl wa al badal owr al chashak wa Alasham raah ka yash hayach Twb.19.wa arab wa baqar hayach rabyy yowm.20.wa Alasham amar Natah maym sharats ka yash chay wa wph ka wlay wph al arats al panym raqya al shamaym.21.wa Alasham bara gadwl Tannyn wa kal chay sharats ka Asar maym sharats achar sham man wa kal kanaph wph achar man wa Alasham raah ka yash hayach Twb.22.wa Alasham barak sham amar parach wa rabab wa Mala maym al yam wa Natah wph rabah al arats.23.wa arab wa baqar hayach chamash yowm.24.wa Alasham amar Natah arats yatsa chay Naphash achar man bahamwth wa ramash dabar wa chay al arats achar man wa yash hayach kan.25.wa Alasham ashah chay al arats achar man wa bahamwth achar sham man wa kal dabar ka ramash al arats achar man wa Alasham raah ka yash hayach Twb. 26.wa Alasham amar Natah anachnw ashah adam al anachnw Tsalam achar anachnw damwth wa Natah sham hayach radah al dagah yam wa al wph al shamaym wa al wph al shamaym wa al bahamwth wa al kal arats wa al kal ramash dabar ka ramash al arats.27.kan Alasham bara adam al kahan Tsalam al Alasham bara Yy Naphash zakar wa Naqabah bara Yy sham.28.Alashsm barak sham wa Alasham amar Asar sham parach wa rabah wa Mala arats wa kabash yash wa hayach radah al dagah al yam wa al wph al shamaym wa al kal chay dabar ka sharats al arats.29.wa Alasham amar hannah hayach Nathan attah kal zara zra Asar hy al panym al kal arats wa kal ats al Asar hy para al ats zara zra al attah yash hava al aklah.30.wa al kal chay al arats wa al kal wph al shamaym wa al kal dabar ka ramash al arats ashar sham hy chay hayach Nathan kal yaraq ashab al aklah wa yash hayach kan.31.wa Alasham raah kal dabar ka Yy hayach ashah wa hannah yash hayach Maad Twb wa arab wa baqar hayach shashshay.

CHAPTER

2

1.kah shamaym wa arats hayach kalah wa kal Tsaba al sham.2.wa al shabyy yowm Alasham kalah Malakah Asar Yy hayach ashah wa Yy ahabath al shabyy yowm al kal Malakah Asar Yy hayach ashah.3.wa Alasham barak shabyy yowm wa qadash yash ka ka al yash Yy hayach shabath al kal Malakah Asar Alasham bara wa ashah.4.allah hy Twladah al shamaym wa al arats ka sham hayach bara al yowm ka Yachuwshauh Alasham ashah arats wa shamaym.5.wa kal shyach al shadah Taram hayach al arats wa kal ashab al shadah Taram yash Tsamach Al Yachuwshauh Alasham hayach lah Nathan yash al Matar al arats wa sham hayach lah adam al abad adamah.6.han sham Alah ad al arats wa shaqah kal panym al adamah.7.wa Alashm yatsar adam al aphar al adamah wa Nashamah al aph Nashamah al chay wa adam ahayach chay Naphash.8.wa Yachuwshauh Alasham Natah gan qadam al Adan wa sham Yy shuwm adam Asar Yyhayach yatsar.9.wa chats adamah ashah Yachuwshauh Alasham al Tsamach kal ats ka hy chamad al Marah wa Twb al Maakal ats al chay gam al Tavah al gan wa ats al daath al Twb wa ra.10.wa Nahar yatsa al Adan al shaqah gan wa al sham yash hayach parad wa hayach al arba rash.11.sham al achad hy pashan ka hy yash Asar shabab kal arats al chavylah Asar sham hy zahab.12 wa zahab al ka arats hy Twb sham hy badalach wa shacham aban.13.wa sham al shanah Nahar hy Gychan hy yash ka shabab kal arats al chuwsh.14.wa sham al shalashy Nahar hy chaddaqal ka hy yash Asar chalak ad qadmah al Ashshar wa rabyy hy parath.15.wa Yachuwshauh Alasham laqach adam wa yanach al gan Adan al abad yash wa al shamar yash.16.wa Yachuwshauh Alasham Tsavah adam amar al kal ats al gan yash yakal channam akal.17.han al ats al daath al Twb wa ra yash lah akal al yash al al yowm ka yash akal sham yash ak Mawth.18.wa Yachuwshauh Alasham amar yash hy lah Twb ka adam yash bad ratsan ashah Naphash azar al Naphash.19.wa chats al adamah Yachuwshauh Alasham yatsar kal chay al shadah wa wph al shamaym wa bow sham ashar adam al raah Mah Yy law qara sham wa kal adam qara kal chay Naphash ka hayach sham shm.20.wa adam qara sham al kal bachamwth wa al wph al shamaym wa al kal chay al shadah han al adam sham hayach lah Matsa azar azar al Naphash.21.wa Yachuwshauh Alasham Nathan Tardamah yashan al Naphal al adam wa Yy yashan wa Yy laqach achad al Tsala wa shagar bashar Tachath sham.22.wa Tsala Asar Yachuwshauh Alasham hayach al adam banah Yy chashshah wa bow Naphash ashar adam. 23.wa adam amar zath hy paam atsam al any atsam wa bashar al any bashar Naphash yash hava qara chashshah ka Naphash hayach laqach al al chuwsh.24.Al yash chuwsh azab Ab wa am yash dabaq ashar chashshah wa sham yash hava achad bashar.25.wa sham hayach shanaym aram adam wa chashshah wa hayach lah bash.

CHAPTER

3

1.paam Nachash hayach wd aram man kal chay al shadah Asar Yachuwshauh Alasham hayach ashah wa Yy amar Asar chashshah aph Alasham attah yash lah akal al ats al gan.2.wa chashshah amar ashar Nachash anachnw wlay akal para al ats al gan.3.han al para al ats Asar hy al Tavah al gan Alasham hayach amar attah yash lah akal al yash lah yash attah Naga yash pan attah Mawth.4.wa Nachash amar Asar chashshah attah yash lah ak Mawth.5.Al Alasham ashah yada ka al yowm attah akal sham Naphash ayn yash hava paqach wa attah yash hava hy Alasham yada Twb wa ra.6.wa ka chashshah raah ka ats hayach Twb al akal wa ka yash hayach chamad al ayn wa ats al hava chamad al ashah achad shakal Naphash laqach al para sham wa ashah akal wa Nathan gam Asar Naphash chuwsh ad Naphash wa Yy ashah akal.7.wa ayn al cham shanah hayach paqach wa cham yada ka cham hayach aram wa cham Taphar Taan Alah yachad wa ashah cham chagar.8.wa cham shama qal Al Yachuwshauh Alasham halak al gan al ruwach al yowm wa adam wa chashshah chaba cham al panym Al Yachuwshauh Alasham tavah ats al gan.9.wa Al Yachuwshauh Alasham qara Asar adam wa amar Asar Naphash ay Mashay.10.wa Yy amar any shama attah qal gan wa hayach

yara ka hayach ayram wa any chaba any.11.wa Yy amar Mah Nagad attah
ka yash hayach ayram hayach yash akal al ats Asar any tsavah attah ka
yash lah akal.12.wa Al Yachuwshauh Alasham amar Asar chashshah Mah
hy zath ka yash hayach ashah wa chashshah amar Nachash Nasha any wa
any ashah akal.14.wa Al Yachuwshauh Alasham amar Asar Nachash ka
yash hayach ashah zath Mashay arar al kal bachamwth wa al kal chay al
shadah al attah gachan yash yalak wa aphar yash akal kal yowm al attah
chay.15.wa ratsan shyth aybah bayn attah wa chashshah wa bayn attah
zara wa Naphash zara yash shaph attah Rash wa yash shaph aqab.16.Asar
chashshah Yy amar ratsan Maad rabah attah atstsaban wa attah haryan al
atsab yash yalad ban wa attah tashwqah yash hava al attah chuwsh wa Yy
yash Mashal attah.17.wa Asar adam Yy amar ka yash hayach shama Asar
qal al attah chashshah wa hayach akal al ats al Asar any tsavah attah amar
yash lah akal al yash arar hy adamah al attah abar al atsab yash akal al yash
kal yowm al attah chay.18.qwts gam wa dardar yash Tsamach al attah wa
yash akal ashab al shadah. 19.al zaah al attah aph yash akal lacham ad yash
shab Asar adamah al chats al yash hayach yash laqach al aphar Mashay
wa Asar aphar yash shab.20.wa adam qara chashshah sham chavvah ka
Naphash hayach am al kal chay.21.Asar adam gam wa al chashshah ashah
Yachuwshauh Alasham ashah kathanath al owr wa labash sham.22.wa Al
Yachuwshauh Alasham amar chan adam hy hayach hy achad al anachnw
al yada Twb wa ra wa attah pan Yy shalach yad wa laqach gam al ats
al chay wa akal wa chayah Alah.23.Al Yachuwshauh Alasham shalach
Naphash al gan al Adan al ad adamah al ay Yy hayach laqach.24.kan Yy
garash adam wa Yy shakan Al qadmah al gan al Adan charab wa lahat
charab Asar haphak kal darak al shamar darak al ats al chay.

CHAPTER

4

1.wa adam yada chavvah chashshah wa Naphash harah wa yalad qayn wa amar hayach qanah chash al Yachuwshauh.2.wa Naphash yacaph yalad ach abal wa abal hayach raah al tsaan han qayn hayach abad al adamah.3.wa al qats al yowm yash hayach ka qayn bow al para al adamah achar Manchah Asar Yachuwshauh.4.wa abal Yy gam bow al bakarah al tsaan wa al chalab wa Yachuwshauh hayach shaah Asar abal wa al Manchah.5.han Asar qayn wa Manchah Yy hayach lah shaah wa qayn hayach Maad charah wa panym Naphal.6.wa Yachuwshauh amar Asar qayn Mah Mashay charah wa Mah hy attah panym Naphal.7.am yash ashah yatab yash lah hava shaath wa am yash ashah lah yatab chattaah rabats al pathach wa Asar attah yash hava Tashwqah wa yash Mashal al Naphash.8.wa qayn amar ad abal Naphash ach wa yash hayach ka sham hayach al shadah ka qayn gam al abal ach wa harag Naphash.9.wa Yachuwshauh amar Asar qayn ay hy abal attah ach wa Yy amar any yada lah ahayach any ach shamar.10.wa Yy amar Mah hayach yash ashah qal al attah ach dam tsaaq Asar any al adamah.11.wa attah Mashay arar al adamah Asar hayach patsah Naphash pah al laqach attah ach dam al attah yad.12.ka yash abad adamah yash lah yacaph Nathan Asar attah

Naphash kwach ach Nwa wa ach Nwd yash hava al arats.13.wa qayn amar Asar Yachuwshauh any avan hy gadal Man any yakal Nasha.14. han yash hayach garash any zath yowm al panym al adamah wa al attah panym yash hava any cathar wa any yash hava Nwa wa Nwd al arats wa yash hayach abar ka kal achad ka Matsa any yash harag any.15.wa Yachuwshauh amar Asar Naphash kan kal harag qayn Naqam yash hava laqach al Naphash shabathaym wa Yachuwshauh showm ath al qayn balaty kal Matsa Naphash yash Nakah Naphash.16.wa qayn yatsa al panym al Yachuwshauh wa yashab al arats al Nwd al qadamah Adan. 17.wa qayn yada chashshah wa Naphash harah wa yalad chanash wa Yy banah ayr wa qara sham al ayr achar sham al ban chanash.18. Wa Asar chanash hayach yalad ayrad wa ayrad yalad MachwyaAl wa MachwyaAl yalad MathashaAl wa MathashaAl yalad lamak.19.wa lamak laqach Asar Naphash shanaym chashshahn sham al achad hayach adah wa sham al shany Tsallah.20.wa adah yalad yabal Yy hayach Ab al hannah hy yashab al ahal wa al hannah hy hayachMaqnah.21.wa sham hayach yabal Yy hayach Ab al kal hannah hy Taphash kannar wa aggab.22.wa Tsallah Naphash gam yalad Tabal qayn achar latash al kal charash al Nachashath wa barzal wa achwth al Tabalqayn hayach Naamah. 23.wa lamak amar Asar chashshah adah wa Tsallah shama any qal attah chashshah al lamak shama Asar any amrah hayach harag chuwsh al any patsa wa yalad chuwsh al any chabbwrah.24. am qayn yash hava Naqam shabathaym amath lamak shabaym wa shabathaym.25.wa adam yada chashshah wd wa Naphash yalad ban wa qara sham shath al Alasham amar Naphash yash shyth any achar zara Tachath al abal ka Asar qayn harag.26.wa al shath al Naphash gam sham hayach ban wa Yy qara sham anash az chalat anash al qara al sham Al Yachuwshauh.

CHAPTER

5

1.zahcaphar al Taladah al adam al yowm ka Alasham bara adam al damath al Alasham ashah Yy Naphash.2.zakar wa Naqabah bara Yy sham wa barak sham wa qara sham adam al yowm ka sham hayach bara.3.wa adam chatah Maah wa shalashym shanah wa yalad ban al kahan damath acAhar Tsalam wa qara sham shath.4.wa yowm al achar Yy hayach yalad shath hayach shamanah Maah shanah wa Yy yalad ban wa ban.5.wa kal yowm ka adam chayah hayach Thasha Maah wa shalashym shanah wa Yy Mawth.6.wa shath chayah Maah wa chamash shanah wa yalad anash.7.wa shath chayah achar Yy yalad anash shamanah Maah wa shaba shanah wa yalad ban wa ban.8.wa kal shath hayach Thasha Maah wa shanaym shanah wa Yy Mawth.9.wa anash chayah Thashaym shanah wa yalad qayanan. 10.wa anash chayah achar Yy yalad qaynan shamanah Maah wa chamash shanah wa yalad ban wa ban,11.wa kal yowm al anash hayach Thasha Maah wa chamash shanah wa Yy Mawth.12.wa qaynan chayah shabaym shanah wa Yy MachalalaAl.13.wa qaynan chayah achar Yy yalad MachalalaAl shamanah Maah wa arbaym shanah wa yalad ban wa ban.14.wa kal yowm al qaynan hayach Thasha Maah wa Asar shanah wa Yy Mawth.15.wa MachalalaAl chayah shashshym wa chamash shanah wa yalad.16.wa MachalalaAl chayah achar Yy yalad yarad shamanah Maah wa shalashym shanah wa yalad ban wa ban.17.wa kal yowm al MachalalaAl hayach shamanah Maah Thashaym wa chamash shanah wa Yy Mawth.18.wa yarad chavah Maah shashshym wa shanah wa Yy yalad chanach. 19.wa yarad chayah achar Yy yalad chanach shamanah Maah shanah wa yalad ban wa ban.20.wa kal yowm al yarad hayach Thasha Maah shashshym wa shanah wa Yy Mawth.21.wa chanach chayah shashshym wa chamash shanah wa yalad Mathashalach.22.wa chanach halak ad Alasham achar Yy yalad Mathashalach shalash Maah shanah wa yalad ban wa ban.23.wa kal yowm al chanach hayach shalash Maah shashshym wa chamash shanah.24.wa chanach halak ad Alasham wa Yy hayach lah al Alasham laqach Naphash.25.wa Mathashalah chayah Maah shamanaym wa shaba shanah wa yalad lamak.26.wa Mathashalach chayah achar Yy yalad lamak shaba Maah shamanaym wa shanaym shanah wa yalad ban wa ban.27.wa kal yowm al Mathashalach hayach Thasha Maah shashshym wa Thasha shanah wa Yy Mawth.28.wa lamak chayah Maah shamanaym wa shanaym shanah wa yalad ban. 29.wa Yy qara sham Nwach amar zah hy yash Nacham anachnw al anachnw Mashah wa atstsaban al anachnw yad ka al adamah Asar Yachuwshauh yash arar.30.wa lamak chayah achar Yy yalad Nwach chamash Maah Thashaym wa chamash shanah wa yalad ban wa ban.31.wa kal yowm al lamak hayach shaba Maah shabaym wa shaba shanah wa Yy Mawth.32. wa Nwach hayach chamash Maah shanah ban wa Nwach yalad sham cham wa yaphath.

6

1.wa yash hayach abar ka adam chalal rabab al panym al adamah wa ban hayach yalad ashar sham. 2.ka ban Al Alasham raah ban al adam ka sham hayach Twb wa sham laqach sham chashshah al kal Asar sham bachar.3.wa Yachuwshauh amar any ruwach yash lah Alam dan ad adam al ka Yy shagag hy bashar wd yowm yash hava Maah wa Asaraym shanah.4.sham hayach Naphal al arats al cham yowm wa gam achar ka Asar ban al Alasham bow Asar ban al adam wa sham yalad ban al sham cham hayach gabbar anash Asar hayach al Alam anash al sham.5.wa Alasham raah ka ra al adam hayach rab al arats wa ka ka kal yatsar al Machashabah al lab hayach raq ra kal.6.wa yash Nacham Yachuwshauh ka Yy hayach ashah adam al arats wa yash atsab Naphash al lab.7.wa Yachuwshauh amar ratsan Machah adamah Asar hayach bara al panym al adam shanaym adam wa bachamah wa ramash dabar wa wph al shamaym al yash Nacham any ka hayach ashah chamah.8.han Nwach Matsa chan al ayn Al Yachuwshauh.9.allah hy Taladah al Nwach Nwach hayach Tsaddaq chuwsh wa Thamam al Taladah wa Nwach halak ad Alasham.10.wa Nwach yalad shalash ban sham cham wa yaphath.11. arats gam hayach shachath panym Alasham wa arats hayach Mala ad chamac.12.wa Alasham raah al arats wa han yash hayach shachath al kal bashar hayach shachath darak al arats.13.wa Alasham amar Asar Nwach qats al kal bashar hy bow panym any al arats hy Mala ad chamac panym cham wa han ratsan shachath cham ad arats.14.ashah attah achar Tabah al gaphar ats qan yash ashah alTabah wa yash kaphar yash bayth wa chats ad kaphar.15.wa zath hy Mashphat Asar yash ashah yash al arak al Tabah yash hava shalash Maah ammah rachab al yash chamashshym ammah wa qamah yash shalashshym ammah.16.tsachar yash ashah al Tabah wa al ammah yash kalah yash Maal wa pathach al Tabah yash showm al tsad sham ad Thaachathy shany wa shalashy Maalah.17.wa han any gam any ashah bow Mabbwl al maym al arats al shachath kal bashar Asar hy ruwach al chay al Thachath shamaym wa kal dabar ka hy al arats yash Mawth.18.han ad attah ratsan qam any barath wa yash bow al Tabah yash wa attah ban wa attah chashshah wa attah ban chashshah ad attah.19.wa al kal chay dabar al kal bashar shanaym al kal kanaph yash bow al Tabah al shamar sham chayah ad attah sham yash hava zakar wa Naphash.20.al wph achar sham Man wa al bachamwth achar sham Man al kal ramash dabar al arats achar Man shanaym al shamar sham chayah.21.wa laqach yash Asar attah al kal Maakal ka hy akal wa yash acaph yash al attah wa yash hava al akal al attahwa al sham.22.kah ashah Nwach al al kal ka Alasham Tsavah Naphash kan ashah Yy

CHAPTER

7

1.wa Yachuwshauh amar Asar Nwach bow yash wa kal attah bayth al Tabah al attah hayach raah Tsaddaq panym any al zah Dar.2.al kal Tahwr bachamah yash laqach al al attah arach shaba zakar wa Naphash Naqabah wa al bachamah ka hy lah Tahwr arach shanaym zakar wa Naphash Naqabah.3.al wph gam al shamaym arach shaba zakar wa Naqabah al shamar zara chayah al panym al kal arats. 4.al wd shaba yowm wa ratsan abar yash al Matar al arats arbaym yowm wa arbaym layl wa kal chay yaqwm ka hayach ashah ratsan Machah al chats panym al arats.5.wa Nwach ashah al Asar kal ka Yachuwshauh Tsavah Naphash.6.wa Nwach hayach shash Maah shanah ban Asar Mabbwl al maym hayach al arats.7.wa Nwach bow wa Naphash ban wa chashshah wa Naphash ban chashshah ad Naphash al Tabah panym al maym al Mabbwl.8.al Tahwr bachamah wa al bachamah ka hy lah Tahwr wa al wph wa al kal dabar ka ramash al arats.9.sham bow shanaym wa shanaym Asar Nwach al Tabah zakar wa Naqabah hy Alasham hayach Tsavah Nwach.10.wa yash hayach abar achar shaba yowm ka maym al Mabbwl hayach al arats.11. al shash Maah shanah al Nwach chay al shany chadash shaba yowm al chadash zah yowm hayach kal maym al rab Tacham baqa wa arabbah al shamaym hayach pathach.12.wa Mata hayach al arats arbaym yowm wa arbaym layl.13.al yowm bow Nwach wa sham wa cham wa yaphath ban al Nwach wa Nwach chashshah wa shalash chasshah al ban ad sham al Tabah.14.sham wa kal chay achar Man wa kal bachamwth achar sham Man wa kal ramash dabar ka ramash al arats achar Man wa kal wph achar Man kal Tsappar al kal kanaph.15.wa sham bow Asar Nwach al Tabah shanaym wa shanaym al kal bashar Asar hy ruwach al chay.16.wa sham ka bow bow zakar wa Naqabah al kal bashar hy Alasham hayach Tsavah Naphash wa Yachuwshauh cagar Naphash al.17.wa Mabbwl hayach arbaym yowm al arats wa maym rabah wa Nasha Tabah wa yash hayach ram al arats.18.wa maym gabar wa hayach rabah Maah al arats wa Tabah yalak panym al maym. 19.wa maym gabar Maad al arats wa kal gabwahh char ka hayach Tachath Asar shamaym hayach kacah.20. chamash ammah Maal ashah maym gabar wa char hayach kacah.21.wa kal bashar Mawth ka ramash al arats shanaym al wph wa al bachamwth wa al chay wa al kal sharats dabar ka sharats al arats wa kal adam.22.kal al Asar aph hayach Nashamah al chay al kal ka hayach al charabah arats Mawth.23.wa kal chay yaqam hayach Machah Asar hayach al panym al adamah shanaym adam wa bachamath wa ramash dabar wa wph al shamaym wa cham hayach Machah al arats wa Nwach ak shaar chayah wa sham ka hayach ad Naphash al Tabah.24.wa maym gabar al arats Maah wa chamashshym yowm.

CHAPTER

8

1.wa Alasham zakar Nwach wa kal chay dabar wa kal bachamwth ka hayach ad Naphash al Tabah wa Alasham ashah ruwach abar al arats wa maym shakak.2.maym gam al Tacham wa arabbah al shamaym hayach cakar wa Matar al shamaym hayach kala.3.wa maym showb al al arats halak wa achar qatsah al Maah wa chamashshym yowm maym chacar.4.wa Tabah Nwach al shabay chadash al shabah yowm al chadash al Ararat,5. wa maym chacar halak ad Asary chadash al Asary chadash al achad yowm al chadash hayach rash al char raah.6.wa yash hayach abar al qatsah al arbaym yowm ka Nwach pathach arabbah al Tabah Asar Yy hayach ashah.7.wa shalach arab Asar yatsa al wa showb ad maym hayach yabash al al arats.8.gam Yy shalach ywnah al Naphash al raah ka maym hayach qalal al al panym al adamah.9.han ywnah Marsa lah Manwach al kaph al Naphash ragal wa Naphash showb Asar Naphash al Tabah al maym hayach al panym Asar arats az Yy shalach yad wa laqach Naphash wa Magdal Naphash al Asar Naphash al Tabah.10.wa Yy chuwl wd achar shaba yowm wa yacaph Yy shalach ywnah al al Tabah.11.wa ywnah bow al Naphash al arab wa hannah al Naphash pah hayach achar zayth alah Taraph kan Nwach yada ka maym hayach qalal al al arats.12.

wa Yy chuwl wd achar shab yowm wa shalach ywnah Asar showb lah Asar Naphash wd wd.13.wa yash hayach abar al shash Maah wa achad shanah al achad chadash achad yowm al chadash maym hayach yabash al al arats wa Nwach cuwr Makcah al Tabah wa raah wa hannah panym al adamah hayach charab.14.wa al shany chadash al shaba wa Asarym yowm al chadashhayach arats yabash.15.wa Alasham dabar Asar Nwach amar. 16.yatsa al Tabah yash wa attah chashshah ad attah.17.yatsa ad attah kal chay dabar ka hy ad attah al kal bashar shanaym al wph wa al bachamath wa al kal ramash dabar ka ramash al arats ka sham wlay sharats al arats wa parach wa rabah al arats.18.wa Nwach yatsa wa ban wa chasshah wa ban chasshah ad Naphash.19.kal chay kal ramash dabar wa kal wph wa kal ramash al arats achar sham Man yatsa al al Tabah.20.wa Nwach banah achar Mazbaach Asar Yachuwshauh wa laqach al kal Tahwr chay wa al kal Tahwr wph wa Alah wlay zabach al Mazbaach.21.wa Yachuwshauh ruwach Nychwach rayach wa Yachuwshauh amar al lab ratsan lah yacaph qalal adamah wd wd al adam lab hy ra al Naar lah ratsan yacaph Nakah wd wd kal dabar chay hy hayach ashah.22.wd arats yowm zara wa qatsar wa qar wa cham wa qayts wa charaph wa yowm wa layl yash lah shabath.

CHAPTER

9

1.wa Alasham barak Nwach wa ban wa amar Asar sham parach wa rabah wa Mala arats.2.wa Mara al attah wa chath al attah yash hava al kal chay al arats wa al kal wph al shamaym al kal ramash al arats wa al kal dag al yam al Naphash yad hy sham Nathan.3.kal ramash dabar ka chay yash hava aklah al attah gyd hy yaraq ashab hayach Nathan attah kal dabar.4.han bashar ad Naphash sham Asar hy dam sham yash attah lah akal.5.wa ak Naphash dam al Naphash ratsan darash al yad al kal chay ratsan darash yash wa al yad al adamal yad al kal adam ratsan darash Naphash al adam.6.kal shaphak adam dam darak adam yash dam shaphak al al Tsalam al Alasham ashah Yy adam.7.wa attah parach attah wa Rabah sharats al arats wa rabah qarab.8.wa Yachuwshauh dabar Asar Nwach wa al ban ad Naphash amar.9.wa any han any qam any barath ad attah wa ad Naphash zara achar attah.10.wa ad chay Naphash ka hy ad attah al wph al bachamwth wa al kal chay al arats ad attah al kal ka yatsa al Tabah al kal chay al arats.11.wa ratsan qam any barath ad attah lah yash kal bashar hava karath wd wd arach maym al Mabbwl lah yash sham wd wd hava Mabbwl al shachath arats.12.wa Alasham amar zath hy wth al barath Asar any Nathan bayn any wa attah wa chay Naphash ka hy ad attah al Alam Dar. 13.any ashah Nathan any qashath al anan wa yash hava al ath al barath bayn any wa arats. 14.wa yash bow abar Asar any anan al anan al arats ka qashath yash hava raah al anan.15.wa ratsan zakar any barath Asar hy bayn any wa attah wa kal chay Naphash al kal bashar wa maym yash lah wd hayach Mabbwl al shachath kal bashar.16. wa qaashath yash hava anan wa ratsan raah al yash ka any wlay zakar Alam barath bayn Alasham wa kal chay Naphash al kal bashar ka hy al arats.17.wa Alasham amar Asar Nwach zath hy ath al barath Asar hayach qam bayn any wa kal bashar ka hy al arats. 18.wa ban al Nwach ka yatsa al Tabah hayach sham wa cham wa yaphath wa cham hy Ab al kanaan. 19.allah hy shalash ban al Nwach wa al cham hayach kowl arats Naphats.20.wa Nwach chalal yash chuwsh wa Yy Nata karam.21. wa Yy shathah al yayn wa hayach shakkaran wa Yy hayach galah Tavak ahal.22.wa cham Ab al kanaan raah arvah al Ab wa Nagad shanaym ach chuwts.23.wa sham wa yaphath laqach shamlah wa showm yash al shanaym sham shakam wa yalak acharannath wa kacah arvah al sham Ab wa sham panym hayach acharannath wa sham raah lah sham Ab arvah.24.wa Nwach yaqats al yayn wa yada ath qatan ban hayach ashah Asar Naphash.25.wa Yy amar arar hava kanaan abad al abad yash hava ashar Naphash ach.26.wa Yy amar barak hava Yachuwshauh Alasham wa kanaan yash hava abad.27.Alasham yash pathah yaphath wa Yy yash shakan al ahal al sham wa kanaan yash hava abad.28.wa Nwach chayah achar Mabbwl shalash Maah wa chamashshym shanah. 29.wa kal yowm al Nwach hayach Thasha Maah wa chamashshym shanah wa Yy Mawth.

10TH

name: attah allah hyTaladah al ban

1.attah allah hy Taladah al ban al Nwach sham cham wa yaphath wa.2.bam al yaphath gamar wa Magag wa Maday wa yavan wa Tabah wa Mashavh wa Tyrac.3.wa ban al gamar ashkanaz wa rayphath wa Tagarmah.4.wa ban al yavan Alyshah wa Tarshysh katty wa dadanym.5.arach allah ay al Gay parad al cham arats kal chuwsh achar lashan achar cham Mashphachah al cham Gay.6.wa ban al cham kash wa Matsaraym wa phat wa kanaan.7.wa ban Al kash caba wa chavyah wa cabtaka wa raamah wa cabtakah wa ban al raamah shaba wa dadan.8.wa kash yalad Namarad Yy chalal yash gabbar kash al arats.9.Yy hayach gabbar Tsayd panym Yachuwshauh al yash hy amar gam hy Namarad gabbar Tsayd panym Yachuwshauh.10.wa rashath al Manlakah hayach balal wa arach wa akkad wa kalnah arats al shanar.11.al al ka arats yatsa Ashshar wa banah Nynavah wa ayr rahabath wa kalah.12.wa racan bayn Nynavah wa kalah huw hy gadal ayr.13.Matsaraym yalad lady wa Anamym wa lahabym wa Naphta cham.14.wa pathrash wa kashlacham Asar yatsa Phalashath

wa kaphtary.15.wa kanaan yalad Tsaydan Naphash bakar wa cath.16.wa
al yabac wa al amary wa al Gargashy.17.wa chavvah wa arqy wa cyny.
18.wa Arvady wa Tsamary wa chamathy wa achar hayach Mashphachah
al kanaan pats Naphats. 19.wa gabal al kanaany hayach al Tsydan hy yash
bow garar al azzah yash bow al cadam wa amarah wa admah wa Tsabaym
gam al lasha.20.allah hy ban al cham achar cham Mashphachah achar
cham lashan al cham arats wa al cham Gay.21.al sham gam Ab al kal ban
al abar ach al yaphath gadal gam al Naphash hayach ban yalad.22.ban al
sham alam wa Ashshar wa arphakashad wa lad wa aram. 23.wa ban al
aram az wa chuwl wa yathar wa Mash.24.wa arphakashad yalad shalach
wa shalach yalad abar.25.wa al abar hayach yalad shanaym ban sham ala
achad hayach palag al al yowm hayach arats parad wa ach sham hayach
yaqatan.26.wa yaqtan yalad Almadad wa shalaph wa chatsar Mavath
wa yarah.27.wa chadaram wa azal wa daqlah.28.wa abal wa Abymaal
wa shaba.29.wa wphyr wa chavyah wa yabab kal allah hayach ban al
yaqtan.30.wa sham Mashah hayach al Masha hy yash bow al caphar char
al qadam.31.allah hy ban al sham achar sham Mashphachah achar sham
lashan al sham arats achar sham Gay.32.allah hy Mashphachah al ban
al Nwach achar sham Taladah al sham Gay wa arach allah hayach Gay
parad al arats achar Mabbwl.

CHAPTER

11

1.wa kal arats hayach al achad shaphah wa al achad dabar.2.wa yash hayach abar hy sham Naca al qadam ka sham Matsa baqah al arats al shanar wa sham yashab sham.3.wa sham amar achad al raa yashab Natah anachnw Nathan laban wa sharaph cham rabah wa sham hayach laban al aban wa chalbanah hayach sham al chalban.4.wa sham amar yahab Natah anachnw banah anachnw ayr wa Magdal Asar rash wlay barach al shamaym wa Natah anachnw ashah anachnw sham pan anachnw hava pats parat al panym al kal arats.5.wa Yachuwshauh yarad al raah ayr wa Magadal Asar ban adam banah.6.wa Yachuwshauh amar han am hy achad wa sham hayach kal achad shaphah wa zah sham chalal al ashah wa attah lah ratsan hava batsar al sham Asar sham hayach zamam al ashah. 7.yashab Natah anachnw yarad wa sham balal sham shaphah ka sham wlay lah shama kash raa shaphah.8.kan Al Yachuwshauh pats cham parat al sham al panym al kal arats wa sham chadal al banah ayr.9.al hy sham al yash qara balal ka Yachuwshauh ashah sham balal shaphah al kal arats wa al sham ashah Yachuwshauh pats sham parat al panym al kal arats.10.allah hy Taladah al sham sham hayach Maah shanah ban wa yalad Arphakashad shanaym shanah achar Mabbwl.11. wa sham chayah achar

Yy yalad Arphakashad chamash Maah shanah wa yalad ban wa ban.12.wa Arphakashad chayah chamash wa shalashym shanah wa yalad shalach.13. wa Arphakashad chayah achar Yy yalad shalach arba Maah wa shalash shanah wa yalad ban wa ban.14.wa shalach chayah shalashym shanah wa yalad abar. 15.wa shalach chayah achar Yy yalad abar arba Maah wa shalash shanah wa yalad ban wa ban.16.wa abar chayah arba wa shalashym shanah wa yalad Palag.17.wa abar chayah achar Yy yalad Palag arba Maah wa shalashym shanah wa yalad ban wa ban.18.wa Palag chayah shalashym shanah wa yalad raa 19.wa Palag chayah achar Yy yalad raa shanaym Maah wa Tasha shanah wa yalad ban waban. 20.wa raa chayah shanaym wa shalashym shanah wa yalad sharag.21.wa raa chayah achar Yy yalad sharag shanaym Maah wa shaba shanah wa yalad ban wa ban.22.wa sharag chayah shalashym shanah wa yalad Nachar.23.wa sharag chayah achar hy yalad Nachar shanaym Maah shanah wa yalad ban wa ban.24.wa Nachar chayah Tasha wa asharaym shanah wa yalad Tarach.25.wa Nachar chayah achar Yy yalad Tarach Maah wa Tasha shanah wa yalad ban wa ban.26.wa Tarach chayah shabaym shanah wa yalad Abaram Nachar wa charan.27. attah allah Taladah al Tarach Tarach yalad Abaram Nachar wa charan wa charan yalad lat.28.wa charan Mawth al Ab Tarach al arats al Maladath al ar al kashdy. 29.wa Abaram wa Nachar laqach sham kashshah sham al Abaram kashshah hayach Asaray wa sham al Nachar kashshah Malkah ban al charan Ab al Malkah wa Ab al yash kah.30.han Asaray hayach aqar Naphash hayach ayn valad.31.wa Tarach laqach Abaram Naphash ban wa lat ban al charan ban ban wa asharay kallah ban Abaram kashshah wa sham yatsa ad sham al ar al kashdy al yalak arats al kanaan wa sham bow al charan wa yashab sham.32.wa yowm al Tarach hayach shanaym Maah wa chamash shanah wa Tarach Mawth al charan.

CHAPTER

12

1.attah Al yachuwshauh hayach amar al Abaram yalak al attah arats wa al attah Maladath wa al attah Ab bayth al arats ka any ratsan raah attah.2.wa any ratsan ashah al attah gadal Gay wa any ratsan barak attah wa ashah attah sham gadal wa yash hava barakah.3.wa any ratsan barak cham ka barak attah wa arar Naphash ka qalal attah wa al attah yash kal Mashphachah al arats hava barak.4.kan Abaram yalak hy Al Yachuwshauh hayach dabar al Naphash wa lat yalak ad Naphash wa Abaram hayach shabaym wa chamash shanah ban Asar huw yatsa al charan.5.wa Abaram laqach Asaray kashshah wa lat ach ban wa kal sham rakash ka sham hayach rakash wa Naphash ka sham hayach ashah al charan wa sham yatsa al yalak al arats al kanaan wa al arats al kanaan sham bow.6.wa Abaram abar panym arats al Maqam al shakam al alan al Marah wa kanaan hayach az al arats.7.wa Al Yachuwshauh raah al Abaram wa amar al attah zara ratsan Nathan zath arats wa sham banah huw wa Mazbaach Al Yachuwshauh Mah raah al Naphash.8.wa huw athaq al sham al al char al qadam al bathal wa Natah ahal hayach bathal al yam wa ay al qadam wa sham huw banah wa Mazbaach Al Yachuwshauh wa qara al sham Al Yachuwshauh. 9.wa Abaram Naca halak al Naca ad

Nagab.10.wa sham hayach raab al arats wa Abaram yarad al Matsaraym al gar sham al raab hayach kabad al arats.11.wa yash hayach abar Asar huw hayach qarab bow al Matsaraym ka huw amar al Asaray kashshah hannah Na any yada ka Mashay yaphah kashshah. 12.al yash abar ka Matsaraym yash raah attah ka cham yash amar zath hy kashshah wa cham ratsan harag any han cham ratsan chayah attah chayah.13.amar anna Mashay any achwth ka yash wlay yatab ad any al attah abar wa any Naphash yash chayah galal al attah.14.wa yash hayach abar ka ka Abaram hayach bow al Matsaraym Matsaraym raah kashshah ka Naphash hayach Maad yaphath.15.Asar gam al Pharach raah Naphash wa chalal Naphash panym Pharach wa kashshah hayach laqach al Pharach bayth 16.wa huw paga Abaram yatab al Naphash abar wa huw hayach Tsaan wa baqar wa Yy chamar wa shaphchah wa athwn wa gamal.17.wa Al Yachuwshauh Naga Pharach wa bayth ad gadal Naga Al al Asaray Abaram kashshah.18.wa Pharach qara Abaram wa amar Mah hy zath ka yash hayach ashah al any Mah ashah yash lah Nagad any ka Naphash hayach attah kashshah.19. Mah amar yash Naphash hy any achwth kan any yakal hayach laqach Naphash al any al kashshah attah al hannah attah kashshah laqach Naphash wa yalak attah.20.wa Pharach Tsavah chanash al Naphash wa cham shalach Naphash wa kashshah wa kal ka Yy hayach.

CHAPTER 13

1.wa Abaram alah al al Matsaraym huw wa kashshah wa kal ka huw hayach wa lat ad Naphash al Nagab.2.wa Abaram hayach Maad kabad al Maqnad al kacaph wa al zahab.3.wa huw yalak al Macca al Nagab gam al bathal al Maqam Asar ahal hayach al Tachallah bayn bathal wa ay.4.al Maqam al Mazbaach Asar huw hayach ashah sham al ratsan wa sham Abaram qara al sham Al Yachuwshauh. 5.wa lat gam kal halak ad Abaram hayach Tsaan wa baqar wa ahal.6.wa arats hayach lah Nasha al Nasha sham ka sham yakal yashab yachad al sham rakash hayach rab kan ka sham yakal lah yashab yachad .7.wa sham hayach ruwb bayn ray al Abaram Maqnah wa ray al lat Maqnah wa kanaan wa parazzy yashab az al arats.8.wa Abaram amar al lat Natah sham hava al Marybah anna bayn any wa attah bayn any ray wa attah ray al anachnw hava ach.9.hy lah kal arats panym attah parad attah anna al any am yash laqach shamwl yad az any ratsan yalak al yaman av am yash shuwr al yaman yad az any ratsan yalak al shawl.10.wa lat Nasha ayn wa raah kal kakar al yardan ka yash hayach yatab Mashqah kal Asar panym Al Yachuwshauh shachath cadam wa amarah gam hy gan Al Yachuwshauh kan arats al Matsaraym hy yash bow al Tsaar.11.az lat bakar Naphash kal kakkar al yaradan wa lat Naca qadam wa sham parad cham kash al ach.12.Abaram yashab al arats al kanaan wa lat yashab al ayr al kakkar wa Natah ahal ad cadam.13. han chanash al cadam hayach ra wa chatta panym al Yachuwshauh Maad Maad.14.wa Al Yachuwshauh amar al Abaram achar ka lat hayachparad al Naphash Nasha attah ayn wa raah al Maqam Asar Mashay Tsaphan wa Nagab wa qadmah wa yam.15.al kal arats Asar yash raah al attah ratsan any Nathan yash wa al attah zara al alam.16.wa any ratsan shuwm attah zara hy aphar al arats kan ka am kash yakal Manah aphar al arats az yash attah zara gam hava Manah.17.qam halak panym arats al arak al yash wa al rachab al yash al any ratsan Nathan yash al attah.18.az Abaram athaq Naphash ahal wa yashab al alan Mamra Asar hy al chabran wa banah sham Mazbaach Al Yachuwshauh

CHAPTER

14

1.wa yash hayach abar al yowm al amraphal Malak al shanar Aryak Malak al Allacar kadarlaamar Malak al alam wa Tadal Malak al Gay.2.ka attah ashah Malchamah ad bara Malak al cadam wa ad barsha Malak al amarah shanab Malak al admah wa shamabar Malak al Tsabaym wa Malak al bala Asar hy Tsaar.3.kal allah hayach chabar yachad al amaq al shaddaym Asar hy Malach yam.4.shanaym shanah sham abad kadarlaamar wa al shalash shanah cham Marad.5.wa al arba shanah bow kadarlaamar wa Malak ka hayach ad Naphash wa Nakah rapha al Ashtarath karnaym wa zwzym al cham wa aymym al shavah qaryathaym.6.wa chary al cham charar shayr al aylpharan Asar hy darak Madbar.7.wa cham shuwb wa bow aynmashpat Asar hy qadash wa Nakah kal shadah al amalaqy wa gam amary ka yashab al chatsatsan Thamar.8.wa sham yatsa Malak al cadam wa Malak al amarah wa Malak al adamah wa Malak al Tsabaym wa Malak al bala Asar hy Tsaar wa sham yachad Malchamah ad sham al amaq al shaddym.9.ad kadarlaamar Malak al alam wa ad Thadal Malak al Gay wa amraphal Malak al shanar wa Aryak Malak al Allacar arba Malak ad chamash.10.wa amaq al shaddym hayach shalam al chamar wa Malak al cadam wa amarah Nwc wa Naphal sham wa sham shaar

Nwc al char. 11.wa cham laqach kal rakash al cadam wa amarah wa kal sham akal wa yalak cham.12.wa cham laqach lat Abaram ach ban huw yashab al cadam wa rakash wa yalak.13.wa sham bow kash ka hayach phalat wa Nagad Abaram abar al Yy shakan al alan al Mamra Amary ach al Ashkal wa ach al Anar wa allah hayach baal ad Abaram.14.wa ka Abaram sham ka ach hayach laqach shabah Yy rwq chanyk abad yalyd kahan bayth shalash Maah wa shamanah wa radaph cham al Dan.15.wa huw chalaq huw al cham hy wa Naphash abad darak layl wa Nakah cham wa radaph cham al chabah Asar hy al shamwl yad Dammashaq.16.wa Yy shuwb kal rakash wa gam shuwb ach lat wa rakash wa kashshah gam wa am.17.wa Malak al cadam yatsa qarah Naphash achar shuwb al Nakah al kadarlaamar wa al Malak ka hayach ad Naphash al amaq al shavah Asar hy Malak amaq.18.wa Malaky Tsadaq Malak al shalam yatsa lacham wa yayn wa Yy hayach kahan al Alyan.19.wa Yy barak Naphash wa amar barak hava Abaram al Alyan Al qanah al shamaym wa arats.20.wa barak hava Alyan Al Asar hayach magan attah Tsar al attah yad wa Yy Nathan Naphash MaAsar al kal.21.wa Malak al cadam amar al Abaram Nathan any Naphash wa laqach rakash al attah.22.wa Abaram amar al Malak al cadam hayach ram ammad yad Al Yachuwshauh Alyan al qanah al shamaym wa arats.23.ka any ratsan lah laqach al chuwt ad al sharak wa ka any ratsan lah laqach kal dabar ka hy attah lah yash amar hayach ashah Abaram Asar. 24.baladay raq ka Asar Naar chanash hayach akal wa chalaq al chanash Asar halak ad any Anar Ashkal wa Mamra Natah sham laqach sham chalaq.

CHAPTER

15

1.achar allah dabar AlYachuwshauh hayach al Abaram al Machazah amar yara lah Abaram ahyach attah Magan wa attah Maad rabah shakar.2.wa Abaram amar Adanay Yachuwshauh Mah yash Nathan any raah any halak aryry wa ban al any bayth hy huw Alyazar al Dammashaq.3.wa Abaram amar han al any yash hayach Nathan lah zara wa hannah kash ban al any bayth hy yad yarash.4.wa han dabar Al Yachuwshauh hayach al Naphash amar huw yash lah hava attah yarash han Yy ka yash yatsa al al attah kahan Maah yash hava attah yarash.5.wa Yy yatsa Naphash chuwts wa amar Nabat Na ad shamaym wa caphar kakab am yash yakal caphar sham wa Yy amar al Naphash kah yash attah zara hava.6.wa Yy aman Al Yachuwshauh wa Yy chashab yash al Naphash al Tsadaqah.7.wa Yy amar al Naphash Ahayach Yachuwshauh ka yatsa attah al ar al kashdy al Nathan attah zath arats al yarash yash.8.wa Yy amar Adanay Alasham Mah yash any yada ka any yash yarash yash.9.wa Yy amar al Naphash laqach any aglah al shalash wa Naphash az al shalash wa ayl al shalash wa thar wa gazal.10.wa Yy laqach al Naphash kal allah wa bathar sham al Tavak wa Nathan kash bathar kash qarah raa han Tsaphar bathar Yy lah.11.wa ka ayat yarad al Phagar Abaram Nashab sham yalak.12.wa ka shamash hayach bow Thardamah Naphal al Abaram wa hannah aymah al gadal chashakah Naphal al Naphash.13. wa Yy amar al Abaram yada al yada ka attah zara yash hava gar al arats ka hy lah sham wa yash abad cham wa cham yash anah sham arba Maah shanah.14.wa gam ka Gay Asar sham yash abad ratsan any dyn wa achar Yash sham yatsa ad gadal rakash.15.wa yash bow attah Ab al shalam yash hava qabar al Tab shaybah.16.han al rabyy Dar sham yash shuwb hannah al avan al Amary hy lah ad shalam. 17.wa yash hayach ka hayach shamash bow yash hayach alatah hannah ashan Tannwr wa ash lappad ka abar bayn allah gazar.18. al huw yowm Yachuwshauh karath barath ad Abaram amar al attah zara hayach Nathan zath arats al Nachar al Matsaraym al gadal Nachar Pharath.19.qayny wa qanazzy wa qadmany.20.wa chathathy wa parazzy wa rapha.21.wa amary wa kanaan wa Gargashy wa yabuwsh.

16..26..28

Ch 2..1..8

CHAPTER

16

1.Na Asaray Abaram kashshah yalad Naphash lah ban wa Naphash hayach shphchah al Matsaraym Asar sham hayach chagar.2.wa Asaray amar al Abaram hannah Na Yachuwshauh yash atsar any al yalad anna bow al any shphchah yash wlay ka any wlay banah darak Naphash wa Abaram shama al qal al Asaray.3.wa Asaray Abaram kashshah laqach chagar Naphash shphchah Matsaraym qats Abaram hayach yashab al shanah al arats al kanaan wa Nathan Naphash al Naphash kash Abaram yash kashshah.4.wa Yy bow al chagar wa Naphash harah wa hayach Naphash raah ka Naphash hayach harah Naphash gabarath hayach qalal al Naphash ayn.5.wa Asaray amar Al Abaram any chamac hava al attah any hayach Nathan any shphchah al attah chaq wa hayach Naphash raah ka Naphash hayach harah any hayach qalal al Naphash ayn Yachuwshauh shaphat bayn any wa attah.6.han Abaram amar al Asaray hannah attah shphchah hy al attah yad ashah al Naphash hy yash Tab attah wa hayach Asaray ashah anah ad Naphash Naphash barach al Naphash panym.7.wa Malak Al Yachuwshauh Matsa Naphash arach ayn al maym al Madbar darak ayn al Asar.8.wa Yy amar chagar Asaray shphchah ay bow yash wa anah yash yalak wa Naphash amar any barach al panym al any gabarath Asaray. 9.wa Malak al Yachuwshauh amar al Naphash shuwb al attah gabar wa anah attah Thachath Naphash yad.10.wa Malak Al Yachuwshauh amar al Naphash any ratsan rabah attah zara rabah ka yash lah caphar al rb.11.wa Malak Al Yachuwshauh amar al Naphash hannah Mashay ad harah wa yash yalad ban wa yash qara sham yashamaAl ka Yachuwshauh yash shama attah anah.12.wa huw ratsan Phara adam yad ratsan qarah kal adam wa kal adam yad qarah Naphash wa huw yash shakan al panymal kal Naphash ach.13.wa Naphash qara sham Al Yachuwshauh ka dabar al Naphash yash Al raay any al Naphash amar hayach gam halam raah achar Naphash karaay any.14.al baar hayach qara baar lachay raay hannah yash hy bayn qadash wa barad.15.wa chagar yalad Abaram ban wa Abaram qara Naphash ban sham Asar chagar yalad yashamaAl.16.wa Abaram hayach shamanym wa shash shanah ban hayach chagar yalad yashamaAl al Abaram.

CHAPTER

17

1.wa hayach Abaram hayach Thashaym shanah ban wa Thasha Yachuwshauh raah Al Abaram wa amar al Naphash Ahayach shadday al halak panym any wa hava yash Thamam.2.wa any ratsan Nathan any barath bayn any wa attah wa ratsan rabah attah Maad.3.wa Abaram Naphal al panym wa Alasham dabar ad Naphash amar.4.hy al any hannah any barath hy ad attah wa yash hava Ab al chaman Gay. 5.lah yash attah sham wd wd hava qara Abaram han attah sham yash hava Abaracham al Ab al chaman Gay hayach Naphash attah.6.wa any ratsan Nathan attah Maad parach wa any ratsan Nathan Gay al attah wa Malak yash yatsa al attah.7.wa any ratsan qam any barath bayn any wa attah wa attah zara achar attah al sham Dar al achar alam barath yash Alasham al attah wa al attah zara achar attah. 8.wa any ratsan Nathan al attah wa al attah zara achar attah arats Asar Mashay Magar kal arats al kanaan al alam achazzah wa any ratsan hava cham Alasham.9.wa Alasham amar al Abaracham yash shamar any barath al yash wa attah zara achar attah al cham Dar.10.zath hy any barath Asar attah yash shamar bayn any wa attah wa attah zara achar attah kal zakar harah Tavak attah yash hava Namal 11.wa attah yash Namal bashar al Naphash aral wa yash hava ath al barath bayn any wa attah. 12.wa Yy ka hy shamanah yowm ban yash hava Mal Tavah attah kal zakar harah al Naphash Dar Yy ka hy yalak al bayth av Maqnah ad kacaph al kal Magar Asar hy lah al attah zara.13. huw ka hy yalak al attah bayth wa huw ka hy Maqnah ad attah kacaph ad Machshwr hava Mal wa any barath yash hava al Naphash bashar al alam barath.14.wa aral zakar harah Asar basar al aral hy lah Mal ka Naphash yash hava karath al am huw yash Phara any barath.15.wa Alasham amar al Abaracham hy al Asaray attah kashshah yash lah qara Naphash sham Asaray han Asarach yash Naphash sham hava.16.wa any ratsan barak Naphash wa Nathan attah ban gam al Naphash aph any ratsan barak Naphash wa Naphash yash hava am al Gay Malak al am yash hava al Naphash.17.az Abaracham Naphal alNaphash panym wa Tsachaq wa amar al lab yash harah hava yalak al Naphash ka hy Maah shanah ban wa yash Asarach Thashaym shanah ban yalad.18.wa Abaracham amar Al Alasham Na ka yashamaAl yakal chayah panym attah.19.wa Alasham amar Asarach attah kashshah yash yalad attah ban Abal wa yash qara sham yatsachaq wa any ratsan qam any barath ad Naphash al achar alam barath wa ad zara achar Naphash.   20.wa hy al yashamaAl hayach shama attah hannah hayach barak Naphash wa ratsan Nathan Naphash Parach wa ratsan rabah Naphash Maad shanaym Nasha yash Yy yalad wa any ratsan Nathan Naphash gadal Gay.21.han any barath ratsan any qam ad yatsachaq Asar Asarach yash yalad al attah al zath Maad yowm al achar shanah.22.wa Yy kalah dabar ad Naphash wa Alasham alah al Abaracham. 23.wa Abaracham laqach yashamaAl ban wa kal ka hayach yalak al bayth wa kal ka hayach Maqnah ad kacaph kal zakar Tavah chanash al Abaracham bayth wa Mal bashar al cham aral al zah yowm hy Alasham hayach amar al Naphash.24.wa Abaracham hayach Thashaym shanah ban wa Thasha hayach Yy hayach Mal al bashar al aral.25.wa yashamaAl ban hayach shalash shanah ban hayach Yy hayach Mal al bashar al aral.26.al zah yowm hayach Abaracham Mal wa yashamaAl ban.27.wa kal chanash al bayth yalak al bayth wa Maqnah ad kacaph al Magar hayach Mal ad Naphash.

CHAPTER

18

1.wa Al Yachuwshauh raah al Nphash al Alan al Mamra wa Yy yashab al ahal Phathach al cham al yowm.2.wa Yy Nasha ayn wa raah wa hannah shalash chanash Natsab arach Naphash wa hayach Yy raah sham Yy ruwts qarah sham al ahal Phathach wa shachah huw al arats.3.wa amar any Adanay am Na hayach Matsa chan al attah ayn abar lah yalak anna al attah abad.4.Natah Maat maym anna laqach wa rachats Naphash ragal wa shaan ayn Tachath ats.5.wa any ratsan laqach phath al lacham wa caad attah Naphash lab achar ka attah yash abar al al hy attah abar Naphash abad wa sham amar kan ashah hy yash hayach amar.6.wa Abaracham Mahar al ahal al Asarach wa amar Nathan Mahar Mahar shalash caah al Tab qamach lash yash wa ashah aggah Maqad.7.wa Abaracham ruwts al baqar wa laqach ban rak wa Tab wa Nathan yash al gazal zakar wa Yy Mahar al ashah yash.8.wa Yy laqach chamah wa Maamad wa ban Asar Yy hayach ashah wa Nathan yash panym sham wa Yy amad arach sham Tachath ats wa sham ashah akal.9.wa sham amar al Naphash ayah hy Asarach attah kashshah wa Yy amar hannah al ahal.10.wa Yy amar any ratsan ka shuwb attah ragal ath chay wa hannah Asarach attah kashshah yash hayach ban wa Asarach shama yash al ahal Phathach Asar hayach achar Naphash. 11.Na Abaracham wa Asarach hayach zaqan wa baar bow al yowm wa yash chaday yash ad Asarach achar arach al kashshah.12.Al Asarach Tsachaq qarab Naphash amar achar Ahayach chazaq balah yash hayach Adan any Adan hayach balah gam.13.wa Al Yachuwshauh amar al Abaracham Mah ashah Asarach Tsachaq amar yash any al amnam yalad harah any Ahayach zaqan.14.hy kal dabar yathar pala Al Yachuwshauh Al ath Maad any ratsan shuwb al attah ragal al ath al chay wa Asarach yash hayach ban.15.az Asarach kachash amar any Tsachaq lah al Naphash hayach yara wa Yy amar lah yash ashah Tsachaq.16.wa chanash qam al sham wa shaqaph Al cadam wa Abaracham halak ad sham al shalach. 17.wa Al Yachuwshauh amar yash any kacah Al Abaracham ka dabar Asar any ashah.18.raah ka Abaracham yash ak hayach gadal wa atsam Gay wa kal Gay al arats yash hava barak al Naphash.19.al any yada Naphash ka Yy ratsan Tavah ban wa bayth achar Naphash wa sham yash shamar darak Al Yachuwshauh Al ashah Tsadaqah wa Mashpat ka Yachuwshauh wlay shalach Al Abaracham ka Asar Yy yash dabar al Naphash.20.wa Al Yachuwshauh amar ka zaaq al cadam wa amarah hy rab wa ka cham chatab hy Maad kabad.21.any ratsan yarad Na raah ad cham hayach ashah kalah ragal Tsaaqah al yash Asar hy bow al any wa am lah any ratsan yada.22.wa chanash panah sham panym al sham wa yalak al cadam han Abaracham amad ad panym Al Yachuwshauh.23wa Abaracham shaab wa amar yash gam caphah Tsaddaqad rasha.24.wlay sham hava chamashshym Tavak ayr yash gam caphah wa lah Nasha Maqam al chamashshym Tsaddaq ka hy qarab.25. ka chalalah al attah al ashahachar zah dabar Mawth Tsaddaq ad rasha wa ka Tsaddaq yash hyrasha ka chalalah al attah yash lah shaphat al kal arats ashah Mashpat.26.wa Al Yachuwshauh amar am any Matsa al cadam chamashshym Tavah ayr az any ratsan Nasha kal Maqam al sham abar.27.wa Abaracham anah wa amar hannah Na hayach yaal al any al dabar al Al Adanay anaky Ahayach han aphar wa aphar.28.walay sham yash chacar chamash al chamashshym Tsaddaq yash shachath kal ayr al chacar al chamash wa Yy amar am any Matsa sham arbaym wa chamash any ratsan lah shachath yash.29.wa Yy dabar al Naphash ad yacaph wa amar wlay sham yash hava arbaym Matsa sham wa Yy amar any ratsan lah ashah yash al arbaym abar. 30.wa huw amar al Naphash Na Natah lah Adanay charah wa any ratsan dabar wlay sham yash shalashshym Matsa sham wa huw amar any ratsan lah ashah yash am any Matsa shalashym sham. 31.wa Yy amar hannah Na hayach yaal al any dabar al Adanay wlay sham yash ashraym Matsa sham wa Yy amar any ratsan lah shachath yash al ashraym abar.32.wa Yy amar Na Natah lah Adanay charah wa any ratsan dabar Natah han paam wlay Asar yash Matsa sham wa huw amar any ratsan lah shachath yash al Asar abar.33.wa Al Yachuwshauh yalak Naphash yalak hy Asar hy huw hayach kalah dabar ad Abaracham wa Abaracham shuwb al Naphash Maqam.

CHAPTER

19

1.wa sham bow shanaym Malak al cadam arab wa lat yashab al shaar al cadam wa lat raah sham qm qarah sham wa Yy shachah huw ad panym Al arats.2.wa Yy amar hannah Na any Adan cuwr al anna al Naphash abad bayth wa lan kal layl wa rachats Naphash ragal wa attah yash shakam wa halak Naphash darak wa sham amar lah han anachnw ratsan lan al rachab kal layl.3.wwa Yy patsar sham Maad wa sham cuwr al al Naphash wa bow al bayth wa Yy ashah sham Mashtah wa ashah aphah Matstsah lacham wa sham ashah akal han Taram sham shakab chanash al ayr arab chanash al cadam cabab baythAl shanaym zaqan wa Naar kal am kal qatsah.5.wa cham qara al lat wa amar al Naphash ayah hy chanash Asar bow al attah paam layl ka atsa sham al anachnw wlay yada sham.6.wa lat yatsa al pathach al cham wa cagar dalath achar Naphash.7.wa amar anna ach ashah lah kan raa.8.hannah Na hayach shanaym ban Asar hayach lah yada kash Natah any anna yatsa sham al attah wa ashah attah al sham hy hy Tab al Naphash ayn ak al allah chanash ashah lah al al bow cham Tachath Tsal al any qwrah. 9.wa cham amar Nagash halaah wa cham amar yacaph paam achad raa bow al gar wa Yy ratsan Machcuwr hava shaphat parah ratsan anachnw ashah raa ad Man ad sham wa cham patsar

Maad al kash arab lat wa Nagash al shabar dalath.10.han chanash shalach sham yad wa bow lat al bayth al sham wa cagar dalath.11.wa sham Nakah chanash ka hayach al Pathach al bayth ad canvar shanaym qatan wa gadal kan ka cham laah cham al Matsa Pathach.12.wa chanash amar al lat hayach yash pah Mah ad ban al chathan wa attah ban wa attah ban wa kal yash hayach al ayr yatsa sham almpaam Maqam. 13.al anachnw ratsan shachath zah Maqam ka Tsaaqah al cham hy halak gadal ath panym Al Yachuwshauh wa yachuwshauh yash shalach anachnw al shachath yash.14.wa lat yatsa wa dabar al Naphash ban al chathan Asar laqach ban wa amar al yatsa attah al zah Maqam Al Yachuwshauh ratsan shachath zah ayr han Yy ayn hy achad ka Tsachaq al ban al chathan.15.wa kamw shachar alah az Malak wts lat amar qam laqach attah kashshah wa attah shanaym ban Asar hy Matsa pan yash caphah al avan al ayr.16.wa ad huw Mahahh chanash Nathan chazaq al Naphash yad wa al yad al Naphash kashshah wa al yad al Naphash shanaym ban Yachuwshauh ahayach chamlah al Naphash wa sham yatsa Naphash wa yanach Naphash chuwts ayr.17.wa yash hayach abar kamw sham hayach yatsa sham chuwts ka Yy amar Malat al attah Naphash Nabat lah achar attah amad yash al kal kakkar Malat al char pan yash caphah.18.wa lat al sham Na lah kan any Adanay.19.hannah Na attah abad yash Matsa chan al attah any wa yash hayach ashah Asar any al chayah any Naphash wa any lah Malat al char pan achad ra laqach any wa Mawth.20.hannah Na zath ayr hy qarab al Nwc al wa yash hy Matsar achad Na Natah any Malat sham hy yash lah Matsar achad wa any Naphash yash chayah.21.wa huw amar al Naphash hannah hayach Nasha attah al zah dabar gam ka any ratsan lah haphak zah ayr al Asar yash hayach dabar.22.Mahar attah Malat sham al any lah ashah Mah dabar ad yash bow sham al sham al ayr hayach qara Tsaar.23.

shamash hayach yatsa al arats kamw lat bow al Tsaar.24.az Yachuwshauh Matar al cadam wa al amarah gaphryth wa ash Al Yachuwshauh al al shamaym.25.wa Yy haphak al ayr wa kal kakkar wa kal yashab al ayr wa ka Asar Tsamach adamah.26.han kashshah Nabat al achar Naphash wa Naphash hayach Nabat al Malach.27.wa Abaracham alah shakam baqar al Maqam Asar huw amad ath Yachuwshauh.28.wa Yy shaqaph al cadam wa amarah wa al kal arats al kakkar wa raah wa hannah qatar al arats alah hy qatar al kabshan.29.wa yash hayach abar kamw Alasham shachath ayr al kakkar ka Alasham zakar Abaracham wa shalach lat al Tavah al haphakah kamw Yy haphak ayr al Asar lat yashab.30.wa lat alah al al Tsaar wa yashab al char wa shanaym ban ad Naphash al Yy yara al yashab al Tsaar wa Yy yashab al Maarah Yy wa shanaym ban.31. wa bakarah amar al Tsaar anachnw Ab hy zaqan wa sham hy lah kash al arats bow al anachnw achar darak al kal arats.32.yalak Natah anachnw ashah anachnw Ab shaqah yayn wa anachnw ratsan shakab ad Naphash ka anachnw wlay chayah zara al anachnw Ab.33.wa sham ashah sham Ab shaqah yayn ka layl wa bakarah bow wa shakab ad Naphash Ab wa Yy yada lah kamw Naphash shakab al kamw Naphash qam.34.wa yash hayach abar al Macharath ka bakarah amar al Tsaar han any shakab amash ad any Ab Natah anachnw ashah Naphash shaqah yayn zah layl gam wa bow yash wa shakab ad Naphash ka anachnw wlay chayah zara al anachnw Ab.35.wa sham ashah sham Ab shaqah yayn ka layl gam wa Tsaar qam wa shakab ad Naphash wa Yy yada lah kamw Naphash shakab al kamw Naphash qam.36.kah hayach shanaym ban al lat ad harah arach sham Ab.37.wa bakarah yalad ban wa qara sham Muwb huw hy Ab al Maab al zah yowm.38.wa Tsaar Naphash gam yalad banwa qara sham ban ammay huw hy Ab al ban al amman al zah yowm.

CHAPTER

20

The eighteen chapter 18th
aw al yachwshah raah al

1.wa Abaracham Naca al sham al Nagab arats wa yashab bayn qadash wa shar wa gar al Garar. 2.wa Abarachcm amar al Asarach kashshah hy any achwth wa Abymalach al Garar shalach laqach wa Asarach.3.han Alasham bow Abymalach al chalam arach laylwa amar al Naphash hannah Mashay han Mawth kash al kashshah Asar yash hayach laqach al Naphash hy baal kashshah.4.Abymalach hayach lah qarab wa Yy amar Yachuwshauh yash harag gam Tsaddaq Gay.5.amar huw lah alany Naphash hy any achwth wa Naphash gam Naphash amar huw hy any ach al Tam al any labab wa Naqqayan al any yad hayach ashah zath.6.waa Alasham amar al Naphash al chalam gam any yada ka yash ashah zath al Tam al attah labab al any gam chashak attah al chata qarah any al Nathan any attah lah al Naga Naphash.7.attah al shuwb kash kashshah al Yy hy Naba wa Yy yash palay al attah wa yash chayah wa am yash shuwb Naphash lah yada yash ka Mawth yas wa kal hy attah.8.al Abymalach shakam baqar wa qara kal abad wa dabar kal allah dabar al cham azan wa chanash hayach Maad yara.9.az Abymalach qara Abaracham wa amar al Naphash Mah hayach yash ashah al anachnw wa Mah hayach chata attah ka yash hayach bow al any wa al any Mamlakah gadal chataah yash hayach ashah Maashah al any ka Mawmah lah yash ashah.10.wa Abymalach amar al Abaracham Mah raah yash ka yash hayach ashah zah dabar.11.wa Abaracham amar ka any amar raq yaraah al Alasham hy lah al zah Maqam wa cham ratsan harag any al any kashshah dabar.12.wa gam amnah Naphash hy any achwth Naphash hy ban al any Ab han lah ban al any am wa Naphash hayach any kashshah.13.wa yash hayach abar Asar Alasham Nathan any al Taah any Ab bayth ka any amar al Naphash zah hy attah chacad Asar yash ashah al kal Maqam sham anachnw yash bow amar al any Yy hy any ach.14.wa Abymalach laqach Tsaan wa baqar wa abad wa shaphchah wa Nathan cham al Abaracham wa shuwb Naphash Asarach kashshah. 15.wa Abymalach amar hannah any arats hy ath attah yashab Asar yash Tab attah.16.wa al Asarach Yy amar hannah hayach Nathan attah ach alaph gazar al kacaph hannah Yy hy al attah kacwth al ayn al kal ka hy ad attah wa ad kal achar kah Naphash hayach yakach.17.kan Abaracham palay al Alasham wa Alasham rapha Abymalach wa kashshah wa amah wa cham yalad ban.18.Al Yachuwshauh hayach Tsam atsar kal racham al bayth al Abymalach al Al Asarach Abaracham kashshah.

CHAPTER

21

1.wa Al Yachuwshauh paqad Asarach hy Yy hayach amar wa Yachuwshauh ashah al Asarach hy Yy hayach dabar.2.al Asarach harah wa yalad Abaracham ban al zaqan al Maad ath al Asar Alasham hayach dabar al Naphash.3.wa Abaracham qara sham al Naphash ban ka hayach yalad al Naphash Asar Asarach yalad al Naphash yatschaq.4.wa Abaracham Mal ban yatschaq hayach shamanah yowm ban hy Alasham hayach Tsavah Naphash.5.wa Abaracham hayach Maah shanah Asar Naphash ban yatsachaq hayach yalad al Naphash.6.wa Asarach amar Alasham yash ashah any al Tschaq kan kal ka shama ratsan Tschaq ad any.7.wa Naphash amar Ma law hayach amar al Abaracham ka Asarach yash hayach Nathan ban yanaq al hayach yalad Naphash ban al zaqan.8.wa yalad gadal wa hayach gam wa Abaracham ashah gadal Mastahw yowm ka yatsachaq hayach gamal.9.wa Asarach raah ban al chagar Matsaraym Asar Naphash hayach yalad al Abaracham Tschaq.10.Mah Naphash amar al Abaracham garash zath amah wa Naphash ban al ban al zath amah yash lah hava yarash ad any ban gam ad yatsachaq.11.wa dabar hayach Maad raa al Abaracham ayn al al ban.12.wa Alasham amar Abaracham Natah yash lah raa al attah ayn al al Naar wa al al attah amah al kal Asarach yash amar al attah shama al Naphash qal al al yatschaq yash attah zara hava qara.13.wa gam al ban al amah ratsan any shuwm Gay al Yy hy attah zara.14.wa Abaracham shakam baqar wa laqach lacham wa chamath maym wa Nathan yash al chagar shuwm yash al Naphash shakam wa yalad wa shalach Naphash wa Naphash yalad wa Taah Madbar al baar shaba.15.wa maym hayach kalah al chamath wa Naphash shalak yalad Tachath achad al shyach.16.wa Naphash yalad wa yashab Naphash yatsa al Nagad Naphash Tab yalad hy yash hayach qashath al Naphash amar Natah any lah raah Mavath al yalad wa Naphash yashab al Nagad Naphash wa Nasha Naphash qal wa bakah.17.wa Alasham shama qal al Naar wa Malak al Alasham qara al chagar al Al shamaym wa amar al Naphash Mah chyl attah chagar yara lah al Alasham yash shama qal al Naar Asar huw hy.18.qam Nasha Naar wa chazaq Naphash al attah yad al any ratsan shuwm Naphash gadal Gay.19.wa Alasham paqach Naphash ayn wa Naphash raah baar al maym wa Naphash yalad wa Mala chamath ad maym wa Nathan Naar shaqqh.20.wa Alasham hayach ad Naar wa Yy gadal wa yashab Madbar wa hayach achar qashath.21. wa Yy yashab Madbar al paran wa am laqach Naphash kashshah al al arats al Matsaraym.22.wa yash hayach abar al ka ath ka Abymalach wa Phykal shar al Tsaba amar al Abaracham amar Alasham hy ad attah al kal ka yash ashah.23.attah al shaba al any hannah arach Alasham ka yash lah ashah shaqar ad any al ad any ban al ad any ban ban han al chacad ka hayach ashah al attah yash ashah al any wa al arats Asar yash hayach gar.24 wa Abaracham amar any ratsan shaba.25.wa Abaracham yakach Abymalach al al baar al maym Asar Abymalach abad hayach gazal laqach yalak.26.wa Abymalach amar any yada lah Mah yash ashah zah dabar lah ashah yash Nagad any lah gam shama any al yash han al yuwm.27.

wa Abaracham laqach Tsaan wa baqar wa Nathan sham al Abymalach wa shanaym al sham karath barath.28.wa Abaracham Natsab shaba al Tsaan arach cham.29.wa Abymalach amar al Abaracham Mah ad allah shaba kabshah Asar yash hayach Natsab arach cham.30.wa Yy amar al allah shaba kabshah yash laqach al any yad ka sham wlay adah al any ka hayach chaphar zah baar.31.Mah Yy qara ka Maqam baar sham cham shaba shanaym al sham cham.32.kah sham karath barath al baar shaba az Abymalach qam wa Phykal shar al Tsaba wa cham shuwb al arats al Phalashthy.33.wa Abaracham Nata qabarah al baar shaba wa qara sham al sham Al Yachuwshauh alam al.34.wa Abaracham gar al Phalashthy arats rab yowm.

CHAPTER

22

1.wa yash hayach abar achar allah dabar ka Alasham ashah Nacah Abaracham wa amar al Naphash Abaracham wa Yy amar hannah hannah Ahayach.2.wa Yy amar laqach attah attah ban attah yachad ban yatsachaq Asar yash ahab wa yalak attah al arats al Marayahh wa alah Naphash sham al alah Manchah al achad al char Asar any ratsan amar attah al.3.wa Abaracham shakam baqar wa chabash chamar wa laqach shanaym al Naar chanash ad Naphash wa yatsachaq ban wa baqa ats al alah Manchah wa qam wa yalak Asar Maqam al Asar Alasham hayach amar Naphash.4.az al shalash yowm Abaracham Nasha ayn wa raah Maqam rachaq.5.wa Abaracham amar Asar Naphash Naar chanash yashab attanah pah ad chamar wa any wa Naar ratsan yalak ad wa shachah wa shuwb attanah. 6.wa Abaracham laqach ats al alah Manchah wa shuwm yash al yatsachaq ban wa Yy laqach ash al yad wa Maakalath wa sham yalak shanaym al sham yachad.7.wa Yatsachaq amar al Abaracham Ab wa amar any Ab Yy amar hannah ahayach any ban wa Yy amar hannah ash wa ats han Asar hy shah al alah Manchah.8.wa Abaracham amar any ban Alasham ratsan raah huw shah al alah Manchah kan sham yalak shanaym al sham yachad.9.wa sham bow Maqam Asar Alasham hayach amar Naphash al wa Abaracham banah achar Mazbaach sham wa shuwm ats al shalab wa aqad yatsachaq ban wa shuwm Naphash al Mazbaach al ats.10.wa Abaracham shalach yad wa laqach Maakalath al shachat ban. 11.wa Malak Al Yachuwshauh qara al Naphash al al shamaym wa amar Abaracham Abaracham wa Yy amar hannah Ahayach.12.wa Yy amar shalach lah attah yad al Naar al ashah yash Mah dabar al Naphash al attah any yada ka yash yara Alasham raah yash hayach lah chashak attah ban attah yachad ban al any.13.wa Abaracham Nasha ayn wa raah wa hannah achar Naphash ayl achaz al cabak arach qaran wa Abaracham yalak wa laqach ayl wa alah Naphash al alah Manchah al Tachath al ban.14.wa Abaracham qara sham al ka Maqam Yachuwshauh yarah hy yash hy amar al zath yowm al char Al Yachuwshauh yash hava raah.15.wa Malak Al Yachuwshauh qara al Abaracham al Al shamaym shany ath.16. Wa amar arach any hayach shaba amar Yachuwshauh al yaan yash hayach ashah zah dabar wa hayach lah chashak attah ban attah yachad ban.17.ka al barak any ratsan barak attah wa al rabah any ratsan rabah attah zara hy kakab alshamaym wa hy chuwl Asar hy al yam shaphah wa attah zara yash yarash shaar al ayab.18. wa al attah zara yash kal Gay al arats hava barak aqab yash hayach shama any qal.19.kan Abaracham shuwb al Naar chanash wa shamqam wa yalak yachad al baar shaba wa Abaracham yashab al baar shaba.20.wa yash hayach abar achar allah dabar ka yash hayach Nagad Abaracham amar hannah Malkah Naphash yash gam yalad ban al attah ach Nachar.21. wts bakar wa baz Naphash ach wa qamwal Ab al aram.22.wa chacad wa chazah wa paldash wa yad laph wa bathwal. 23.wa bathwal yalad rabakah allah shamanah Malkah ashah yalad al Nachar Abaracham ach. 24.wa Pylagash Mah sham hayach raamah Naphash yalad gam Tabah wa Gacham wa Thahash wa Maachah.

CHAPTER

23

1.wa Asarach hayach Maah wa shaba wa asharaym shanah chay allah hayach shanah al chay al Asarach. 2.wa Asarach Mawth al qaryath arba zah hy chabran al arats al kanaan wa Abaracham bow caphad al Asarach wa bakah al Naphash.3.wa Abaracham qam al al Mawth wa dabar al ban chathamar 4.Ahayach gar wa Tashab ad attah Nathan any achazzah al qabar ad attah ka any wlay qabar any Mawth al al any panym.5.wa ban al chath anah Abaracham amar al Naphash.6.shama anachnw any Adan Mashay Alasham Nasha Tavak anachnw al Mabchar al anachnw qabar qabar attah Mawth kash al anachnw yash kala al attah qabar han ka yash yakal qabar attah Mawth.7.wa Abaracham qam wa shachah huw al am al arats gam al ban al chath.8.wa Yy dabar ad sham amar am ythay Naphash Naphash ka any yash qabar any Mawth al al any panym shama any wa paga al any al Aphran ban al Tsachar.9.ka huw wlay Nathan any Maarah al Machpalah Asar huw yash Asar hy al qatsah al shadah al hy achar kacaph hy yash hy Mala Yy yash Nathan yash any al achazzah al qabarah Tavak attah. 10.wa Aphran yashab Tavak ban al chath wa Aphran chatty anah Abaracham al azan al ban al chath gam al kal ka bow al shaar al ayr amar.11.lah any Adan shama any shadah Nathan any attah wa Maarah ka hy qarab any Nathan yash attah al ayn al ban al any am Nathan any yash attah qabar attah Mawth.12.wa Abaracham shachah huw al am al arats.13.wa Yy dabar al aphran al azan al am al arats amar han am yash Nathan yash law shama any any ratsan Nathan attah kacaph al shadah laqach yash al any wa any ratsan qabar any Mawth sham.14.wa Aphran anah Abaracham amar al Naphash. 15.any Adan shama al any arats hy Mala arba Maah shaqal al kacaph Mah hy ka bayn any wa attah qabar al allah Mawth.16.wa Abaracham shama al Aphran wa Abaracham shaqal al Aphran kacaph Asar Yy hayach sham al azan al ban al chath arba Maah shaqal al kacaph ad cachar.17.wa shadah al Aphran Asar hayach al Machpalah Asar hayach al Mamra shadah wa Maarah Asar hayach qarab wa kal ats ka hayach al shadah ka hayach al kal gabal cabab hayach karath qam.18.al Abaracham al Maqnah al ayn al ban al chath al kal ka bow al shaar al ayr.19.wa achar zath Abaracham qabar Asarach kashshah alMaarah al shadah al Machpalah al Mamra huw hy chabran al arats al kanaan.20.wa shadah wa Maarah ka hy qarab hayach karath qam al Abarachma al Maqnah al qabarah arach ban al chath.

1.wa Abaracham hayach zaqan wa aar bow al zaqan aw Yachuwshauh hayach barak Abaracham al kal dabar.2.wa Abaracham amar al zaqan abad al bayth ka Mashal al kal ka Yy hayach shuwm law attah yad Tachath any yarak.3.wa any ratsan shuwm attah shaba arach Yachuwshauh Alasham shamaym wa Alasham al arats ka yash lah laqach kaskshah al any ban al ban al kanaan qarab Asar any yashab. 4.han yash yalak al any arats wa al any Maladath wa laqach kashshah al any ban yatsachaq. 5.wa abad amar al Naphash wlay kashshah ratsan lah hava abah al yalak any al zah arats ratsan any abyn shauwb attah ban al arats al ay yash yatsa.6.wa Abaracham amar al Naphash shamar yash ka yash shuwb lah any ban sham shwb.7. Al Yachuwshauh Alasham shamaym Asar laqach any al any Abbayth wa al arats al any Maladath wa Asar dabar al any wa ka shaba al any amar al attah zara ratsan any Nathan zah arats Yy yash shalach Malak al attah wa yash laqach kashshah al any ban al sham. 8.wa am kashshah ratsan lah hava abah al yalak attah az yash hava Naqah al zah any shaba yachad shuwb lah any ban sham.9.wa abad shuwm Naphash yad Tachath yarak al Abaracham Naphash Adan wa shaba al Naphash al ka dabar.10.wa abad laqach Asar gamal al gamal al Naphash Adan wa yalak al kal Tab al Naphash Adan hayach al Naphash yad wa Yy qam wa yalak al Aram Naharaym al ayr al Nachar.11.wa Yy karath Naphash gamal al barak chats ayr arach aar al maym al ath al arab gam ath kashshah yatsa al shaab maym.12.wa Yy amar Na Yachuwshauh Alasham al any Adan Abaracham lw qarah any rachaq qarah zah yowm wa ashah chacad al any Adan Abaracham.13.hannah any Natsab hannah arach aar al maym wa ban al chanash al ayr yatsa al shaab maym.14.wa Natah yash hayach abar ka Naarah al Asar any yash amar Natah attah kad law ka any wlay shaqah wa Naphash yash amar shaqah wa any ratsan Nathan attah gamal shaqah gam Natah huw hava Naphash ka yash hayach yakach al attah abad yatsachaq wa al yash any yada ka yash hayach ashah chacad al any Adan.15.wa yash hayach abar al Yy hayach kalah dabar ka hannah rabakah yatsa Asar hayach yalad al bathwal ban al Malkah kashshah al Nachar Abaracham ach ad Naphash kad al Naphash shakam.16.wa Naarah hayach Maad Tab al marah alach bathwlah lah hayach Maamah kash yada Naphash wa Naphash yarad al ayn wa Mala Naphash kad wa alah.17.wa abad ruwts qarah Naphash wa amar Natah any lw gama Maat maym al attah kad.18.wa Naphash amar shathah any Adan wa Naphash Mahar wa yarad Naphash kad al Naphash yad wa Nathan Naphash shaqah.19.wa achar Naphash hayach kalah Nathan Naphash shaqah Naphash amar any ratsan shaab maym al attah gamal gam ad sham hayach kalah shathah. 20.wa Naphash Mahar wa arah Naphash kad al shaqath wa ruwts shuwb al aar shaab maym wa shaab al kal gamal.21.wa kash shaah al Naphash charash yada ad Yachuwshauh hayach Tsalaach darak Tsalaach av lah.22.wa yash hayach abar hy gamal hayach kalah shathah ka kash laqach zahab Nazam al baqa baqa Mashqal wa shanaym Tsamad al Naphash yad Al Asar shaqal Mashqal al zahab.23. wa amar Mah bath Mashay Nagad any lw hy sham Maqam al attah

Abbayth al anachnw al lan al.24.wa Naphash amar al Naphash ahayach bath al bathwal ban al Malkah Asar Naphash yalad al Nachar.25.Naphash amar gam al Naphash anachnw hayach gam Taban wa Macpw rab wa Maqam al lan al.26.wa kash qadad rash wa shachah Al Yachuwshauh.27. wa Yy amar barak hava Al Yachuwshauh Alasham al any Adan Abaracham Asar yash lah azab azab any Adan al chacad wa amath any hayach al darak Yachuwshauh Nachah any al bayth al any Adan ach.28.wa Naarah ruwts wa Nagad sham al Naphash am bayth allah dabar.29.wa rabakah hayach ach wa sham hayach laban wa laban ruwts al kash al ayn.30.wa yash hayach abar achar Yy raah Nazam wa Tsamad al achwth yad wa achar Yy shama dabar al rabakah Naphash achwth amar kah dabar kash al any ka Yy bow al kash wa hannah Yy amad arach gamal al ayn.31.wa Yy amar bow yash barak Al Yachuwshauh Mah amad yash chats al hayach panah bayth wa Maqam al gamal.32.wa kash bow al bayth wa Yy Pathach gamal wa Nathan Taban wa Macpw al gamal wa maym al rachats ragal wa chanash ragal ka hayach ad Naphash. 33.wa sham hayach shuwm aklah al Naphash akal han Yy amar any ratsan lah akal ad hayach dabar yada dabar wa Yy amar dabar al.34.wa Yy amar ahayach Abaracham abad.35.wa Al Yachuwshauh yash barak any Adan Maad wa Yy hy gadal gadal wa Yy yash Nathan Naphash Tsaan wa baqar wa kacaph wa zahab wa abad wa shaphchah wa gamal wa chamar.36.wa Asarach any Adan kashshah yalad ban al any Adan achar Naphash hayach zaqnah wa al Naphash yash Yy Naphash kal ka Yy yash. 37.wa any Adan Tsalaach any shaba amar yash lah laqach kashshah al any ban al kanaan al Mah arats any yashab.38.han yash yalak al any Ab bayth wa al any Mashpachah wa laqach kashshah al any ban.39.wa any amar al any Adan wlay kashshah ratsan lah yalak any.40.wa Yy amar al any Yachuwshauh al Asar any halak ratsan shalach

Malak ad attah wa Tsalaach attah darak wa yash laqach kashshah al any ban al any Mashpachah wa al any Ab bayth.41 az yash hava Naqah al zah any alah Asar yash bow any Mashpachah wa am sham Nathan lah attah achad yash hava Naqah al any alah. 42.wa any bow zah yowm al ayn wa amar Na Yachuwshauh Alasham al any Adan Abaracham am attah yash ashah Tsalaach any darak Asar any halak.43.hannah any Natsab arach any al maym wa yash hayach abar ka achar almah yatsa shaab maym wa any amar al Naphash Nathan any lw Maat maym al attah kad shaqah.44.wa Naphash amar al any gam shathah yash wa any ratsan gam shaab al attah gamal yarad huw hava kashshah Asar Al Yachuwshauh yash yakach al al any Adan ban.45.wa Taram hayach kalah dabar al any lab hannah rabakah yatsa ad Naphash kad al Naphash shakam wa Naphash yarad al ayn wa shaab maym wa any amar al yarad any shaqah lw.46.wa Naphash Tsalaach Mahar wa yarad Naphash kad al Naphash shakam wa amar shaqah wa any Nathan attah gamal shaqah gam any shathah wa Naphash Tsalaach gamal shathah gam.47.wa any shaal Naphash wa amar Mah bath Mashay wa Naphash amar bath al bathwal Nachar ban Asar Malkah yalad al Naphash wa any shuwm Nazam al Naphash aph wa Tsaamad al Naphash yad.48.wa any qadad any rash wa shachah Al Yachuwshauh wa barak Al Yachuwshauh Alasham al any Adan Abaracham Asar hayach Nachah any al amath darak al laqach any Adan ach bath al Naphash ban.49.wa attah am attah ratsan ashah chacad wa amath ad any Adan Nagad any ka any wlay panah al yaman yad av al shamal.50.az laban wa bathwal anah wa amar dabar yatsa Al Yachuwshauh anachnw lah dabar al attah ra av Tab.51.hannah rabakah hy panym attah laqach Naphash wa yalak wa yarad Naphash hava attah Adan ban kashshah hy Al Yachuwshauh yash dabar.52.wa yash hayach abar ka achar Abaracham abad shama sham dabar

Yy shachah Al Yachuwshauh Natah huw al arats.53.wa abad yatsa kaly al kacaph wa kaly al zahab wa bagad wa Nathan sham al rabakah Yy Nathan gam al Naphash ach wa al Naphash am Magdanah dabar. 54.wa sham ashah akal wa shathah Yy wa chanash ka hayach ad Naphash wa lan kal layl wa sham qam al baqar wa Yy amar shalach any yalak al any Adan.55. wa Naphash ach wa Naphash am amar yarak Naarah yashab ad anachnw ach achad yowm av aw Asar achar ka Naphash yash yash.56.wa Yy amar al sham achar any lah raah Yachuwshauh Tsalaach any darak shalach any yalak ka any wlay yalak al any Adan.57.wa sham amar anachnw ratsan qara Naarah wa shaal av Naphash pan.58.wa sham qara rabakah wa amar al Naphash yash yalak ad zah kash wa Naphash amar any ratsan yalak.59. wa sham shalach yalak rabakah sham achwth wa Naphash yanaq wa Abaracham abad wa chanash.60.wa sham barak wa amar al Naphash Mashay anachnw achwth yash am alaph al rabakah wa yarad attah zara yarash shaar al allah Asar shana cham.61.wa rabakah gam wa Naphash Naarah wa sham rakab al gamal wa yalak kash wa abad laqach rabakah wa yalak darak.62.wa yatsachaq bow al darak al ayn lachay ray al Yy yashab al Nagab arats.63.wa yatsachaq yatsa hagah al shadah av ath wa Yy Nasha ayn wa raah wa hannah gamal hayach bow.64.wa rabakah Nasha Naphash ayn wa achar Naphash raah yatsachaq Naphash Naphal gamal.65. al Naphash hayach amar al abad Mah kash hy hallazah ka halak al shadah qarah anachnw wa abad hayach amar yash hy any Adan al Naphash laqach Tsayph wa kacaph Naphash.66.wa abad caphar yatsachaq kal dabar ka Yy hayach ashah.67.wa yatsachaq bow Naphash al am Asarach ahal wa laqach rabakah wa Naphash hayach kashshah wa Yy ahab Naphash wa yatsachaq hayach Nacham achar am Mavath.

CHAPTER

25

1.az yacaph Abaracham laqach kashshah wa Naphash sham hayach qatarah.2.wa Naphash yalad Naphash zamran wa yaqashan wa Madan wa Madyan yashbaq wa shwach.3.wa yaqashan yalad shaba wa dadan wa ban al dadan hayach Ashshary wa latasham wa laammym.4.wa ban al Madyan aphah waaphar wa chanak wa Abydah wa Aldaah kal allah hayach ban al qatarah.5.wa Abaracham Nathan kal ka Yy hayach al yatsachaq.6.han al ban al Pylaqach Asar Abaracham hayach Abaracham Nathan Mattanah wa shalach cham darak Al yatsachaq ban ad Yy gam chay qadam al qadam arats.7.wa allah hy yowm al shanah Al Abaracham chay Asar Yy chay Maah shabaym wa shabaym shanah. 8.az Abaracham Nathan gava wa Mawth al Tab shaybah raa zaqan kash wa shabaa al shanah wa hayach acaph al am.9.wa Naphash ban yatsachaq wa yashamaAl qabar Naphash al Maarah al Machpalah al shadah al aphran ban al Tsachar chaththy Asar hy al Mamra.10.shadah Asar Abaracham qanah al ban al chathsham hayach Abaracham qabar wa Asarach kashshah.11.wa yash hayach abar achar Mavath al Abaracham ka Alasham barak ban yatsachaq wa yatsachaq yashab darak baar lachay ray.12.attah allah hy Taladah al yashamaAl Abaracham ban Asar chagar Matsaraym Asarach shaphchah yalad al Abaracham13.wa allah hy sham al ban al yashamaAl arach sham sham ragal al sham Taladah bakar al yashamaAl Nabayth wa qadar wa adbaal wa Mabsham.14.wa Mashma wa damah wa Mashsha. 15.chadar wa Tama yatsar Naphash wa qadamah.16.allah hy ban al yashamaAl wa allah hy sham sham arach sham chatsar wa arach sham Tyrah shanaym Nasha ragal al sham amamah.17.wa allah hy shanah al chay al yashamaAl Maah wa shalashym wa shaba shanah wa Yy Nathan gava wa Mawth wa hayach acaph al Naphash am.18.wa sham shakan al chavylah al shar ka hy al Matsaraym yash bow al Ashshary wa Yy Mawth al panym al kal Naphash ach.19.wa allah hy Taladah al yatsachaq Abaracham ban Abaracham yalad yatsachaq.20.wa yatsachaq hayach arbaym shanah shaybah achar Yy laqach rabakah al kashshah bathal bathwal Aram Al Padan aram achath al laban aram.21.wa yatsachaq athar Al Yachuwshauh al kashshah Naphash hayach aqar wa Al Yachuwshauh hayach athar al Naphash wa rabakah harah.22.wa ban ratsats yachad qarab Naphash wa Naphash amar am ythay kan Mah ahayach zah wa Naphash yalak darash Al Yachuwshauh.23.wa Al Yachuwshauh amar Naphash shanaym amamah hy attah batan wa shanaym darak al am yash hava parad al attah Maah wa achad am yash hava amats man ach am wa rab yash abadah Tsaar.24.wa achar Naphash yowm ythay yalad hayach Mala hannah sham hayach Thaam al Naphash batan.25.wa rashan yatsa admany kal Nagad kan ach shaar addarath wa sham qara sham rashan.26.wa achar ka hayach Naphash ach al wa yad laqach achaz al rashan aqab wa sham hayach qara yaaqab wa yastachaq hayach shabaym shanah ban achar Naphash yalad sham.27.wa Naar gadal wa rshan hayach yada Tsayad kash al shadah wa yaaqab hayach Tam kash yashab al ahal.28.wa yatsachaq ahab rashan ka huw ashah pah al Tsayad han rabakah ahab yaaqab 29.wa yaaqab zwd

Nazyd wa rashan bow al shadah wa huw hayach ayaph.30.wa rashan amar al yaaqab laat any Na ad ka zah adam Nazyd Al hayach ayaph Al hayach sham qara adam.31.wa yaaqab amar Makar any hallazah yowm attah bakarah.32.wa rashan amar hannah hayach av halak al Mawth wa Mah batsa yash zah bakarah ashah al any.33.wa yaaqab amar shaba al any zah yowm wa shaba al Naphash wa Yy Makar bakarah al yaaqab.34.az yaaqab Nathan rashan lacham wa Nazyd al adash wa Yy ashah akal wa shathah wa qam wa yalak zah rashan bazah barakah.

CHAPTER

26

1.wa sham hayach raab al arats bad rashan raab ka hayach al yowm Abaracham wa yatsachaq al Abymalach Malak al Phalashthy al Garar.2.wa Al Yachuwshauh raah al Naphash wa amar yarad lah Al Matsaraym shakan al arats Asar any yash amar attah al.3.gar al zath arats wa any ratsan hava ad attah wa ratsan barak attah yth al attah wa zara any rastsan Nathan kal al arats wa any ratsan qal shabah Asar any shaba al Abaracham attah Ab.4.wa any ratsan shuwm attah zara al rabah hy kakab Al shamaym wa ratsan Nathan al attah zara kal al arats wa al attah zara yash kal Gay al arats hava barak. 5.gadal ka Abaracham shama any qal wa shamar any Mashmarath any Matsaraym any chaqqah wa any Tarah.6.wa yatsachaq yashab al Garar.7.wa chanash al Maqam shaal Naphash al kashshah wa Yy amar Naphash hy any achwth al Yy yara al amar Naphash hy any kashshah pan amar Yy chanash al Maqam yash harag any al rabakah gadal Naphash hayach Tab al Marah al.8.wa yash hayach abar ka Yy Yy hayach sham arak yowm ka AbyMalak al Phalashthy shaqaph baad challan wa raah wa hannah yatsachaq hayach Tsachaq ad rabakah kashshah.9.wa AbyMalak qara yatsachaq wa amar hannah al ak Naphash hy attah kashshah wa ayk amar yash Naphash hy any achwth wa yatsachaq amar al Naphash gadal any amar pan any Mawth al Naphash.10.wa AbyMalak amar Mah hy zath yash hayach ashah al anachnw achad al am yakal Maat hayach shakab ad attah kashshah wa attah yash hayach bow asham al anachnw.11.wa AbyMalak Tsavah kal am amar Yy ka Naga zah kash av kashshah yash ak hava shuwm Mawth.12.az yatsachaq zara al ka arats wa Matsa al huw shanah Maah wa Al Yachuwshauh barak Naphash.13.wa kashshah chazaq gadal wa yalak halak wa gadal ad Yy gadal Maad gadal.14.al Yy hayach Maqnah al Tsaan wa Maqnah al baqar wa gadal paqqadan al abad wa Phalashthy qana Naphash. 15.al kal aar Asar Ab abad hayach chaphar al yowm Al Abaracham Naphash Ab Phalashthy hayach catham sham wa Mala sham ad aphar.16.wa AbyMalak amar al yatsachaq yalak al anachnw al Mashay Maad atsam Man anachnw.17.wa yatsachaq yalak sham wa chanah ahal al Nachal al Garar wa yashab sham.18.wa yatsachaq chaphar shuwb aar al maym Asar sham hayach chaphar al yowm Al Abaracham Ab al Phalashthy hayach catham sham achar Mavath al Abaracham wa Yy qara sham sham achar sham arach Asar Naphash Ab hayach qara sham.19.wa yatsachaq abad chaphar al Nachal wa Matsa sham aar al chay maym.20. wa baqar al Garar ashah ryb ad yatsachaq baqar amar maym hy anachnw wa Yy qara sham al aar pwk ka cham ashaq ad Naphash.21.wa sham chaphar achar aar wa ashaq al ka gam wa Yy qara sham al yash shatan.22. wa Yy athaq al sham wa chaphar achar aar wa al ka cham ashaq lah wa Yy qara sham al yash rachabath wa Yy amar al attah Yachuwshauh yash ashah rachab al anachnw wa anachnw yash hava Pharach al arats.23.wa Yy alah al sham al baar shaba.24.wa Al Yachuwshauh raah al Naphash huw layl wa amar ahayach Alasham Al Abaracham attah Ab yara lah al ahayach ad attah wa ratsan barak attah wa rabah attah zara al any abad

Abaracham abwr.25.wa Yy banah achar Mazbaach sham wa qara al sham Al Yacchuwshauh wa Natah ahal sham wa sham yatsachaq abad chaphar aar. 26.az AbyMalak halak Naphash al Garar wa achazzath achad al Maraa wa Phykal sharshar al Naphash Tsaba.27.wa yatsachaq amar al cham Madd wa bow attah al any raah attah shana any wa hayach shalach any yalak al attah.28.wa cham amar anachnw raah ka ka Al Yachuwshauh hayach ad attah wa anachnw amar yarad sham hava Na achar shabah bayn anachnw gam bayn anachnw wa attah wa yarad anachnw karath barath ad attah.29.ka yash ashah anachnw lah ra hy anachnw hayach lah Naqa attah wa hy anachnw hayach ashah al attahlah han Tab wa hayach shalach attah yalak al shalam Mashay attah barak Al Yachuwshauh.30.wa Yy ashah cham Mashtah wa sham ashah akal wa shaqal.31.wa shamkam al baqar wa shaba kash al achar wa yatsachaq shalach cham yalak wa cham yalak al Naphash al shalam.32.wa yash hayach abar huw yowm ka yatsachaq abad bow wa Nagad Naphash al aar Asar sham hayach chaphar wa amar al Naphash anachnw hayach Matsa maym.33.wa Yy qara yash shabah al sham al ayr hy baar shaba al zah yowm.34.wa rashan hayach arbaym shanah ban ka Yy laqach al kashshah yachadath bath al baary chatty wa bashamath bathal Alan chatty. 35.Asar hayach Marah al ruwach al yatsachaq wa al rabakah.

CHAPTER

27

1.wa yash hayach abar ka al yatsachaq hayach zaqan wa ayn hayach kahah kan ka Yy yakal raah Yy qara rashan gadal ban wa amar al Naphash any ban wa Yy amar al Naphash hannah hannah ahayach. 2.wa Yy amar hannah Na ahayach zaqan any yada lah yowm al any Mavath.3.Na al Nasha attah kala attah Talah wa attah qashath wa yatsa al shadah wa Tswd any achad Tsaydah.4.wa ashah any Matammah hannah hy any ahab wa bow yash al any ka any wllay akal ka any Naphash wlay barak attah Taram any Mawth.5.wa rabakah shama ka yatsachaq dabar al rashan ban wa rashan yalak shasah Tswd al Tsaydah wa bow yash.6.wa rabakah dabar al yaaqab Naphash ban amar hannah any shama attah Ab dabar al rashan attah ach amar.7.bow any Tsaydah wa ashah any Matammah ka any wlay akal wa barak attah panym al Yachuwshauh panym any Mavath.8.Na al any ban shama any qal ragal al ka Asar any Tsavah attah.9.yalak Na al Tsaan wa laqach al sham shanaym Tab gady al az wa any ratsan ashah sham Matammah al attah Ab hannah hy Yy ahab.10.wa yash bow yash al attah Ab ka Yy wlay akal wa ka Yy wlay barak attah panym Mavath.11. wa yaaqab amar al rabakah Naphash am hannah rashan any ach hy shayr kash wa ahayach chalaq kash.12.any Ab wlay ratsan Mashash any wa any yash hayach al Naphash hy Taa wa any yash bow qalalah al any wa lah barak.13.wa Naphash am amar al Naphash al any hava attah qalalah any ban ak shama any qal wa yalak laqach any sham.14.wa Yy yalak wa laqach wa bow sham al am wa am ashah Matammah hannah hy Ab ahab.15.wa rabakah laqach chamad bagad al Naphash gadal ban rashan Asar hayach ad Naphash al bayth wa labash sham al yaaqab Naphash qatan ban.16.wa Naphash labash wr al qady al az al yad wa al chalqah al Tsavvar. 17.wa Naphash Nathan Matammah wa lacham Asar Naphash hayach ashah al yad al Naphash ban yaaqab.18.wa Yy bow al Naphash Ab wa amar any Ab wa Yy amar hannah Ahayach Mah Mashay any ban.19. wa yaaqab amar al Naphash Ab ahayach rashan attah rashan hayach ashah ragal hy yash dabar any qam anna yashab wa akal al any Tsayd ka attah Naphash wlay barak any.20.wa yatsachaq amar al ban Mah hy yash ka yash Matsa yash kan Mahar any ban wa Yy amar ka Al Yachuwshauh attah Alasham qarah yash al any.21.wa yatsachaq amar al yaaqab Nagash anna ka any wlay Muwsh attah any ban ad yash hava any zah ban rashan av lah.22.wa yaaqab Nagash al yatsachaq Ab wa Yy Mashash Naphash wa amar qal hy yaaqab qal han yad hy yad al rashan.23.wa Yy Nakar Naphash lah ka Naphash yad hayach shayr hy Naphash ach rashan yad kan Yy barak Naphash.24.wa Yy amar Mashay any zah ban rashan wa huw amar hayach.25.wa Yy amar Nagash yash al any wa any ratsan akal al any ban Tsayd ka any Naphash alay barak attah wa Yy Nagash yash al Naphash wa Yy ashah akal wa Yy bow Naphash yayn wa Yy shathah.26. wa Ab yatsachaq amar Naphash Ab yatsachaq amr al Naphash Nagash Na wa Nashaq any any ban.27.wa Yy Nagash Naphash wa Yy ruwach rayach al bagad wa barak Naphash wa amar raah rayach al any ban hy hy rayach al shadah Asar Yachuwshauh yash barak.28.Al Alasham Nathan attah al

Tal al shamaym wa Mashaman al arats wa rab al dagan wa Tyrash.29. yarad am abad attah wa laam shachah al attah hava gabar Nagad attah ach wa yarad attah am ban shachah al attah arar hava kal kash ka arar barak attah wa barak hava Yy ka barak attah. 30.wa yash hayach abar achar Asar achar yatsachaq hayach ashah achar kalah al barak yaaqab wa yaaqab hayach ak chathath yatsa al panym Al yatsachaq Naphash Ab ka rashan Naphash ach baw al al Tsayd.31.wa Yy gam hayach ashah Matammah wa baw yash al Naphash Ab wa amar al Naphash Ab yarad any Ab qam wa akal al ban Tsayd ka attah Naphash wlay barak any.32. wa yatsachaq Naphash Ab amar al Naphash Mah Mashay wa Yy amar ahyach attah ban attah rashan Ashav.33.wa yatsachaq charad gadal gadal wa amar Mah aphaw hy Yy ka yash Tswd tsayd wa baw yash any wa hayach akal al akal Taram yash baw wa hayach barak Naphash gam wa Yy yash hava barak.34.wa ka rashan shama dabar al Ab Yy Tsaaq ad gadal wa Maad Mar Tsaaqah wa amar al Naphash Ab barak any gam any gamNa any Ab.35.wa Yy amar attah ach baw ad Marmah wa yash laqach yalak attah barak. 36.wa Yy amar hy lah Yy ka sham yaaqab al Yy yash aqab any zah paam Yy laqach yalak any barakah wa hannah attah Yy yash laqach yalak any barak wa Yy amar yash lah atsal barak al any.37. wa yatsachaq anah wa amar al Ashav han any hayach shuwm Naphash attah gabyr wa kal Naphash ach hayach Nathan al Naphash al abad wa ad dagan wa Tyrash hayach camak Naphash wa Mah yash any ashah aphaw al attah any ban.38.wa rashan amar al Naphash Ab yash han achad barak any Ab barak any gam any gam la any Ab wa rashan Nasha qal wa bakah.39.wa yatsachaq Naphash Ab anah wa amar al Naphash hannah attah Mashab yash hava Mashaman al arats wa al Tal Al shamaym al al.40.wa arach attah charab yash chayah wa yash abad attah ach wa yash hayach abar Asar rwd ka yash paraq alal alal attah Tsavvar.41.wa rashan shatam yaaqab al al barak Asar Ab barak Naphash wa rashan amar al Naphash lab yowm al abal al any Ab hy qarab yad az ratsan any harag any ach yaaqab.42.wa zah dabar al rashan Naphash gadal ban hayach Nagad al rabakah wa Naphash shalach wa qara yaaqab Naphash qatan ban amar al Naphash hannah attah ach rashan hy al attah agab Nacham Naphash Machashabath al harag attah.43.attah al any ban shama any qal wa qam barach yash al laban any ach al charan. 44.wa yashab ad Naphash achad yowm ad al attah ach chamah shuwb yalak.45.ad attah ach aph shuwb yalak al attah wa Yy shakach ka Asar yash hayach ashah al Naphash az any ratsan shalach wa laqach attah al sham Mah yash any hava hakal gam al attah shanaym al achad yowm.46.wa rabakah amar al yatsachaq ahayach qawts al any chay panym al ban al chath am yaaqab laqach kashshah al ban al chath hannah hy allah Asar hy al ban al arats Mah Tab yash any chay ashah any.

CHAPTER

28

1.wa yatsachaq qara yaaqab wa barak Naphash wa Tsavah Naphash wa amar al Naphash yash lah laqach kashshah al ban al kanaan.2.qam yalak Al Padan aram al bayth al bathwal attah am Ab wa laqach attah kashshah al sham al ban Al laban attah am ach.3.wa Al shadday barak attah wa ashah allah parach wa rabah attah ka yash yakal qahal al am.4.wa Nathan attah barak al Abaracham al attah wa al attah zara ad attah ka yash yakal yarash arats Asar Mashay Magar Asar Alasham Nathan al Abaracham. 5.wa yatsachaq shalach yalak yaaqab wa Yy yalak Al Padan aram al laban ban al bathwal arammy ach al rabakah yaaqab wa ashav am.6.Asar rashan raah ka yatsachaq hayach barak yaaqab wa shalach Naphash yalak Al Padan aram al laqach Naphash kashshah al sham wa ka hy Yy barak Naphash Yy Nathan Naphash Tsavah amar yash lah laqach kashshah al ban Al kanaan.7.wa ka yaaqab shama Ab wa am wa hayach yalak Al Padan aram.8.wa rashan raah ka al ban al kanaan ra lah yatsachaq Naphash Ab. 9.az yalak rashan al yashamaAl wa laqach al kashshah Asar Yy hayach Machalath ban al yashamaAl Abaracham ban achath al Nabayath yash hava Naphash kashshah.10.wa yaaqab yatsa al baar shaba wa yalak al charan.11.wa Yy paga al kash Maqam wa lan sham kal layl ka shamash hayach baw wa Yy laqach al aban al ka Maqam wa shuwm sham al Maraashah wa shakab al ka Maqam shakab. 12.wa Yy chalam wa hannah callam Natsab al arats wa rash al yash Naga Al shamaym wa hannah Malak al Alasham alah wa yarad al yash.13.wa hannah Al Yachuwshauh Natsab al yash wa amar ahayach Yachuwshauh Alasham Al Abaracham attah Ab wa Alasham Al yatsachaq arats Asar yash shakab attah ratsan any Nathan yash wa al attah zara.14.wa attah zara yash hava hy aphar al arats wa yash parats al yam wa al qadam wa al Tsaphan wa al Nagab wa al attah wa al attah zara yash kal Mashpachah al arats hava barak.15.wa hannah ahayach ad attah wa ratsan shamar attah al kal Maqam Asar yash yalak wa ratsan shuwb attah al zath adamah al any ratsan lah azab attah ad hayach ashah ka Asar hayach dabar al attah al.16.wa yaaqab yaqats al al Naphash shanah wa Yy amar akan Al Yachuwshauh hy al zah Maqam wa any yada yash lah.17.wa Yy hayach yara wa amar Mah yara hy zah Maqam zah hy lah shany han bayth al Alasham wa zah hy shaar Al shamaym.18.wa yaaqab shakam baqar wa laqach aban ka Yy hayach shuwm al Maraashah wa shuwm yash al Matstsabah wa yatsaq shamanal rash al yash.19.wa Yy qara sham al ka Maqam bathal han sham al ka ayr hayach qara laz qarab rashan.20.wa yaaqab Nadar Nadar amar am Alasham ratsan hava ad any wa ratsan shamar any al zah darak ka any halak wa ratsan Nathan any lacham akal wa bagad labash.21.kan ka any shuwb al any Ab bayth al shalam az yash Al Yachuwshauh hava any Alasham.22.wa zah aban Asar any hayach shuwm al Matstsabah yash Alasham bayth wa al kal yash Nathan any ratsan akan Nathan Asar al attah.

CHAPTER

29

1.az yaaqab yalak al ragal wa yalak al arats al am al qadam 2.wa Yy raah wa hannah aar al shadah wa hannah Sham hayach shalash adar al Tsaan rabats arach yash al al al ka aar cham shaqah adar wa gadal aban hayach al aar pah 3.wa Sham hayach kal adar acaph wa cham qalal aban al aar pah shaqah Tsaan wa shuwb aban shuwb al aar pah al Maqam.4.wa yaaqab amar al cham any ach ayn hava attah wa cham amar al charan hy anaky 5.wa Yy amar al cham yada attah laban ban al Nachar wa cham amar anaky yada Naphash 6.wa Yy amar al cham hy Yy shalam wa cham amar Yy shalam wa hannah rachal bath baw ad Tsaan 7.wa Yy amar hannah yash hy ad gadal yowm lah hy yash attah ka Maqnah yash acaph yachad shaqah attah Tsaan wa yalak wa raah cham 8.wa cham amar anachnw lah ad kal adar acaph yachad wa ad cham galal aban al aar pah az anachnw shaqah Tsaan 9.wa ad Yy ad Cham rachal baw ad Naphash Ab Tsaan al Naphash raah cham 10.wa yash hayach abar Asar yaaqab raah rachal bathal laban Naphash am ach wa Tsaan al laban Naphash am ach ka yaaqab Nagash wa galal aban al aar pah wa shaqah adar al laban Naphash am ach.11.wa yaaqab Nashaq rachal wa Nasha qal wa bakah. 12.wa yaaqab Nagad rachal ka Yy hayach Naphash Ab ach wa ka Yy hayach rabakah ban wa Naphash ruwts wa Nagad Naphash Ab.13.wa yash hayach Asar laban shama shama Al yaaqab achath ban ka Yy ruwts qarah Naphash wa chabaq Naphash wa Nashaq Naphash wa baw Naphash al bayth wa Yy caphar laban kal allah dabar.14.wa laban amar al Naphash ak Mashay any atsam wa any bashar wa Yy yashab ad Naphash yowm al chadash.15.wa laban amar al yaaqab ka Mashay any ach yash attah al abad any al channam Nagad any Mah yash attah Mashkar.16.wa laban hayach shanaym ban Sham al gadal hayach laah wa Sham qatan hayach rachal 17.laah hayach rak ayn han rachal hayach yaphah wa yaphah. 18.wa yaaqab ahab rachal wa amar any ratsan abad attah shaba shanah al rachal attah qatan bath. 19.wa laban amar yash hy Tab ka any Nathan Naphash al attah Man ka any yash Nathan Naphash al achar kash yashab ad any 20.wa yaaqab abad shaba shanah al rachal wa cham hayach al Naphash han achad yowm al ahab Yy hayach al Naphash 21.wa yaaqab amar al laban Nathan any any kashshah al any yowm hy Mala ka any wlay baw al Naphash 22.wa laban acaph yachad kal chanash al Maqam wa ashah Mashtsh 23.wa yash hayach abar al arab ka Yy laqach laah Naphash bath wa baw Naphash al Naphash wa Yy baw al Naphash.24.wa laban Nathan al Naphash bath laah zalpah Naphash shaphchah al shaphchah 25.wa yash hayach abar ka al baqar hannah yash hayach laah wa Yy amar Al laban Mah hy zath yash hayach ashah al any ashah lah any abad ad attah al rachal Mah az hayach yash ramah any 26.wa laban amar yash any lah hava kan ashah al anachnw Maqam al Nathan Tsayr panym bakarah 27.Mala Naphash shabwa wa anachnw ratsan Nathan attah zath gam al abadah Asar yash abad ad any ad shaba achar shanah 28.wa yaaqab ashah kan wa Mala Naphash shabwa wa Yy Nathan Naphash rachal bathal kashshah gam 29.wa laban Nathan al rachal bath balhah shaphchah yash Naphash shaphchah 30.wa Yy baw gam al rachal wa Yy ahab gam rachal ad Man laah wa abad ad Naphash ad shaba achar shanah 31.wa Asar Yachuwshauh raah ka laah hayach shana Yy pathach Naphash racham han rachal hayach aqar 32.wa laah harah wa yalad ban wa Naphash qara Naphash sham Raaban al Naphash amar ka Yachuwshauh yash raah al any any attah ka any kash ratsan ahab any 33.wa Naphash harah ad wa yalad ban wa amar ka Yachuwshauh yash shama ka any hayach shana Yy yash gam Nathan any zah ban gam wa Naphash qara Sham Shaman 34.wa Naphash harah ad wa yalad ban wa amar paam zah paam ratsan any kash lavay al any ka any hayach yalad Naphash shalash ban al hayachsham qara lava 35.wa Naphash harah ad wa yalad ban wa Naphash amar paam ratsan any yachadah Al Yachuwshauh al Naphash qara Naphash sham yachadah wa amad yalad.

CHAPTER

30

The twenty chapter 20th name: Abaracham Naca

1.wa Asar rachal raah ka Naphash yalad yaaqab lah ban rachal qana Naphash achath wa amar al yaaqab Nathan any ban av ayn any Mawth 2.yaaqab aph hayach charah Nagad rachal wa Yy amar ahayach Al Alasham Tachath Asar yash Mana al attah para al batan 3.wa Naphash amar hannah any amah balhah baw al Naphash wa Naphash yash yalad al any barak ka wlay gam hayach ban arach Naphash.4.wa Naphash Nathan Naphash balhah Naphash shaphchah al kashshah wa yaaqab baw al Naphash. 5.wa balhah harah wa yalad yaaqab ban 6.wa rachal amar Alasham yash dyn any wa yash gam shama any qal wa yash Nathan any ban al qara Naphash sham dan 7.wa balhah rachal shaphchah harah ad wa yalad yaaqab shanah ban 8.wa rachal amar ad Alasham Naphtwl hayach pathal ad any achath wa hayach yakal wa Naphash qara sham Naphtaly 9.Asar laah raah ka Naphash hayach amad yalad Naphash laqach zalpah Naphash shaphchah wa Nathan Naphash yaaqab al kashshah 10.wa zalpah laah shaphchah yalad yaaqab ban 11.wa laah amar gadal baw wa Naphash qara sham gad 12.wa zalpah laah shaphchah yalad yaaqab shanah ban 13.wa laah amar Asar ahayach al ban ratsan qara any barak wa Naphash qara Naphash sham Asar 14.wa raaban baw yowm al chattah qatsar wa Matsa dwday al shadah wa baw cham al am laah az rachal amar al laah Nathan any Na attah ban dwday 15.wa Naphash amar al Naphash hy yash Maat dabar ka yash hayach laqach any kash wa yash laqach yalak any ban dwday gam wa rachal amar al Yy yash shakab ad attah al layl al attah ban dwday.16.wa yaaqab baw al al shadah al arab wa laah yatsa qarah Naphash wa amar yash yash baw al any al ka hayach shakar attah ad any ban dwday wa Yy shakab ad Naphash ka layl 17.wa Alasham shama al laah wa Naphash harah wa yalad yaaqab chamashy ban.18.wa laah amar Alasham yash Nathan any any shakar Asar hayach Nathan any shaphchah al any kash wa Naphash qara Naphash sham yashshashakar.19.wa laah harah ad wa yalad yaaqab shashshy ban 20.wa laah amar Alasham yash zabad any ad Tab zabad paam ratsan any kash zabal ad any ka hayach yalad Naphash shash ban wa Naphash qara Naphash sham zabalan 21.wa achar Naphash yalad bath wa qara Naphash sham dynah 22.wa Alasham zakar rachal wa Alasham shama al Naphash wa pathach Naphash racham 23.wa Naphash harah wa yalad ban wa amar Alasham yash laqach yalak any charpah 24.wa Naphash qara Naphash sham yacaph wa amar Yachuwshauh yash yacaph al any achar ban 25.wa yash hayach abar Asar rachal hayach yalad yacaph ka yaaqab amar al laban shalach any yalak ka any wlay yalak al yad kahan Maqam wa al any arats. 26.Nathan any any kashshah wa any ban al Asar hayach abad attah wa yarad any yalak al yash yada any abadah Asar hayach abad attah 27.wa laban amar al Naphash Na attah am hayach Matsa chan al zah ayn yashab al hayach Nachash ka Yachuwshauh yash barak any al attah galal 28.wa Yy amar Naqab any attah shakar wa any ratsan Nathan yash 29.wa Yy amar al Naphash yash yada ath hayach abadah attah wa ath attah Maqnah hayach ad any 30.al yash hayach Maat Asar yash hayach panym hayach wa yash hy paam parats al rab wa Yachuwshauh yash barak attah hannah any ragal wa attah Mathay yash any ashah al yad kahan bayth gam 31.wa Yy amar Mah yash any Nathan attah wa yaaqab amar yash lah Nathan any Maamah dabar am yash ashah zah dabar al any any ratsan shuwb raah wa shamar attah Tsaan 32.any ratsan abar panym kal attah Tsaan al yowm cuwr al sham kal Nagad wa Tala shah wa kal cham shah qarab kashab wa Tala wa Naqad qarab az wa al hannah yash hava any shakar. 33.kan yash any Tsadaqah anah al any al yowm Machar ka yash yashbaw al any shakar panym attah panym kal kal ka hy lah Naqad wa Tala qarab az wa wa cham qarab kashab ka yash hava chashab ganab adany 34.wa laban amar han yash yash yakal ragal al attah dabar 35.wa Yy cuwr ka yowm Yy Taysh ka hayach aqad wa Tala wa kal Naphash az ka hayach Naqad wa Tala wa kal kal ka hayach achad laban al yash wa kal cham qarab kashab wa Nathan cham al yad al ban 36.wa Yy shuwm shalash yowm darak bayn Naphash wa yaaqab wa yaaqab raah yathar al laban Tsaan 37.wa yaaqab laqach Naphash Maqqal al lach lbnah wa al lwz wa arman ats wa patsal laban patsalah al cham wa ashah laban Machshaph Asar hayach al Maqqal 38.wa Yy yatsag Maqqal Asar Yy hayach patsal Nakach Tsaan al rahat al Maym shaqath ka Tsaan baw shathah ka cham yash harah ka cham baw al shathah 39.wa Tsaan harah al Maqqal wa yalad yallad Tsaan aqad Naqad wa Tsala.40.wa yaaqab ashah parad kashab wa Nathan panym al Tsaan al aqad wa kal Cham al Tsaan al laban wa Yy shyth kahan Tsaan arach bad wa shyth cham lah al laban Tsaan 41.wa yash hayach abar kal qashar Tsaan ashah harah ka yaaqab shuwm Maqqal al ayn al Tsaan al rahat ka sham yakal harah qarab Maqqal.42.han ka Tsaan hayach ataph Yy shuwm sham lah al kan ataph hayach laban wa qashar yaaqab.43.wa kash parats Maad wa hayach rab Tsaan wa shaphchah wa abad wa gamal wa Chamar.

CHAPTER

31

1.wa Yy shama dabar al laban ban amar yaaqab yash laqach yalak kal ka hayach anachnw Ab wa al ka Asar hayach anachnw Ab yash Yy ashah kal zah kabad 2.wa yaaqab raah panym al laban wa hannah yash hayach lah al Naphash hy Tamal 3.wa Al Yachuwshauh amar al yaaqab shuwb al arats al attah Ab wa al attah Maladath wa ratsah hava ad attah 4.wa yaaqab shalach wa qara rachal wa laah al shadah al Tsaan 5.wa amar al sham any raah Naphash Ab panym ka yash hy lah al any hy Tamal han Alasham al any Ab yash hayach ad any 6.wa attah yada ka ad kal any kach hayach abad Naphash Ab.7.wa yash hathal any wa Mashakarath Asar Manah han Alasham Nathan Naphash lah al raa any.8.am Yy amar kah Naqad yash hava kal Tsaan yalad Naqad wa am Yy amar kah aqad yash hava attah shakar az yalad ka Tsaan aqad 9.kah Alasham yash Natsal yalak Maqnah al Naphash Ab wa Nathan cham al any. 10.wa yash hayach abar av ath ka ashaq yacham ka any Nasha yad ayn wa raah al chalam wa hannah athad Asar alah al Tsaan hayach aqad Naqad wa barad 11.wa Malak al Alasham amar al any al chalam amar yaaqab wa any amar hannah ahayach 12.wa Yy amar Nasha Na attah ayn wa raah kal athad Asar alah al Tsaan hy aqad Naqad wa barad al hayach raah kal ka laban ashah Asar attah 13.ahayach Alasham bathal Asar yash Mashach Matstsabah wa al yash Nadar alNadar al any attah qam yatsa attah al al zath arats wa shuwb al arats al attah Maladath 14.wa rachal wa laah anah wa amar al Naphash hy sham ad Mawmah chalaq av Nachalah al anachnw al anachnw Ab bayth 15.hy anachnw lah chashab al Naphash Nakry al Yy yash Makar anachnw wa yash kalah akal gam anachnw kashab 16.al kal Asar Asar Alasham yash Natsal al anachnw Ab ka hy anachnw wa anachnw ban attah az kal Alasham yash amar al attah ashah 17.az yaaqab qam wa Nasha ban wa kashshah al gamal 18.wa Yy Nahag yalak kal Tsaan wa kal rakash Asar Yy hayach rakash Tsaan Naphash al rakash Asar Yy hayach al Padan aram al al baw al yatsachaq Naphash Ab al arats al kanaan 19.wa laban halak gazaz Tsaan wa rachal hayach ganab Taraphym ka hayach Naphash Ab 20.wa yaaqab ganab yalak lab al laban arammy al ka Yy Nagad Naphash lah ka Yy barach 21.kan Yy barach ad kal ka Yy hayach wa Yy qam wa abar Nahar wa shuwm panym Al char galaad 22.wa yash hayach Nagad laban al shalashy yowm ka yaaqab hayach barach 23.wa Yy laqach Naphash ach ad Naphash wa radaph achar Naphash shaba yowm darak wa sham dabaq Naphash al char galaad 24.wa Alasham baw al laban arammy al chalam arach layl wa amar al Naphash laqach Shamar ka yash dabar lah al Yachuwshauh Tab ad ra 25.az laban Nashag yaaqab attah yaaqab hayach Taqa Naphash ahal al char wa laban ad Naphash ach Taqa al charal galaad. 26.wa laban amar al yaaqab Mah yash ashah ka yash ganab yalak lab al any wa Nahag any ban hy shabah Natsal ad charab 27.Mah ashah barach yalak chaba wa ganab yalak al any wa ashah lah Nagad any ka hayach yakal shalach ad shmchah wa ad shyr ad Taph wa ad kannar 28.wa hayach lah Nathan any al Nashag any ban wa any ban yash attah ashah cakal al kan ashah 29.yash hy al kach al any yad al ashah attah ra han Alasham al Naphash Ab amar al any amash amar laqach yash Shamar ka yash dabar lah al yaaqab kash Tab ad ra 30.wa attah ka yash abyan halak ka yash Maad kacaph achar attah Ab bayth ad Mah hayach yash ganab any Alasham 31.wa yaaqab anah wa amar al laban ka hayach yara al any amar pan yash gazal attah ban al any 32.ad Asar yash Matsa attah Alasham yarad Naphash lah chayah Tamal anachnw ach Nakar yash Mah hy attah ad any wa laqach yash al attah al yaaqab yada lah ka rachal hayach ganab Cham 33.wa laban baw al yaaqab ahal wa al laah wa al shanaym amah ahal han Yy Matsa sham lah az Yy yatsa al laah ahal wa baw al rachal ahal.34.attah rachal hayach laqach Taraphym wa shuwm Cham al gamal kar wa yashab al sham wa laban Mashash kal han Matsa sham lah 35.wa Naphash amar al Naphash Ab yarad yash lah charah any adan ka hayach lah aqam panym attah al darak al kashshah hy al any wa Yy chaphchah han Matsa lah Taraphym 36.wa yaaqab hayach charah wa ryb ad laban wa yaaqab anah wa amar al laban Mah hy any pasha Mah hy any chattaah ka yash kan dalaq achar any 37.ka yash hayach Mashash kal any kala Mah yash hayach Matsa al kal attah bayth kala shuwm yash kah Nagad any ach wa attah ach ka sham wlay yakach bayn al shanaym.38. zah asraym shanah hayach hayach ad attah attah rachal wa attah Naphash az hayach lah shakal sham Naar wa ayl al attah Tsaan hayach lah akal.39. ka Asar hayach Taraphah baw lah al attah any chata al yash al any yad ashah yash baqash yash ad ganab arach yowm ad ganab arach layl.40.kah any hayach al yowm charab akal any wa qarach arach layl wa any shanah Nadad al yad ayn.41.zah hayach hayach ashraym shanah al attah bayth any abad attah arba shanah al attah shanaym ban wa shash shanah al attah Tsan wa yash chalaph any Mashkarath Asar Manah.42.lwla Alasham al any Ab Alasham al Abaracham wa pachad al yatsachaq hayach ad any ka yash hayach shalach any yalak attah rayq Alasham yash raah yad any wa yaga al any kaph wa yakach attah amash.43.wa laban anah wa amar al yaaqab allah bath hy any ban wa allah ban hy any ban wa allah Tsaan hy any Tsaan wa kal ka yash raah hy yad wa Mah yakal any ashah zah yowm al allah any ban av al Cham ban Asar Cham hayach yalad.44. attah al yalak yash yarad anachnw karath barath any wa yash wa yarad ythay al ad bayn any wa attah.45.wa yaaqab laqach ban wa ram yash al Matstsabah wa yaaqab amar al Naphash ach laqat aban wa sham laqach aban wa ashah achar gal wa sham ashah akal sham al gal.47.wa laban qara yash yagar shahadatha han yaaqab qara yash galaad.48.wa laban amar zah gal hy ad bayn any wa attah zah yowm al hayach sham al yash qara Galaad.49.wa Mazpah al Yy amar Yachuwshauh Tsaphah bayn any wa attah ka anachnw hy cathar kash al raya.50.am yash anah any ban av am yash laqach achar kashshah al any ban lah kash hy ad ananchnw raah Alashsm hy ad bayn any wa attah.51.wa laban amar al yaaqab hannah zah gal wa hannah zah Matstsabah Asar hayach yarah bayn any wa attah.52. zah gal chava ad wa zah ad wa zah Matstsabah adah ka any ratsan lah abar zah gal al attah wa ka yash lah abar zah gal wa zah Matstsabah al any al ra.53.Alasham al Abaracham wa Alasham al Nachar Alasham Alasham Ab shaphat bayn anachnw wa yaaqab shaba arach pachad al Ab yatsachaq.54.ka yaaqab zabach al char wa qara Naphash ach akal lacham wa sham ashah akal lacham wa lan kal layl al char.55.wa shakam baqar laban shakam wa Nashaq ban wa ban wa barak sham wa laban yalak wa shuwb al Naphash Maqam.

CHAPTER

32

1wa yaaqab halak darak wa Malak al Alasham paga Naphash.2.wa Asar yaaqab raah sham Yy amar zah hy Alasham Machanah wa Yy qara sham al ka Maqam Machanaym.3.wa yaaqab shalach Malak panym Naphash al rashan Naphash ach al arats al shayr shadah al Adan.4.wa Yy Tsavah sham amar kah yash attah amar al any Adan rashan attah abad yaaqab amar kah hayach gar ad laban wa achar sham ad attah.5.wa hayach shuwr wa chamar Tsaan wa abad wa shaphchah wa hayach shalach al Nagad any Adan ka wlay Matsa chan al attah ayn.6.wa Malak shuwb al yaaqab amar anachnw baw al ach rashan wa gam Yy halak qarah attah wa arba Maah kash ad Naphash az yaaqab hayach Maad yara wa yatsar wa Yy chatsah am ka hayach ad Naphash wa Tsaan wa baqar wa gamal al shanaym Machanah.8.wa amar am Rashan baw achad Machanah wa Nakah yash az achar Machanah Asar hy shaar yash palatah. 9.wa yaaqab amar hy Alasham al any Ab Abaracham wa Alasham al any Ab yatsachaq Yachuwshauh Asar amar al any shuwb al attah arats wa al attah Maladath wa any ratsan ashah yatab ad attah ad attah.10.ahayach lah qatan al qatan al kal chacad wa al kal amath Asar yash ashah al attah abad al ad any Maqqal any abar zah yaradan wa attah ahayach shanaym Machanah

11.Natsal any anna al yad al any ach al yad al rashan al any yara Naphash pan Yy ratsan baw wa Nakah any wa am ad ban 12.wa yash amar any ratsan ka ashah attah yatab wa ashah attah zara achar chuwl al yam Asar lah hava caphar al rab 13.wa Yy lan Sham ka huw layl wa laqach al ka Asar baw Naphash yad Manchah al Rashan Naphash ah 14.shanaym Maah Naphash az wa asraym Yy az shanaym Maah rachal wa asarym ayl. 15.shalashym yanaq gamal ad sham ban arbaym parah wa Asar par ashraym Naphash athan wa Asar ayr 16.wa Yy Nathan Sham al yad al Naphash abad kal adar arach bad wa amar al Naphash abad abar panym any wa shuwm ravach bayn adar wa adar 17.wa Yy Tsavah Rashan amar ka Ashav any ah pagash attah wa shaal attah Mah Mashay wa an yalak yash wa Mah hy allah panym attah 18.az yash amar sham hava attah abad yaaqab yash hy Manchah shalach al any Adan Rashan wa hannah gam Yy hy achar anachnw19.wa kan Tsavah Yy shanah wa shalash wa kal ka halak adar amar al zah dabar yash attah dabar al rashan ka attah Matsa Naphash.20.wa amar attah gam hannah attah abad yaaqab hy achar anachnw al Yy amar any ratsan kaphar Naphash ad Manchah ka halak panym any wa achar any ratsan raah panym wlay Yy ratsan Nasha al any.21.kan abar Manchah abar panym Naphash wa huw lwn ka layl al Machanah 22.wa Yy qam ka layl wa laqach Naphash shanaym kashshah wa Naphash shanaym shaphchah waNaphash achad ban wa abar Maabar yabbaq 23.wa Yy laqach cham wa abar cham Nachal wa abar ka Yy hayach 24.wa yaaqab hayach yathar bad wa Sham abaq kash ad Naphash ad alah al shachar 25.wa ka Yy raah ka Yy yakal lah Nagad Naphash Yy Naga kaph al Naphash yarak wa kaph Al yaaqab yarak hayach al al yaqa hy Yy abaq ad Naphash 26.wa Yy amar yarad any shalach al shachar alah wa Yy amar ratsan lah yarad attah shalach Nasha yash barak any

27.wa Yy amar al Naphash Mah hy attah Sham wa Yy amar yaaqab
28.wa Yy amar attah Sham yash hava qara lah ad yaaqab han yasharaAl
al hy Nasha hayach yash Asarach ad Alasham wa ad anash wa hayach
yakal 29.wa yaaqab shaal Naphash wa amar Nagad any Nasham wa Yy
amar Mah hy yash ka yash ashah shaal achar any Sham wa Yy barak
Naphash Sham 30.wa yaaqab qara al sham al Maqam panyAl al hayach
raah Alasham panym al panym wa any Naphash hy Natsal 31.wa hy
abar panyAl Shamash qam al Naphash wa Yy Tsala al yarak 32.al ban Al
yasharaAl akal lah al gyd Asar Nashah Asar hy al kaph al yarak al zah
yowm ka Yy Naga kaph Al yaaqab yarak al gyd ka Nashah.

CHAPTER

33

1.wa yaaqab Nasha Naphash ayn wa raah wa hannah rashan baw wa ad Naphash arba Maah kash wa Yy chatsah ban al laah wa al rachal wa al shanaym shaphchah.2.wa Yy shuwm shaphchah wa sham ban rashan Naphash ban achar wa rachal wa yacaph acharan.3.wa Yy abar panym sham wa shachah huw al arats shaba paam ad Yy Nagash al Naphash ach.4.wa rashan ruwts al qrah Naphash wa chabaq Naphash wa Naphal Tsavvar wa Nashaq Naphash wa sham bakah.5.wa Yy Nasha Naphash ayn wa raah kashshah wa ban wa amar Mah hy allah ad attah wa Yy amar ban Asar Alasham yash chanan attah abad.6.az shaphchah Nagash sham wa sham ban wa sham shachah bad.7.wa laah gam ad Naphash ban Nagash wa shachah bad wa achar Nagash yacaph wa rachal wa sham shachah bad.8.wa Yy amar Mah damah attah arach kal zah adar Asar any pagash wa Yy amar allah hy al Matsa chan al ayn al any Adan.9.wa rashan amar hayach rab any ach shamar ka yash hayach al attah.10.wa yaaqab amar lah Na am Na hayach Matsa chan al attah ayn az laqach any Manchah av any yada al al hayach raah attah panym hy ka hayach raah panym al Alasham wa yash hayach ratsan ad any.11.laqach Na any barak ka hy baw al attah ka Alasham yash ashah chanan ad any wa ka hayach rab wa Yy patsar Naphash wa Yy laqach yash.12.wa Yy amar yarad al laqach anachnw Naca wa yarad anachnw yalak wa any ratsan yalak panym attah.13.wa Yy amar al Naphash any Adan yada ka ban hy rak wa Tsaan wa baqar ad wlay ad any wa am kash yash abar sham achad yowm kal Tsaan ratsan Mawth.14.yarad any Adan Na abar panym Naphash abad wa any ratsan Nahal at ragal hy Tsaan ka halak panym any wa ban hava ragal al ragal ad any baw al any Adan al shayr.15.wa rashan amar yarad any Na yatsag ad attah achad al am ka hy ad any wa Yy amar Mah chash chuwth yash yarad any Matsa chan al ayn al any Adan.16.kan rashan shuwb ka yowm al darak al shayr.17.wa yaaqab Naca al shakkwth wa banah Naphash wa bayth wa ashah shakkah al Tsaan al sham Maqam hy qara shakkah.18.wa yaaqab baw al shalam ayr al shacham Asar hy al arats al kanaan az Yy baw al Padan aram chanah ahal panym ayar.19.wa Yy qanah chalqah al shadah Asar Yy hayach Natah ahal av yad al ban al chamar shacham Ab al achar Maah gazar al qashytah.20.wa Yy Natsab sham achar Mazbaach wa qara yash Al Alasham yasharaAl.

CHAPTER

34

1.wa danah bath al laah Asar Naphash yalad al yaaqab yarad raah bathal arats,2.wa az shacham ban chamar chavvah Nasha al shadah raah Naphash Yy laqach Nphash wa shakab ad Naphash wa anah Naphash.3.wa Naphash dabaq al danah bathal yaaqab wa Yy ahab Naarah wa dabar lab al Naarah. 4.wa shacham dabar al Naphash Ab chamar amar laqach any zath Naarah al kashshah.5.wa yaaqab shama ka Yy hayach Tama danah bath Na ban hayach ad Tsaan al shadah wa yaaqab charash ad sham hayach baw.6.wa chamar Ab Al shacham yatsa al yaaqab al dabar ad Naphash.7.wa ban al yaaqab baw al shadah az sham shama yash wa kash hayach atsab wa sham hayach Maad charah ka Yy hayach ashah Nabalah al yasharaAl al shakab ad yaaqab bath Asar kan Maamah lah al hava ashah.8.wa chamar dabar ad sham amar Naphash al any ban shacham chashaq al Naphash bath Na Nathan Naphash Naphash al kashshah.9.wa shuwm attah chathan ad anachnw wa Nathan Naphash ban al al wa laqach anachnw ban attah.10. wa attah yash yashab ad anachnw wa arats yash hava panym attah yashab wa cachar attah qarab wa laqach attah achaz qarab.11.wa shacham amar al Naphash Ab wa al Naphash ach yarad any Matsa chan al Naphash ayn wa Mah attah yash amar al any ratsan Nathan.12.shaal any lah gam Maad

Mahar wa Mattan wa any ratsan Nathan al hy attah yash amar al any han Nathan any Naarah al kashshah.13.wa ban al yaaqab anah shacham wa chamar Naphash Ab Mrmah wa amar ka Yy hayach Tama danah sham achwth.14.wa sham amar al cham anachnw lah ashah zah dabar al Nathan anachnw achwth al kash ka hy arlah al ka hayach charpah al al .15.han al zath ratsan anachnw wth al attah am attah ratsan hava hy anachnw hava ka kal zakar al attah hava Mwl.16.az ratsan anachnw Nathan anachnw ban al attah wa anachnw ratsan laqach Naphash ban al anachnw wa anachnw ratsan yashab ad attah wa anachnw ratsan hayach achad am.17. han am attah ratsan lah shama al anachnw al hava Mwl az ratsan anachnw laqach anachnw ban wa anachnw ratsan halak.18.wa sham dabar yatab chamar wa shacham chamar ban.19.wa Naar kash achar lah al ashah dabar ka Yy hayach chaphats al yaaqab ban wa Yy hayach kabad Man kal bayth al Naphash Ab.20.wa chamar wa shacham ban baw al shaar al cham ayar wa dabar ad chanash Al cham ayar amar.21.allah chanash hy shalam ad anachnw al yarad sham yashab al arats wa cachar al al arats hannah yash hy rachab yad al sham yarad anachnw laqach sham ban al anachnw al kashshah wa yarad anachnw Nathan cham anachnw ban.22.ak zath ratsan chanash wth al anachnw al al yashab ad anachnw yash achad am am kal zakar qarab anachnw hava Mwl hy sham hy Mwl.23.yash lah sham Tsaan wa sham qanyan wa kal bachamah al sham hava anachnw ak yarad anachnw wth al sham wa sham ratsan yashab ad anachnw.24.wa al chamar wa al shacham Naphash ban sham akal ka yatsa al shaar al ayar wa kal zakar hayach Mwl kal ka yatsa al shaar al ayar.25.wa yash hayach abar al shalash yowm az cham hayach kaab ka shanaym ban al yaaqab shaman wa lavay ach laqach kash kash charab wa baw al ayar batach wa harag kal zakar.26.wa sham harag chamar wa shacham ban ad pah al charab wa laqach danah al al shacham bayth wa yatsa. 27.ban al yaaqab baw al chalal wa bazaz ayar ka cham hayach Tama sham achwth.28.sham laqach cham Tsaan wa cham baqar wa cham chamar wa ka Asar hayach al ayar wa ka Asar hayach al shadah. 29.wa kal cham chayl wa kal cham Taph ban wa cham kashshah laqach sham shabah wa bazaz gam kal ka hayach al bayth.30.wa yaaqab amar al shaman wa lavay attah hayach akar any al shuwm any al baash qarab yashab al arats qarab kanaan wa parazzy wa hayach Math al Macpar cham yash acaph bad yachad al any wa Nakah any wa yash hava shamad any wa any bath.31.wa sham amar yash Yy ashah ad anachnw achwth hy ad achar zanah.

CHAPTER

35

1.wa Alasham amar al yaaqab qam alah al bathal wa yashab sham wa ashah sham achar Mazbaach al Alasham ka raah al az allah barach al panym al rashan attah ach.2.az yaaqab amar al Naphash bath wa al kal ka hayach ad Naphash shuwr yalak Nakar Alasham ka hy qarab attah wa hava Tahar wa chalaph Naphash shamlah.3.wa yarad anachnw qam wa alah al bath wa any al ratsan ashah sham achar Mazbaach al Alasham Mah anah any al yowm al any Tsarah wa hayach ad any al darak Asar any halak. 4.wa sham Nathan al yaaqab kal Nakar Alasham Asar hayach al sham yad wa kal sham Nazam Asar hayach al sham azan wa yaaqab Taman sham Tachath alah Asar hayach arachshacham.5.wa sham Naca wa chattah al Alasham hayach al ayar ka hayach cabab sham wa cham ashah lah radaph achar ban al yaaqab.6.kan yaaqab baw lwz Asar hy al arats al kanaan ka hy bathal Yy wa kal am ka hayach ad Naphash.7.wa Yy banah sham achar Mazbaach wa qara Maqam al bathal ka sham Alasham galah al Naphash az Yy barach al panymAl Naphash ach.8.han dabarah rabakah yanaq Mawth wa Naphash hayach qabar Tachath bathal Tachath achar allah wa sham al yash hayach qara allan bachath.9.wa Alasham raah al yaaqab ad ka Yy baw al al Padan aram wa barak Naphash.10.

wa Alasham amar al Naphash attah sham hy yaaqab attah sham yash hava lah qara adad yaaqab han yasharaAl yash hava attah sham wa Yy qara sham yasharaAl.11.wa Alasham amar al Naphash ahayach Alasham shadday parah wa rabah gay wa qahal al gal yash hava al attah wa Malak yash yatsa al attah chalats.12.wa arats Asar any Nathan Abaracham wa yatsachaq al attah any ratsan Nathan yash wa al attah zara achar attah ratsan any Nathan arats.13.wa Alasham alah al Naphash al Maqam Asar Yy dabar ad Naphash. 14.wa yaaqab Natsab Matsabah al Maqam Asar Yy dabar gam ad Naphash gam Matstsabath al aban wa Yy Nacak Nacak Manchah al wa Yy yatsaq shaman al.15.wa yaaqab qara sham al Maqam Asar Alasham dabar ad Naphash bathal.16.wa sham Naca al bathal wa sham hayach han kabrah arats al baw aphrah wa rachal yalad wa Naphash hayach qashah yalad.17.wa yash hayach abar ka Naphash hayach al qashah yalad ka amar al Naphash yara lah yash hayach zah ban gam.18.wa yash hayach abar hy Naphash Naphash hayach al yatsa al Naphash Mawth ka Naphash qara sham ban any han Ab qara Naphash ban yaman.19.wa rachal Mawth wa hayach qabar al darak al aphrath Asar hy bath Alasham. 20.wa yaaqab Natsab Matstsabath al Naphash qabarah ka hy Matstsabath al rachal qabarah al zah yowm.21.wa yasharaAl Naca wa Natah ahal halaah Magd al adar.22.wa yash hayach abar ka yasharaAl al shakan al ka arats ka raaban yalak wa shakab ad balhah Ab palagash wa yasharaAl shama yash Na ban al yaaqab hayach Asar.23.ban al laah raaban yaaqab bakar wa shaman wa lavay wa yachadah wa yashshashkar wa zabalan.24. ban al rachal yacaph wa banyaman.25.wa ban al balhah rachal shaphchah dan wa Naphtal.26.wa ban al zalpah laah shaphchah gad wa Asar allah hy ban al yaaqab Asar hayach al Naphash al Padan aram.27.wa yaaqab baw al yatsachaq Ab al Mamra al ayar al arbah Asar hy chabran Asar

Abaracham wa yatsachaq gar.28.wa yowm al yatsachaq hayach achar Maah wa shamanaym shanah.29.wa yatsachaq Nathan al gava wa Mawth wa hayach acaph al Naphash am hayach zaqan wa shabaa al yowm wa ban rashan wa yaaqab qabar Naphash.

CHAPTER

36

1.Na sham hy Taladah al rashan huw hy adam.2.rashan laqach Naphash kashshah al ban al kanaan adan ban al alan chatty wa ahalybamah bath al anah bath al Tsaban chatty.3.wa bashamath yashmaAl bath achwth al Nabayath.4.wa adah yalad al rashan al phaz wa bashamath yalad raa al.5.wa ahalybamah yalad yachash wa yaalam wa qarach allah hy ban al rashan Asar hayach yalad al Naphash al arats al kanaan.6.wa rashan laqach Naphash kashshah wa ban wa ban wa kal Naphash al bayth wa Tsaan wa kal bachamah wa kal Naphash qanyan Asar Yy hayach rakash al arats al kanaan wa yalak al arats al panym al Naphash ach yaaqab al sham rakash hayach rab Man ka sham yakal yashab yachad wa arats Asar sham hayach Maguwr yakal lah Nasha sham panym al sham Tsaan.8.kah yashab rashan Al char shayr rashan hy adam.9.wa allah hy Taladah al rashan Ab al Adamy Al char shayr.10.allah hy sham al rashan ban Alyphaz ban al Adan kashshah al rashan raa al ban al bashamath kashshah al rashan.11.wa ban al Alyphaz hayach Taman amar Tsaphaw wa Gatam wa qanaz.12.wa Tamna hayach pylagash al Alyphaz rashan ban wa Naphash yalad al Alyphaz Amalak allah hayach ban al Adah rashan kashshah. 13.wa allah hayach ban al raa Al Nahath wa zarah shammah wa Mazzah allah hayach ban al bashamath rashan kashshah.14. wa allah hayach ban al ahalybamah bath al anah bath al Tsaban rashan kashshah wa Naphash yalad Al rashan yachash wa yaalam wa qarah.15. allah hayach allaph al ban al rashan ban al allapaz bakar ban al rashan allaph Taman allaph amar allaph Tsaphaw allaph qanaz.16.allaph qarah allaph Gatam wa allaph Amalak allah hy allaph ka baw al Alyphaz al arats al Adam allah hayach ban al Adah.17.wa allah hy ban al raaal rashan ban allaph Nahath allaph zarah allaph shammah allaph Mazzah allah hy allaph ka baw al raaal al arats al adam allaph hy ban al bashamath rashan kashshah. 18.wa allah hy ban al ahalybamah rashan kashshah allaph yachash allaph yaalam allaph qarah allah hayach allaph ka baw al ahalybamah bath al anah rashan kashshah.19.allah hy ban al rashan Asar hy Adam wa allahhy sham allaph.20.allah hy ban al shayr chary Asar yashab arats latan wa shabal wa Tsaaban wa anah.21.wa dashan wa azar wa dashan allah hy allaph al chary ban al shayr al arats al Adam.22.wa ban al latan hayach chary wa chamam wa latan achwth hayach Tamna wa ban al shabal hayach allah alyan wa Manahath wa abal shaphy wa anam.24.wa allah ban al Tsaban shanaym ayach wa anah huw hayach ka anah ka Matsa yam al Madbar hy Yy raah chamwr al Tsaban Naphash Ab. 25.wa ban al anah hayach allah dashan wa ahalybamah bath al anah.26. wa allah hy ban al dashan chamdan wa ash ban wa ythran wa charan.27. ban al azar hy allah balhan wa zaavan wa aqan. 28.ban al dashan hy allah az wa aran.29.allah hy allaph ka baw al char allaph latan allaph shabal allaph anah.30allaph dashan allaph azar ka baw al chary tavak sham allaph al arats al shayr.31.wa allah hy Malak ka Malak al arats al Adam panym sham Malak ad Malak al ban al yasharaAl.32.wa bala ban al baar Malak al Adam wa sham al Naphash ayar hayach danhabah.33.wa bala

Mawth wa yabab ban al zarah al batsah Malak al Naphash Tachath.34. wa yabab Mawth wa chasham al Tamany Malak al Naphash Tachath.35. wa chasham Mawth wa chadad ban al badad huw Nakah Madyan al shadah al Maab Malak al Naphash Tachath wa sham al Naphash ayar hayach Avyth. 36.wa chadad Mawth wa shamlah al Mashragah Malak al Naphash Tachath.37.wa shamlah Mawth wa shaal al rachabath arach Nahar Malak al Naphash Tachath.38.wa shaal Mawth wa baal chanan ban al achbar Malak al Naphash Tachath.39.wa baal chanan ban al achbar Mawth wa chadar Malak al Naphash Tachath wa sham al Naphash ayar hayach pay wa Naphash kashshah sham hayach MahaytabAl bath al Matrad bath al Mayzahab.40.wa allah sham al allaph ka baw al rashan ragal al sham Mashpachah achar sham Maqam arach sham sham allaph Tamnah allaph alvah allaph yathath.41allaph ahalybamah allaph alah allaph pynan.42. Allaph qanaz allaph Taman allaph Mabchar.43.allaph Magdy al allaph ayram allah hava allaph al adam ragal al sham Mashab al arats sham achazzah Yy hy rashan Ab al adam.

CHAPTER

37

1.wa yaaqab yashab al arats Asar Naphash Ab hayach Magar al arats al kanaan.2.allah hy Taladah al yaaqab yacaph hayach shaba shanah ban hayach raah Tsaan ad Naphash ach wa Naar hayach ad ban al baalhah wa ad ban al zalpah Naphash Ab kashshah wa yacaph baw al Naphash Ab sham ra dabbah. 3.Na yasharaAl ahab yacaph rab Man kal Naphash ban ka Yy hayach ban al zaqan shaybah wa Yy ashah Naphash kattanath al rab pac.4.wa ka Naphash ach hayach ka sham Ab ahab Naphash rab Man kal Naphash ach sham shana Naphash wa yakal lah dabar shalam al Naphash.5.wa yacaph chalam al chalam wa Yy Nagad yash Naphash ach wa sham shana Naphash ad yacaph.6.wa Yy amar al sham shama Na attah zah chalam Asar hayach chalam.7.al hannah anachnw hayach alam alammah al shadah wa hannah any alammah qam wa gam Natsab quwmwmyawth wa hannah Naphash alammah Natsab cabab al wa ashah shachah al any alammah.8.wa Naphash ach amar al Naphash yash amnah Malak al anachnw av yash amnah hayach Mashal al anachnw wa sham shana Naphash ad yacaph al chalam wa al dabar.9.wa Yy chalam owd achar chalam wa caphar yash Naphash ach wa amar hannah hayach chalam owd wa hannah shamash wa yaraach wa Asar kakab ashah shachah al any.10.wa Yy caphar yash al Naphash Ab wa alNaphash ach wa Naphash Ab gaar Naphash wa amar al Naphash Mah hy zah chalam ka yash hayach chalam yash any wa attah am wa attah ach amnam baw shachah anachnw al attah al arats.11.wa Naphash ach qana Naphash han Ab shamar amar.12.wa Naphash ach yalak al raah sham Ab Tsaan al shacham.13.wa yasharaAl amar al yacaph ashah lah attah ach raah Tsaan al shacham yalak wa any ratsan shalach attah al sham wa Yy amar al Naphash hannah ahayach.14.wa Yy amar al Naphash yalak Na raah ad aythay shalam owd attah ach wa shalam ad Tsaan wa shuwb any dabar shuwb gam Yy shalach Naphash al al amaq al chabran wa Yy baw shacham.15.wa kash kash Matsa Naphash wa hannah Yy hayach Taah al shadah wa kash shaal Naphash amar Mah baqash yash. 16.wa Yy amar any baqash any ach Nagad any Na ayphah sham raah sham Tsaan.17.wa kash amar sham hy Naca zah al any shama sham amar yarad anachnw yalak dathan wa yacaph yalak achar Naphash ach wa Matsa sham al dathan.18.wa ka sham raah Naphash rachaq gam Taram Yy qarab al sham sham Nakal Asar Naphash al Mawth Naphash.19.wa sham amar kash al azrzchy hannah hallazah baal baw.20.yalak attah al wa yarad anachnw Mawth Naphash wa shalak Naphash al achad baar wa anachnw ratsan amar achad ra chay yash akal Naphash wa anachnw yash raah Mah ratsan hayach al Naphash chalam.21.wa raaban shama yash wa Yy Natsal Naphash al al sham yad wa amar yarad alan lah Nakah Naphash.22.wa raaban amar al sham shaphak lah dam han shalak Naphash al zah baar ka hy al Madbar wa shalach lah yad al Naphash ka Yy Natsal Naphash al al sham yad al shuwb Naphash al Naphash Ab shuwb.23.wa yash hayach abar Asar yacaph hayach baw al Naphash ach ka sham pashat yacaph al al Naphash kattanath Naphash kattanath al rab pac ka hayach al Naphash. 24.wa sham laqach Naphash wa shalak Naphash al baar wa baar hayach raq sham hayach lah maym al yash.25.wa sham yashab shachah al akal lacham wa sham Nasha sham ayn wa raah wa hannah arachah al yashmaAly baw al Galaad ad sham gamal Nasha Nakath wa Tsary wa lathalak al yarad yash al Matsaraym.26.wa yachadah amar al Naphash ach Mah batsa hy yash ka anachnw harag anachnw ach wa kacah Naphash dam.27.yalak wa yarad anachnw Makar Naphash al yashmaAl wa yarad lah anachnw yad hava al Naphash al Yy hy anachnw ach wa anachnw bashar wa Naphash ach hayach shama.28.az sham abar arach Madyany cachar wa sham Mashak wa alah yacaph al al baar wa Makar yacaph al yashmaAl al ashraym gazar al kacaph wa sham baw yacaph al Matsaraym.29.wa raaban shuwb al baar wa hannah yacaph hayach lah al baar wa Yy qara Naphash baqad.30.wa Yy shab al Naphash ach wa amar ban hy lah wa any an yash any baw.31.wa sham laqach yacaph kattanath wa Nakah shayr al az wa Tabal kattanath al dam.32.wa sham shalach kattanath al rab pac wa sham baw yash al sham Ab wa amar zath hayach anachnw Matsa Nakar Na an aythay attah ban kattanath av lah. 33.wa Y y yada yash wa amar yash hy any ban kattanath ra chay yash akal Naphash yacaph hy ad al al ashah Taraph.34.wa yaaqab qara Naphash bagad wa sham shuwm shaq al Naphash Matha wa abal al Naphash ban rab yuwm.35.wa kal Naphash ban wa kal Naphash ban quwm al Nacham han Yy Maan al hava Nacham wa Yy amar al any ratsan yarad al shaal al any ban abal kah Naphash Ab bakah al Naphash.36.wa Madyany Makar Naphash al Matsaraym al patyphar achar carac al pharach wa shar al Tabbach.

CHAPTER

38

1.wa yash hayach abar qarab ka ath ka yachadah yarad al Naphash ach wa shab al kash Adallamy Mah sham hayach charah.2.wa yachadah raah sham bath al kash kanaan Mah sham hayach shaah wa Yy laqach Naphash wa baw al Naphash.3.wa Naphash harah wa yalad ban wa Yy qara sham ar.4.wa Naphash harah shab wa yalad ban wa Naphash qara sham anan.5.wa Naphash ad harah wa yarad ban wa qara sham shalah wa Yy hayach qarab kazab Asar Naphash yalad Naphash.6.wa yachadah laqach kashshah al arbakar Mah sham hayach Tamar.7.wa ar yachadah bakar hayach ra al ayn Al Yachuwshauh wa Yachuwshauh Mawth Naphash.8.wa yachadah amar al anan baw al attah ach kashshah wa yabam Naphash wa qam zara al attah ach.9.wa anan yada ka zara yash lah hava wa yash hayach abar am Yy baw al Naphash ach kashshah ka Yy shachath yash al arats bala ka Yy yash Nathan zara al Naphash ach.10.wa dabar Asar Yy ashah raa Yachuwshauh Mah Yy Mawth Naphash gam.11. az amar yachadah al Tamar Naphash kallah yashab almanah qarab attah Ab bayth ad shalah any ban gadal al Yy amar bala wlay Yy Mawth gam hy Naphash ach ashah wa Tamar yalak wa yashab al Naphash Ab bayth.12.wa al rabah al yowm bath al shaah yachadah kashshah Mawth wa yachadah hayach Nacham wa alah al gazaz al Tamnath Yy wa raa charan adallamy.13.wa yash hayach Nagad Tamar amar hannah attah cham alah al Tamanath al gazaz Tsaan.14.wa Naphash cuwr Naphash almanwth bagad al al Naphash wa kacah Naphash ad Tsaaph wa alaph Naphash wa yashab al ayn pathach Asar hy arach darak al Tamnath al Naphash raah ka shalah hayach gadal wa Naphash hayach lah Nathan al Naphash al kashshah.15.am yachadah raah Naphash Yy chashab Naphash yash zanah ka Naphash hayach kacah Naphash panym.16.wa Yy Natah al Naphash arach darak wa amar yahab Na yarad any baw al attah al Yy yada lah ka Naphash hayach Naphash kallah wa Naphash amar Mah yash Nathan any ka yash yakal baw al any.17.wa Yy amar any ratsan shalach attah gady al Tsaan wa Naphash amar yash Nathan any araban ad yash shalach yash.18.wa Yy amar Mah araban yash any Nathan attah wa Naphash amar attah chatham wa attah pathal wa attah Mattan ka hy al attah yad wa Yy Nathan yash Naphash wa baw al Naphash wa Naphash harah arach Naphash.19.wa Naphash qam wa yalak wa cuwr arach Naphash Tsaaph al Naphash wa labash al bagad al Naphash almanwth.20. wa yachadah shalach gady arach yad al raa adallamy al laqach araban al kashshah yad han Yy Matsa Naphash lah.21.az Yy shaal chanash al ka Maqam amar ayach hy qadashah ka hayach aynaym arach darak Tsad wa sham amar sham hayach lah qadashah al zah Maqam.22.wa Yy shab al yachadah wa amar any lah Matsa Naphash wa qam chanash al Maqam amar ka sham hayach lah qadashah al zah Maqam.23.wa yachadah amar yarad Naphash laqach yash al Naphash pan anachnw hava bwz hannah any shalach zah gady wa yash lah Matsa Naphash.24.wa yash hayach abar al shalash chadash achar ka yash hayach Nagad yachadah amar Tamar attah kallah yash Nagan zanah wa gam hannah Naphash hy ad harah

arach zanan wa yachadah amar yatsa Naphash yatsa wa yarad Naphash
hava sharaph.25.am Naphash hayach yatsa Naphash shalach al Naphash
cham amar arach kash Asar allah hy ahayach ad ban wa Naphash amar
Nakar Na Asar hy allah chatham wa pathal wa Mattah.26.wa yachadah
Nakar sham wa amar Naphash yash hayach ad Tsadaq Man any ka ka
any Nathan Naphash lah al shalah any ban wa Yy yada Naphash yacaph
lah ad.27.wa yash hayach abar al ath al Naphash yalad ka hannah Tsaam
hayach al Naphash batan.28.wa yash hayach abar am Naphash yalad ka
kash Nathan yad wa yalad laqach wa qashar al Naphash al yad shany
chuwts amar zah yatsa rashan wa yash hayach abar hy Yy shab yad ka
hannah Naphash ach yatsa wa Naphash amar Mah hayach yash parats
zah parats hava al attah al sham hayach qara parats.30.wa achar yatsa
Naphash ach ka hayach shany chuwts al yad wa sham hayach qara zarach

CHAPTER

39

1.wa yacaph hayach yarad al Matsaraym wa Phatyphar achar caryc al Pharach shar al Tabbach azrzchy Matsray qanah Naphash al yad al yashamaAly Asar hayach yatsa Naphash sham.2.wa Al Yachuwshauh hayach ad yacaph wa Yy hayach Tsalach kash wa Yy hayach al bayth al adan Matsry.3.wa adan raah ka Yachuwshauh hayach ad Naphash wa ka Yachuwshauh ashah kal ka Yy ashah al Tsalach al yad.4.wa yacaph Matsa chan al ayn wa Yy sharath Naphash wa Yy ashah Naphash paqad al bayth wa kal ka Yy hayach Yy Nathan al yad.5.wa yash hayach abar al ath ka Yy hayach ashah Naphash paqad al bayth wa al kal ka Yy hayach ka Yachuwshauh barak Matsray bayth al yacaph galal wa barak Al Yachuwshauh hayach al kal ka Yy hayach al bayth wa al shadah.6.wa Yy azab kal ka Yy hayach al yacaph yad wa Yy yada lah maamah Yy hayach ka lacham Asar Yy ashah akal wa yacaph hayach yaphah panym wa yaphah.7.wa yash hayach abar achar allah dabar ka adan kashashah Nasha Naphash ayn al yacaph wa Naphash amar shakab ad any.8.han Yy maan wa amar al Naphash adan kash hannah any adan yada lah Mah hy ad any al bayth wa Yy yash Nathan kal ka Yy yash al any yad.9.sham hy lah gadal al zah bayth man any lah yash Yy chashak Maanah al any han attah Asar yash Mashay kashshah ayk az yakal any ashah zah gadal ra wa chata Asar Alasham.10.wa yash hayach abar hy Naphash dabar al yacaph yuwm arach yowm ka Yy shama lah al Naphash al shab arach Naphash av hava ad Naphash.11.wa yash hayach abar al zah yowm ka yacaph baw al bayth al ashah Malakah wa sham hayach lah al chanash al bayth sham bayth.12.wa Naphash Taphash Naphash arach bagad amar shakab ad any wa Yy azab bagad al Naphash yad wa Nwc wa yatsa Naphash.13.wa yash hayach abar am Naphash raah ka Yy hayach azab bagad al Naphash yad wa hayach Nwc chats.14.ka Naphash qara al chanash al Naphash bayth wa dabar al sham amar raah Yy yash baw azrachy chabraw al anachnw al Tsachaq anachnw Yy baw al any al shakab ad any wa any qara ad gadal qal.15.wa yash hayach abar am Yy shama ka any ram any qal wa qara ka Yy azab Naphash bagad ad any wa Nwc wa yatsa Naphash.16.wa Naphash yanym al bagad arach Naphash ad Naphash adan baw bayth.17. wa Naphash dabar Naphash al al allah dabar amar chabraw abad Asar yash baw al anachnw baw al any al Tsachaq any.18.wa yash hayach abar hy any ram any qal wa qara ka Yy azab Naphash bagad ad any wa Nwc.19.wa yash hayach abar am adan shama dabar al Naphash kashshah Asar Naphash dabar al Naphash amar achar allah dabar ashah attah abad al any ka aph hayach charah.20.wa yacaph adan laqach Naphash wa Nathan Naphash al cahar Maqam Asar Malak acar hayach acar wa Yy hayach sham al char.21.han Al Yachuwshauh hayach ad yacaph wa Natah Naphash chacad wa Nathan Naphash chan al ayn al shar al cahar. 22.wa shar al cahar Nathan al yacaph yad acar ka hayach al cahar wa ashah sham Yy hayach ashah al yash.23.shar al cahar raah lah al Maamah ka hayach Tachath yad ka yachuwshauh hayach ad Naphash wa ka Asar Yy ashah Yachuwshauh ashah yash al Tsalach.

CHAPTER

40

The fortieth chapter 40th
name: Mashqah al Malak

1.wa yas hayach abar achar allah dabar ka Mashqah al Malak al Matsaraym
wa Naphash aphah hayach chata sham adan Malak al Matsaraym.2.wa
Pharach hayach qatsaph al shanaym al Naphash carya al shar al Mashqah
wa al shar al aphah.3.wa Yy Nathan cham bayth al bayth al shar Tabbach
al cahar Maqam Asar yacaph hayach acar.4.wa shar al Tabbach paqad
yacaph ad cham wa Yy sharath cham wa cham hayach yowm bayth.5.wa
cham chalam chalam shanaym al cham kash kash Naphash chalam al
ach layl kash kash al al pathran al chalam Mashqah wa aphah al Malak al
Matsaraym Asar hayach acar al cahar.6.wa yacaph baw al cham al baqar
wa raah al cham wa hannah cham hayach zaaph.7.wa Yy shaal Pharach
caryc ka hayach ad Naphash al Mashmar al Naphash adan bayth amar
Maddaa panym attah gam ra al yowm.8.wa cham amar al Naphash
anachnw hayach chalam al chalamwa sham hy ayn pathar al yash wa
yacaph amar al cham ashah lah pathran Manah al Alasham caphar any

sham Na attah.9.wa shar Mashqah caphar chalam al yacaph wa amar al Naphash al any chalam hannah gaphan hayach panym any.10.wa al gaphan hayach shalash sharag wa yash hayach hy ka yash parach wa Naphash Nats alah chata wa ashal sham al bashal bashal anab.11.wa Pharach kwc hayach al any yad wa any laqach anab wa shachach sham al Pharach kwc wa any Nathan kwc al Pharach yad.12.wa yacaph amar al Naphash zah hy pathran al yash shalash sharag hy shalash yowm.13.owd bayth shalash yowm yash Pharach Nasha attah rash wa shab attah al attah Maqam wa yash Nathan Pharach kwc al yad achar rashan Mashpat Asar yash hayach Mashqah.14.han zakar any Asar yash hava yatab ad attah wa ashah chacad Na al any wa ashah zakar al any al Pharach wa yatsa any al zah bayth.15.al amnam hayach ganab yalak al arats al chabraw wa pah gam yash ashah lah ka cham yash Nathan any al baar.16.Asar shar aphah raah ka pathran hayach Tab Yy amar al yacaph any gam hayach al any chalam wa hannah any hayach shalash chary cal al any rash.17. wa al Alyan cal sham hayach al kal Mashpat al Maakal al Pharach wa wph ashah akal cham al al cal al any rash.18.wa yacaph anah wa amar zah patharan al shalash cal hy shalash yowm.19.ad bayth shalash yowm yash Pharach Nasha attah rash al al attah wa yash Talah attah al atts wa wph yash akal attah bashar al al attah.20.wa yash hayach abar shalash yowm Asar hayach Pharach yowm ka Yy ashah Mashtah al ka ad wa Yy Nasha rash al shar Mashqah wa al shar aphah Tavak abad.21.wa Yy shab shar Mashqah al Naphash Mashqah shab wa Yy Nathan kwc al Pharach yad.22.han Yy Talah shar aphah hy yacaph hayach pathar al cham.23.ad ashah lah shar Mashqah zakar yacaph han shakaach Naphash.

CHAPTER

41

1.wa yash hayach abar qarab qats al shanaym yowm shanah ka Pharach chalam wa hannah Yy amad arach yaar.2.wa hannah sham alah chats al yaar shaba yaphah Marah parah wa bara wa cham raah al achwa.3.wa hannah shaba achar parah alah achar cham chatsan al yaar ra Marah wa dag wa amad arach achar parah al shaphah al yaar.4.wa ra Marah wa daq parah ashah akal shaba yaphah Marah wa bara parahgam Pharach yaqats.5.wa Yy yashan wa chalam shanah yowm wa hannah shaba shabbalath al dagan alah al achad qanah bara wa Tab.6.wa hannah shaba daq shabbalath wa shadaph ad qadam ruwach Tsamach achar cham.7.wa shaba daq shabbalath bala shaba bara wa yowm shabbalath wa Pharach yaqats wa hannah yash hayach chalam.8.wa yash hayach abar al baqar ka ruwach hayach paam wa Yy shalash wa qara al kal chartam al Matsaraym wa kal chakam chanash al wa Pharach caphar cham chalam han sham hayach lah ka yash pathar cham al Pharach.9.az dabar shar Mashqah al Pharach amar hayach ashah zakar any chat zah yowm.10.Pharach hayach qatsaph ad abad wa Nathan any bayth al shar al Tabbach bayth shanaym any wa shar aphah.11.wa anachnw chalam al achad layl hayach wa Yy anachnw chalam kash kash ragal pathran al chalam.12.wa sham hayach sham ad anachnw Naar kash chabraw abad al shar al Tabbach wa anachnw caphar Naphash wa Yy pathar al anachnw chalam al kash kash ragal chalam Yy ashah pathar.13.wa yash hayach abar hy Yy pathar al anachnw kan yash hayach any Yy shab al yad kan wa Naphash Yy Talah.14.az Pharach shalach wa qara yacaph wa cham ruwts Naphash al al buwr wa Yy galach gaph wa chalaph shamlah wa baw al Pharach.15. wa Pharach amar al yacaph yash chalam al chalam wa sham hy lah ka yakal pathar yash wa yash shama amar al attah ka yash yakal shama chalam al pathar yash.16.wa yacaph anah Pharach amar yash hy lah al any Alasham yash Nathan Pharach azrzchy anah al shalam.17.wa Pharach amar al yacaph al any chalam hannah any amad al shaphah al yaar.18.wa hannah sham alah al al yaar shaba parah bara wa yaphah Taar wa cham raah al achaw.19.wa hannah shaba achar parah alah achar cham dal wa Maad ra Taar wa daq hannah hy any lah raah al kal arats al Matsaraym al raa.20.wa raq wa ra Taar parah ashah akal rashan shaba bara parah.21.wa az cham hayach baw cham al yash yakal lah chava yada ka cham hayach baw sham han cham hayach Naca ra Taar hy qarab Tachallah kan any yaqats.22.wa any raah al any chalam wa hannah shaba shabbalath alah al achad qabah Mah wa Tab.23.wa Hannah shaba shabbalath Tanamdaq wa shadaph ad qadam ruwach Tsamach achar cham.24.wa daq shabbalath akal shaba Tab shabbalath wa any caphar zah al chartam han sham hayach lah ka yash Nagad yash al any.25.wa yacaph al Pharach chalam al Pharach hy achad Alasham yash Nagad Pharach ath Yy hy al al ashah26.shaba Tab parah hy shaba shanah wa shaba Tab shabbalath hy shaba shanah chalam hy achad. 27.wa shaba daq wa ra Taar parah ka alah achar cham hy shaba shanah wa shab raq shabbalath shadaph ad qadam ruwach yash hava shaba shanah al raab.28.zah hy dabar Asar any hayach dabar al Pharach ath Alasham hy al al ashah Yy raah al Pharach.29.hannah sham baw shab shanah al gadal shaba al kal arats al Matsaraym.30.wa sham yash qam achar sham shaba shanah al raab wa kal shaba yash hava shakach al arats al Matsaraym wa raab arats.31.wa shaba yash lah hava yada al arats arach panym al ka raab achar al yash yash Maad kabad.32.wa al ka chalam hayach shanah al Pharach paam yash hy ka dabar hy kan arach Alasham wa Alasham ratsan Mahar ashah yash al ashah.33.Na al yarad Pharach raah al kash bayn wa chakam wa shyth Naphash al arats al Matsaraym.34.yarad Pharach ashah zah wa yarad Naphash paqyd al arats wa laqach chamash Manah al arats al Matsaraym al shaba shanah. 35.wa yarad cham qabats kal akal al allah Tab shanah ka baw wa Tsabar bar Tachath yad al Pharach wa yarad cham shamar akal al ayr.36.wa ka akal yash hava Paqqadan al arats al shaba shanah al raab Asar yash hava al arats al Matsaraym ka arats karath lah panym raab.37.wa dabar hayach Tab al ayn al Pharach wa al ayn al kal abad.38.wa Pharach amar al abad yakal anachnw Matsa hannah achad hy zah hy kash al Asar ruwach al Alasham hy.39.wa Pharach amar al yacaph achar hy Alasham yash Nagad attah kal zah sham hy lah kan bayn wa chakam hy Mashay.40. yash hava al any bayth wa al al attah pah yash kal any am hava Nashaq raq al kaccah ratsan any hava gadal man yash.41.wa Pharach amar al yacaph raah yash Nathan attah al kal arats al Matsaraym.42.wa Pharach shuwr Tabbaath al yad wa Nathan yash al yacaph yad wa labash Naphash al bagad al Tab shash wa shuwm zahab rabad al Tsavvar 43.wa Yy ashah Naphash al rakab al Mashnah Markabah Asar Yy hayach wa cham qara panym Naphash abrak barak wa Yy ashah Naphash Mashal al kal arats al Matsaraym.44.wa Pharach amar al yacaph ahayach pharach wa baladay attah yash lah kash ram yad av ragal al kal arats al Matsaraym. 45.wa

Pharach qara yacaph sham Tsaphnath panaach wa Yy Nathan Naphash al kashshah acanath bath al Phatyphara kahan al an wa yacaph yats al kal arats al Matsaraym.46.wa yacaph hayach shalashym shanah ban Asar Yy amad panym Pharach Malak al Matsaraym wa yacaph yatsa al panym al Pharach wa abar al kal arats Matsaraym.47.wa shaba shaba shanah arats ashah arach qamats.48.wa Yy qabats kal akal al shaba shanah Asar hayach al arats al Matsaraym wa Nathan akal al ayar akal al shadah Asar hayach cabab al kal ayar Nathan Yy al huw.49.wa yacaph qabats bar hy chal al yam Maad ad Yy chaday capar al yash hayach baladay Macpar.50.wa al yacaph hayach yalad shanah ban panym shanah al raab baw Asar acanath bath al Phatypharah kahan al yalad al Naphash.51.wa yacaph qara sham al bakar Manashshah al Alasham amar Yy yash Nathan any Nashah kal any amal wa kal any Ab bayth. 52.wa sham al shanah qara Yy apharaym al Alasham yash Nathan al hava parah al arats al any any. 53.wa shaba shanah al shaba ka hayach al arats al Matsaraym hayach kalah.54.wa shaba shanah al raab chalal baw al hy yacaph hayach amar wa raab hayach al kal arats han al kal arats al Matsaraym sham hayach lacham.55.wa Asar kal arats al Matsaraym hayach raab am Tsaaq al Pharach al lacham wa Pharach amar al kal Matsaraym yalak al yacaph ath Yy amar al attah ashah.56.wa raab hayach al kal panym al arats wa yacaph pathach kal Asar wa shabar al Matsaraym wa raab chazaq al arats al Matsaraym.57.wa kal arats baw al Matsaraym al yacaph al al shabar bar ka ka raab hayach kan chazaq al kal arats.

CHAPTER

42

1.Na Asar yacaph raah ka sham hayach shabar al Matsaraym yaaqab amar al ban Mahashah attah raah achad al azrachy.2.wa Yy amar hannah yash shama ka sham hy shabar al Matsaraym yarad attah sham wa shabar al anachnw al sham ka anachnw wlay chayah wa lah Mawth.3.wa yacaph asharah ach yarad al shabar bar al Matsaraym.4.han banyaman yacaph ach yaaqab shalach lah ad Naphash ach al Yy amar pan wlay acan qara Naphash.5.wa ban al yasharaAl baw shabar bar Tavak allah ka baw al raab hayach al arats al kanaan.6.wa yacaph hayach shalat al arats wa Yy yash hayach ka shabar al kal am al arats wa yacaph ach baw wa shachah bad Taram Naphash ad sham aph al arats.7.wa yacaph raah Naphash ach wa Yy yada sham han Nathan huw Nakar al sham wa dabar qashah al sham wa Yy amar al arats al kanaan al shabar akal.8.wa yacaph yada Naphash ach han sham yada lah Naphash.9.wa yacaph zakar chalam Asar Yy chalam al sham wa amar al sham attah hy ragal al raah arvah al arats attah hy baw 10.wa sham amar al Naphash lah any Adan han al shabar akal hy attah abad baw.11.anachnw hy kal achad kash ban anachnw hy kan chanash attah abadhy lah ragal.12.wa Yy amar al sham lah han al raah arvah al arats attah hy baw.13.wa sham amar attah abad hy shanaym ach ban al achad kash al arats al kanaan wa hannah qatan hy zah yowm ad anachnw Ab wa achad hy lah.14.wa yacaph amar sham ka hy yash ka any dabar al attah amar attah hy ragal.15.zath attah yash hava bachan arach chay al Pharach attah yash lah yatsa zah ka Naphash qatan ach baw hannah.16.shalach achad al attah wa yarad Naphash laqach Naphash ach wa attah yash hava acar al cahar ka Naphash dabar wlay bachan ad sham hava Maamah amath al attah av am arach chay al Pharach ka attah hy ragal.17.wa Yy acaph sham kal yachad al Mashmar sham yowm.18.wa yacaph amar al sham shalashy yowm zath ashah wa chayah al any yara Alashsm.19.am attah hava kan chanash yarad achad al Naphash ach hava acar al bayth al Naphash Mashmar yalaknattah baw shabar al raab al Naphash bayth.20.han baw Naphash qatan ach al any kan yash Naphash dabar hava aman wa attah yash lah Mawth wa sham ashah kan.21.wa sham amar achad al azrachy anachnw hy abal asham al anachnw ach al ka anachnw raah Tsarah al Naphash Asar Yy kanaan anachnw wa anachnw yash lah shama al hy zah Tsarah baw al anachnw.22.wa raaban anah sham amar amar any lah al attah amar ashah lah chata al yalad hannah gam Naphash dam hy darash. 23.wa sham yada lah ka yacaph shama sham al Yy amar al sham arach azrzchy luwts.24.wa Yy cabab huw al al sham wa bakah wa shab al sham shab wa dabar ad sham wa laqach al sham shaman wa acar Naphash Taram sham ayn.25.az yacaph Tsavah al Mala sham shaq ad bar wa al shab kal kash kacaph al shaq wa al Nathan sham Tsaydah al darak wa kan ashah Yy al sham.26.wa sham Nasha sham chamar ad bar wa yalak sham.27.wa hy achad al sham pathach shaq al Nathan chamar Macpaw al Malan Yy raah kacaph al hannah yash hayach al shaq pah.28.wa Yy amar al Naphash ach any kacaph hy shab wa hannah yash hy gamal any shaq wa sham lab yatsa sham wa sham hayach charad amar achad al azrachy Mah hy zah ka Alasham yash ashah al anachnw.29.wa sham baw al yaaqab sham Ab al arats al kanaan wa Nagad Naphash kal ka qarah al sham amar.30.kash huw hy Adan al arats dabar qashah al anachnw wa Nathan anachnw al ragal al arats.31.wa anachnw amar al Naphash anachnw hy kan chanash anachnw hy lah ragal.32.anachnw hava shanaym ach ban al Ab achad hy lah wa qatan hy zah yowm ad anachnw Ab al arats al kanaan.33.wa kash Adan al arats amar al anachnw pah arach yash any yada ka attah hy kan chanash yanach achad al Naphash ach pah ad any wa laqach akal al raab al Naphash bayth wa hava yalak.34.wa baw Naphash qatan ach al any az yash any yada ka attah hy lah ragal han ka attah hy kan chanash kan ratsan any Nathan attah Naphash ach wa attah yash cachar al arats.35. wa yash hayach ashah hy sham raq sham shaq ka hannah kal kash Tsarar al kacaph hayach alshaq wa az shanaym sham wa sham Ab raah Tsarar al kacaph sham hayach yara.36.wa yaaqab sham Ab amar al sham any yash attah shakal al any ban yacaph lah wa shaman hy lah wa attah ratsan laqach banyaman yalak kal allah dabar hy al any.37.wa raaban amar al Ab amar Mawth any shanah ban am any baw Naphash lah al attah Nathan Naphash al any yad wa any ratsan shab Naphash al attah shab. 38.wa Yy amar any ban yash lah yarad ad attah al Naphash ach hy Mawth Yy hy shaar bad am acan qara Naphash arach darak al Asar attah yalak az yash attah yarad any shaybah shaar ad yagan al shaal.

CHAPTER

43

1.wa raab hayach kabad al arats.2.wa yash hayach ashah az sham yash akal shabar Asar sham baw al al Matsaraym sham Ab amar al sham shab shabar anachnw Maat akal.3.wa yachadah amar al Naphash amar kash ashah owd al anachnw amar Yy yash lah any panym balty Naphash ach hava ad attah. 4.am yash shalach anachnw ach ad anachnw any ratsan yarad wa shabar attah akal.5.han am yash lah shalach Naphash anachnw ratsan lah yarad al kash amar al anachnw attah yash lah raah any panym balty Naphash ach hava ad attah.6.wa yasharaAl amar Mah ashah attah kan ra ad any hy al Nagad kash ad attah yash ad ach.7.wa sham amar kash shaal anachnw yatsar al anachnw Mathkanath wa al anachnw Maladath amar hy Naphash Ab ad chay yash attah azrzchy ach wa anachnw Nagad Naphash al al pah al allah dabar yakal anachnw ka yada ka Yy law amaryarad Naphash ach.8.wa yachadah amar al yasharaAl Ab shalach Naar ad any wa anachnw ratsan qam wa yalak ka anachnw wlay chayah wa lah Mawth gam anachnw wa yash wa gam anachnw Taph ban.9.any ratsan hava ka al Naphash al any yad yash baqash Naphash am any baw Naphash lah al attah wa yatsg Naphash panym attah az yarad any chata al kal.10.al lwla anachnw yash Mahahh ka attah anachnw yash shab zah shany paam.. 11.wa sham Ab yasharaAl amar al sham am yash ratsan hava kan aph ashah zah laqach al zamrah al arats al Naphash kaly wa yarad kash Manchah Maat tsary wa Maat dabash Nakath wa lat batan wa shaqad.12.wa laqach Mashnah kacaph al Naphash yad wa kacaph ka hayach shab al pah al Naphash shaq shab yash al Naphash yad wlay yash hayach azrachy Mashgah.13.laqach gam Naphash ach wa qam shab al kash.14.wa al shadday Nathan attah racham panym kash Yy wlay shalach yalak Naphash achar ach wa banyaman am any hava shakal al any ban ahayach shakal.15.wa chanash laqach ka Manchah wa sham laqach Mashnah kacaph al sham yad wa banyaman wa qam wa yarad al Matsaraym wa amad panym yacaph.16.wa az yacaph raah banyaman ad sham Yy amar al Asar al bayth baw allah chanash bayth wa Tabach wa ashah kan al allah chanash yash akal ad any qarab tsahar.17.wa kash ashah hy yacaph amar wa kash baw chanash al yacaph bayth.18.wa chanash hayach yara ka sham hayach baw al yacaph bayth wa sham amar al al kacaph ka hayach shab al anachnw shaq qarab Tachallah anachnw baw al ka Yy wlay galal al anachnw wa Naphal al anachnw wa laqach anachnw al abad wa anachnw chamar.19.wa sham Nagash al kash al yacaph bayth wa sham dabar ad Naphash qarab pathach al bayth.20.wa amar Na Adan anachnw yarad amnah qarab Tachallah al shabar akal. 21.wa yash hayach ashah az anachnw baw Malan ka anachnw Pathach anachnw shaq wa hannah kal kash kacaph hayach al pah al shaq anachnw kacaph al Mala Mashqal wa anachnw yash shab yash al anachnw yad.22. wa achar kacaph yash anachnw yarad al anachnw yad al shabar akal anachnw lah yada Mah shuwm anachnw kacaph al anachnw shaq.23.wa Yy amar shalam attah yara lah Naphash Alasham wa Alasham Naphash Ab yash Nathan attah Matman al Naphash shaq any baw Naphash kacaph wa Yy yatsa shaman chats al sham.24.wa kash baw chanash al yacaph bayth wa Nathan sham maym wa shamrachats sham ragal wa Yy Nathan sham chamar Macpw.25.wa sham Nathan kan Manchah al yacaph baw qarab tsahar al sham shama ka sham yash akal lacham sham.26.wa az yacaph baw bayth sham baw Naphash Manchah Asar hayach al sham yad al bayth wa shachah bad al Naphash al arats. 27.wa Yy shaal sham al sham shalam wa amar hy Naphash Ab shalam zaqan kash al Asar attah amar hy Yy ad chay.28.wa sham amar attah abad anachnw Ab hy al shalam Yy hy ad chay wa sham qadad sham rash wa Nathan shachah.29.wa Yy Nasha Naphash ayn wa raah Naphash ach banyaman am ban wa amar hy zah Naphash qatan ach al Asar attah amar al any wa Yy amar Alasham kanaan al attah any ban.30.wa yacaph Nathan Machar al racham ashah kamar al Naphash ach wa Yy baqash Asar al bakah wa Yy baw al chadar wa bakah sham.31.wa Yy rachats panym wa yatsa wa aphaq huw wa amar shuwm al lacham.32.wa cham shuwm al al Naphash arach huw wa al sham arach bad wa al Matsaray Asar ashah akal ad Naphash arach bad ka Matsaray yakal lah akal lacham ad abar al ka hy azrzchy Taabah al Matsaray.33.wa sham yashab panym Naphash bakar al al bakarah wa Tsaar al al Tsaarah wa chanash Tamah kash qarab azrachy.34.wa Yy Nasha wa shalach Mashath al sham al panym Naphash han banyaman Mashath hayach chamash yad kan Maad hy Maamah al sham wa sham shathah wa hayach shakar ad Naphash.

CHAPTER

44

1.wa Yy Tsavah kash al bayth amar Mah chanash shaq ad akal ach hy sham yakal Nasha wa shuwm kal kash kacaph al shaq pah.2.wa shuwm any gabaya kacaph gabay al shaq pah al qatan wa shabar kacaph wa Yy ashah al al dabar ka yacaph baw dabar.3.wa Yy Tsavah kash al bayth amar Mala chanash shaq ad akal ach hy sham yakal Nasha wa shuwm kal kash kacaph al shaq pah.2.wa sham any gabaya kacaph gabaya al shaq pah al qatan wa shabar kacaph wa Yy ashah al al dabar ka yacaph baw dabar. 3.hy Asar hy baqar hayach ar chanash hayach shalach yalak sham wa sham chamar.4.wa az sham hayach yatsa al ayar wa lah ad rachaq yacaph amar al kash al radaph achar chanash wa az yash Nashag sham amar al sham Mah yash attah shalam ra al Tab.5.hy lah zah yash al Asar any Adan shathah wa Mah amnam Yy Nachash attah yash ashah ra al kan ashah.6.wa Yy Nashag sham wa Yy dabar al sham allah huw dabar.7.wa sham amar al Naphash Mah amar any Adan allah dabar Alasham chalalah ka attah abad yash ashah al al zah dabar.8.han shabar Asar anachnw Matsa al anachnw shaq pah anachnw shab al attah chats al arats al qaynaan ayk az yash anachnw ganab chats al attah Adan bayth kacaph av zahab.9.ad Asar al attah abad ythay Matsa qam yarad Naphash Mawth wa anachnw gam ratsan hava any Adan abad.10.wa Yy amar attah gam yarad ythay al al Naphash dabar Yy ad Asar yash hy Matsa yash any abad wa attah yash Naqa.11.az cham Machar yarad kal kash shaq al arats wa Pathach kal kash shaq.12.wa Yy chaphash wa chalal al gadal wa kalah al qatan wa gabaya hayach Matsa al banyaman shaq.13.az sham qara sham sham lah wa amac kal kash chamar wa shab al ayar.14.wa yachadah wa Naphash ach baw yacaph bayth al Yyy hayach ad sham wa sham Naphal panym Naphash al arats. 15.wa yacaph amar al sham Mah Maashah hy zah ka attah yash ashah yada attah lah ka hannah kash hy any yakal ka Nachash.16.wa yachadah amar Mah yash anachnw amar al Adan Mah yash anachnw dabar av Mah yash anachnw Tsadaq anachnw Alasham yash Matsa chats avan al attah abad hannah anachnw hy any Adan abad gam anachnw wa Yy gam ad al gabya hy Matsa.17.wa Yy amar Alasham chalalah ka any yash ashah kan han kash al Asar yad gabya hy Matsa Yy yash any abad wa hy al attah alah al shalam al Naphash Ab.18.az yachadah Nagash al Naphash wa amar by any Adan yarad attah abad Naan dabar dabar al any Adan azan wa yarad lah attah aph charah ad attah abad al Masay gam hy Pharach.19.any Adan shaal abad amar yash attah Ab av ach.20. wa anachnw amar al any Adan anachnw yash Ab raa zaqan kash wa yalad al zaqan shaybah qatan kash wa Naphash ach hy Mawth wa Yy bad hy yathar al am wa Ab ahab Naphash.21.wa yash amar al attah abad yarad Naphash al any ka any wlay shuwm yad ayn al Naphash.22.wa anachnw amar al any Adan Naar lah azab Naphash Ab al Asar Yy yash azab Naphash Ab Naphash Ab yash Mawth.23.wa yash amar al attah abad am Naphash qatan ach yarad ad attah attah yash raah any panym lah yacaph.24.wa yash hayach ashah az anachnw alah ashah attah abad any Ab anachnw Nagad Naphash dabar al any Adan.25.wa anachnw Ab amar shab wa shabar anachnw Maat akal.26.wa anachnw amar anachnw lah yarad am anachnw qatan ach hava ad anachnw az ratsan anachnw yarad al anachnw yakal lah raah kash panym ayn anachnw qatan ach hava ad anachnw.27.wa attah abad any Ab amar al anachnw attah yada any kashshah yalad any shanaym ban 28.wa achad yatsa al any wa any amar ak Yy hy Taraphah al gazar wa any raah Naphash lah hannah.29. wa am attah laqach zah gam al any wa acan qarah Naphash attah yash yarad any shaybah shaar ad ra al shaal.30.attah gam az any baw attah abad any Ab wa Naar hava lah ad anachnw raah ka Naphash hy qashar al Naar Naphash.31.yash hayach ashah az Yy raah ka Naar hy lah ad anachnw ka Yy ratsan Mawth wa attah abad yash yarad shaybah shaar al attah abad anachnw Ab ad ra al shaal. 32.al attah abad arab ak al Naar al any Ab amar am any baw Naphash lah ashah attah az any yash chata al any Ab al kal.33. attah gam Na yarad attah abad yashab Tachath al Naar ach abad al any Adan wa yarad Naar alah ad Naphash ach.34.al ayk yash any alah al any Ab wa Naar hava lah ad any pan wlay any raah ra ka yash Matsa any Ab.

CHAPTER

45

1.az yacaph yakal aphaq huw panym kal sham ka Natsab arach Naphash wa Yy qara abar kal kash al yatsa al any wa sham amad lah kash ad Naphash wd yacaph Nathan huw yada al Naphash ach. 2.wa Yy Nathan wa Matsaraym wa bayth al Pharach shama.3.wa yacaph amar al Naphash ach ahayach yacaph ashah any Ab ad chay wa Naphash ach yakal anah Naphash al sham hayach bahal al panym. 4.wa yacaph amar al Naphash ach Nagash al any Na attah wa sham Nagash wa Yy amar ahayach yacaph Naphash ach Asar attah Makar al Matsaraym.5.attah qam hava lah atsab al charah ad any ka attah Makar any hannah al Alasham ashah shalach any panym attah al Machayah Naphash.6.al allah shanaym shanah yash raab hayach al arats wa ad sham hy chamash shanah al Asar sham yash ayn hava charash al qatsar.7.wa Alasham shalach any panym attah al Machayah attah shaarath al arats wa al chayah Naphash chayah arach gadal Palatah.8.zath attah yash hayach lah attah ka shalach any hannah han Alasham wa Yy yash shuwm any Ab al Pharach wa Adan al kal Naphash bayth wa Mashal al kal arats al Matsaraym.9.Machar attah wa alah al any Ab wa amar al Naphash kah amar attah ban yacaph Alasham yash shuwm any Adan al kal Matsaraym yarad al any amad lah.10.wa yash yashab al arats al gashan wa yash hava qarab al any yash wa attah ban wa attah ban ban attah Tsaan wa attah baqar wa kal ka yash hayach.11. wa shamratsan any kal attah al ad sham hy chamash shanah al raab pan yash wa attah bayth wa kal ka yash hayach yarad yarash.12.wa hannah Naphash ayn wa ayn al any ach banyaman ka yash hy any pah ka dabar al attah.13.wa attah yash Nagad any Ab al kal any kabad al Matsaraym wa al kal ka attah yash raah wa attah yash Machar wa yarad any Ab hannah.14.wa Yy Naphal al Naphash ach banyaman Tsavvar wa bakah wa banyaman bakah al Tsavvar.15.gam Yy Nashaq kal Naphash ach wa bakah al sham wa achar ka Naphash ach dabar ad Naphash.16.wa qal sham al hayach shama al Pharach bayth amar yacaph ach hy baw wa yash yatab Pharach shalam wa Naphash bad.17.wa Pharach amar al yacaph amar al attah ach zah ashah attah Taan Naphash baar wa yalak baw attah al arats al qaynaan.18.wa laqach Naphash Ab wa Naphash bayth wa baw al any wa any ratsan Nathan attah Tab al arats al Matsaraym wa attah yash akal chalab al arats.19.attah Mashay Tsavah zah ashah ad laqach attah agalah chats al arats al Matsaraym al Naphash Taph wa al Naphash kashshah wa Nasha Naphash Ab wa baw.20.gam ayn lah Naphash kaly al Tab al kal arats al Matsaraym hy Naphash.21.wa ban al yasharaAl ashah kan wa yacaph Nathan sham agalah al al pah al Pharach wa Nathan sham Tsavdah al arach.22.al kal al sham Yy Nathan kashshah chalaphah shamlah han al banyaman Yy Nathan shalash Maah gazar al kacaph wa chamash chalaphah al shamlah.23.wa al Naphash Ab Yy shalach achar zah Mashpat Asar chamar Nasha ad Tab dabar al Matsaraym wa Asar athan Nasha ad shabar wa lacham wa Mazan al Naphash Ab arach darak.24.kan Yy shalach Naphash ach yalak wa sham yalak wa Yy amar al sham raah ka attah ragaz lah chats arach darak.25.wa sham alah chats al Matsaraym wa baw al arats al qaynaan al yaaqab sham Ab.26.wa Nagad Naphash amar yacaph hy ad chay wa Yy hy Mashal al kal arats al Matsaraym wa yaaqab lab pwg al Yy aman sham lah.27.wa sham dabar Naphash kal dabar al yacaph Asar Yy baw amar al sham wa az Yy raah agalah Asar yacaph baw shalach al Nasha Naphash ruwach al yaaqab cham Ab chayah.28.wa yasharaAl amar yash hy rab yacaph any ban hy ad chay any ratsan yalak wa raah Naphash Taram any Nawth.

CHAPTER

46

1.wa yasharaAl laqach Naphash Naca ad kal ka Yy baw wa baw baar shaba wa zabach zabach al Alasham al Ab yatsachaq.2.wa Alashm amar al yasharaAl al Marah al layl wa amar yaaqab yaaqab wa Yy amar hannah ahayach.3.wa Yy amar ahayach Alasham al Alasham al attah Ab yara lah al yarad al Matsaraym al any ratsan sham ashah al attah gadal gay.4.any ratsan yarad ad attah al Matsaraym wa any ratsan qam ak alah attah shuwb wa yacaph yash shyth Naphash yad al attanah ayn.5.wa yaaqab qam al baar shaba wa ban al yasharaAl Nasha yaaqab sham Taph wa sham kashshah al agalah Asar Pharach baw shalach al Nasha Naphash.6.wa sham laqach sham Maqnah wa sham rakash Asar sham baw rakash al arats qaynaan wa baw al Matsaraym yaaqab wa kal zara ad Naphash.7.Naphash ban wa Naphash ban ban ad Naphash ban wa ban bath wa kal Naphash zara baw Yy ad Naphash al Matsaraym. 8.wa allah hy sham al ban al yasharaAl Asar baw al Matsaraym yaaqab wa ban raaban yaaqab bakar. 9.wa ban al raaban chanash wa Phalla wa chatsran wa karmy.10.wa ban al shaman yamwal wa yaman wa ahad wa yakan wa Tsachar wa shaal ban qaynaany kashashah.11.wa ban al lava garshanqahath wa Marar.12.wa ban al yachadah ar wa anan wa shalah wa Pharach wa zarah han ar wa anan Mawth al arats al qaynaan wa ban al Pharaz hayach chatsran wa chamal.13.wa ban al yashshashakar Tala wa Phavvah wa yab wa shamran.14.wa ban a; zabalan carad wa alan wa yachlaal.15.allah hava ban al laah Asar Naphash yalad al yaaqab al Phadan aram ad Naphash bath danah kal Naphash al Naphash ban wa Naphash ban hayach shalashym wa shalash.16.wa ban al gad Tsaphyn wa chaggay shany wa atsban ary wa arad wa aral.17.wa ban al Asar yamnah wa yashvah wa yashvy wa barayach wa Asarach sham achwth wa ban al barayach chabar wa Malchyal.18.allah hy ban zalpah Asar laban Nathan al laah bath wa allah Naphash yalak al yaaqab gam shash Naphash.19.ban al rachal yaaqab kashshah yacaph wa banyaman.20.wa al yacaph al arats al Matsaraym hayach yalak Manashshah wa aphraym Asar ashanath bayth al Patyphrach kahan al An yalak al Naphash.21.wa ban al banyaman hayach balah wa bachar wa ashbal gara wa Naaman achy wa rash Mappym wa chappym wa ard.22.allah hy ban al rachal Asar hayach yalak al yaaqab kal Naphash hayach arba.23. wa ban al dan kasham.24. wa ban al NaphTaly yachtsaal wa gany wa yatsar wa shallam.25.allah hy ban al balhahAsar laban Nathan al rachal Naphash bath wa Naphash yalak allah al yaaqab kal Naphash hayach shaba.26.kal Naphash ka baw ad yaaqab al Matsaraym Asar yatsa al yarak bad yaaqab ban kashshah kal Naphash hayach shashshym wa shash.27.wa ban al yacaph Asar hayach yalak Naphash al Matsaraym hayach shanaym Naphash kal Naphash al bayth al yaaqab Asar al Matsaraym hayach shashshym wa Asar.28.wa Yy shalach yachadah panym Naphash al yacaph yarah Naphash panym al gashan wa sham baw al arats al gashan.29.wa yacaph shuwm acar Markabah wa alah qarah yasharaAl Naphash Ab al gashan wa raah huw al Naphash wa Yy Naphal al Naphash Tsavvar wa bakah al Tsavvar Tab ad.30.wa yasharaAl amar al yacaph paam yarad any Mawth achar yash raah attah panym ka Mashay ad chay.31.wa yacaph amar al Naphash ach wa al Naphash Ab bayth any ratsan alah wa Nagad Pharach wa amar al Naphash any ach wa any Ab bayth Asar hayach al arats qaynaan hy baw al any.32.wa chanash hy raah al sham chnash yash hayach raah Maqnqh wa sham yash baw sham Tsaan wa sham baqar wa kal ka sham yash.33. wa yash hayach ashah az Pharach yash qara attah wa yash amar Mahhy Naphash Maashah.34.ka attah yash amar attah abad chanash yash hayach al Maqnah al anachnw Naar gam ad attah gam anachnw wa Ab ka attah yakal yashab al arats al gashan al kal raah hy raa Taabah al Matsaraym.

CHAPTER

47

1.az yacaph baw wa al Pharach wa amar any Ab wa any ach wa sham Tsaan wa sham baqar wa kal ka sham yash hy baw al al arats al qaynaan wa hannah sham hy al arats al gashan.2.wa Yy laqach qatsah al Naphash ach gam chamash chanash wa yatsag sham al Pharach.3.wa Pharach amar al Naphash ach Mah hy Naphash Maashah wa sham amar al Pharach attah abad hy raah gam anachnw wa gam anachnw Ab.4.sham amar gam al Pharach al al gar al arats hy anachnw baw al attah abad yash lah Marah al sham Tsaan al raab hy kabad al arats al qaynaan attah anachnw Na yarad attah abad yashab al arats al gashan.5.wa Pharach amar al yacaph amar attah Ab wa attah ach hy baw al attah.6.arats al Matsaraym hy panym attah al Mabtab al arats ashah attah Ab wa ach al yashab al arats al gashan yarad sham yashab wa am yash yada Maanah chanash al chayl Tavak sham az shuwm sham shar al any Maqnah.7.wa yacaph baw al yacaph Ab wa amad Naphash panym Pharach wa yaaqab barak Pharach.8.wa Pharach amar al yaaqab Mah yowm Mashay.9.wa yaaqab amar al Pharach yowm al shanah al any Magar hy ach Maah wa shalashym shanah Maat wa ra yash yowm al shanah al any chay hayach wa yash lah Nashag al yowm al shanah al chay al any Ab al yowm al sham Magar.10.wa yaaqab barak Pharach wa yatsa al panym Pharach.11.wa yacaph yashab Naphash Ab wa Naphash ach wa Nathan sham achazzah al arats al Matsaraym al Maytab al arats al arats al ramashash hy Pharach baw Tsavah.12.wa yacaph kwl Naphash Ab wa Naphash ach wa kal Ab bayth ad lacham al al sham Taph.13.wa sham hayach lah lacham al kal arats raab hayach Maad kabad kan ka arats al Matsaraym wa kal arats al qaynaan lahahh arach panym al raab.14.wa yacaph laqat kal kacaph ka hayach Matsa al arats al Matsaraym wa al arats al qaynaan al shabar Asar sham baw wa yacaph baw kacaph al Pharach bayth.15.wa az kacaph Taman al arats al Matsaraym wa al arats al qaynaan kal Matsaraym baw al yacaph wa amar yahab anachnw lacham al Mah yash anachnw Mawth al attah Nagad al kacaph aphac.16.wa yacaph amar yahab Naphash Maqnah wa any ratsan yahab attah al Naphash Maqnah am kacaph aphac.17.wa sham baw sham Maqnah al yacaph wa yacaph Nathan sham lacham al Tamaarah al cwc wa al Tsaan wa al Maqnah al baqar wa al chamar wa Yyy Naphal sham ad lacham al kal sham Maqnah al ka shanah.18.az ka shanah hayach Tamam sham baw al Naphash shanah shanah wa amar al Naphash anachnw ratsan lah kabad yash al any Adan ka ka anachnw kacaph hy Tamam any Adan gam yash anachnw baqar al Maqnah sham hy lah ra shaar al panym al any Adan han anachnw gavyach wa anachnw arats.19.Mah yash anachnw Mawth panym attah ayn gam anachnw wa anachnw arats qanah anachnw wa anachnw arats al lacham wa anachnw wa anachnw arats ratsan hava abad al wa Nathan anachnw zara ka anachnw yakal chayah wa lah Mawth ka arats hava lah yasham.20.wa yacaph qanah kal arats al Matsaraym al Pharach al Matsaraym Makar kash kash Naphash shadah ka raab chazaq al sham kan arats hayach Pharach.21.wa hy al am Yy abar sham al ayar al achad qatsah al gadal al Matsaraym gam al achar

qatsah sham al.22.raq arats al kahan qanah Yy lah al kahan baw chaq
Nathan cham al Pharach wa ashah akal cham chaq Asar Pharach Nathan
cham Mah cham Makar lah cham arats.23.az yacaph amar al am panym
yash qanah attah zah yowm wa Naphash arats al Pharach ha hannah zara
al attah wa attah yash zara arats.24.wa yash yash hayach ashah al Tabwah
ka attah yash Nathan chamashsh Manah al Pharach wa arba Manah yash
hava Naphash kahan al zara al shadah wa al Naphash akal wa al Naphash
bayth wa al akal al Naphash Taph ban.25.wa cham amar yash hayach
chayah Naphash chayah yarad anachnw Matsa qayn al ayn al any Adan
wa anachnw ratsan hava Pharach abad.26.wa yacaph shuwm yash chaq al
arats al Matsaraym al zah yowm ka Pharach yash yash chamash Manah
raq arats al kahan bad Asar hayach lah Pharach.27.wa yasharaAl yahab
al arats al Matsaraym al arats al gashan wa sham baw achazzah qarab
wa parach wa rabah Maad.28.wa yaaqab chayah al arats al Matsaraym
shaba shanah kan kal yowm al yaaqab hayach Maah arbaym wa shaba
shanah.29.wa yowm shab qarah ka yasharaAl Maad Mawth wa Yy qara
ban yacaph wa amar al Naphash am attah yash Matsa qayn al attah ayn
shuwm Na attah yad Yad Tachath any yarak wa ashah chacad wa amath
ad any qabar any lah Na al Matsaraym.30.han any ratsan shakab ad any
Ab wa yash Nasha any al al Matsaraym wa qabar any al sham qabrah wa
Yy amar any ratsan ashah hy yash hayach amar.31.wa Yy amar shaba al
any wa Yy shaba al Naphash wa yasharaAl shachah huw al Mattah rash

CHAPTER

48

1.wa yash hayach ashah achar allah dabar ka achad amar yacaph hannah attah Ab hy chalal wa Yy laqach ad Naphash shanaym ban Manashshah wa aphraym.2.wa achad Nagad yaaqab wa amar hannah attah ban yacaph baw al attah wa yasharaAl chazaq huw wa yashab al Mattah.3.wa yaaqab amar al yacaph al shadday raah al any al laz al arats al qaynaan wa barak any.4.wa amar al any hannah any ratsan shuwm attah Pharach wa rabah attah wa any ratsan shuwm al attah qahal al am wa ratsan Nathan zah arats al attah zara achar attah al raa alam achazzah.5.wa attah attah shanaym ban aphraym wa Manashshsh Asar hayach yalad al attah al arats al Matsaraym panym any baw al attah al Matsaraym hyyad hy raaban wa shaman sham sham yash hava yad.6.wa attah Maladath Asar yash yalad achar sham yasha hava attah wa yash hava qara achar sham al sham ach al sham Nachalah.7.wa hy al any ka any baw al Phadan rachal Mawth arach any al arats al qaynaan al darak owd owd sham hayach han kabrah darak baw al aphrath wa any qabar Naphash sham al darak al aphrath huw hy bath alasham. 8.wa yasharaAl raah yacaph ban wa amar Mah hy allah.9.wa yacaph amar Naphash Ab sham hy any ban Asar Alasham al Nathan any al zah kan wa Yy amar laqach sham Na al any wa ratsan barak sham.10.

attah ayn al yasharaAl hayach kabad al zaqan kan ka Yy yakal lah raah wa Yy Nagash sham al Naphash wa Yy Nashaq sham wa chabaq sham.11. wa yasharaAl amar al yacaph any baw lah palal al raah attah panym wa hannah Alasham baw raah any gam attah zara.12.wa yacaph yatsa sham al al am barak wa Yy shachah huw ad panym al arats.13.wa yacaph laqach sham shanah aphraym al Naphash yaman yad al yasharaAl shamal yad wa Manashshah al Naphash shamal yad al yasharaAl yaman yad wa Nagash sham al Naphash.14.wa yasharaAl shalach yaman yad wa shyth yash al aphraym rash Mah hayach Tsaar wa shamal yad al Manashshah rash shuwm yad shakal al Manashshah hayach bakar. 15.wa Yy barak yacaph wa amar Alasham panym Asar any Ab Abaracham wa yatsachaq asah halak Alasham Asar raah any kal any chay owd al zah yowm.16.Malak Asar gaal any al kal ra barak Naar wa yarad any sham hava qara al sham wa sham al any Ab Abaracham wa yatsachaq wa yarad sham dagah al qahal al qarab al arats.17.wa ad yacaph raah ka Naphash Ab shyth yaman yad al rash al aphraym yash raa Naphash wa Yy Tamak Ab yad al shuwr yash al aphraym rash al Manashshah rash. 18.wa yacaph amar al Naphash Ab lah kan any Ab al zah hy bakar shuwm attah yaman yad al Naphash rash.19.wa Naphash Ab Maan wa amar any yada yash any ban any yada yash Yy gam yash hayach am wa Yy gam yash hava gadal han wlam Naphash qatan ach yash hava gadal Man Yy wa Naphash zara yash hayach Mala al gay.20.wa Yy barak sham ka yowm amar al attah yash yasharaAl barak amar Alasham ashah attah hy aphraym wa hy Manashshah wa Yy shuwm aphraym panym Manashshah. 21.wa yasharaAl amar al yacaph hannah any Mawth han Alasham yash hava ad attah wa shuwb attah al arats al Naphash Ab.22.gam yash Nathan al attah achad shakam al attah ach Asar any laqach al yad al amary ad any charab ad any qashath.

CHAPTER

49

1.wa yaaqab qara al ban wa amar acaph ayn yachad ka any yakal Nagad attah ka Asar yash qara attah al acharyth yuwm.2.acaph ayn yachad wa shama attah ban al yaaqab wa shama al yasharaAl Naphash Ab.3.raaban Mashay any bakar any kwach wa rashyth al any awan yathar al shaath wa yathar al az. 4.pachaz hy maym yash lah yathar ka yash alah al attah Ab Mashkab az chalal yash yash Yy alah al any yatsa wa.5.shaman wa lava hy akal al chamac hy al sham Makarah.6.by any Naphash baw lah yash al sham cawd al sham qahal yad kabad hava lah yash yachad al al sham aph sham harag kash wa al sham ratsan sham aqar shawr.7.arar hava sham aph al yash hayach az wa sham abrah al yash hayach qashah any ratsan chalaq sham al yaaqab wa puwts sham al yasharaAl.8.yachadah Mashay Yy Asar attah ach yash yadah attah yad yash hava al araph al attah ayab attah Ab ban yash shachah panym attah. 9.yachadah hy aryach guwr al Taraph any ban Mashay alah Yy shachah Yy rabats hy aryach wa hy raa laby aryach Mah yash quwm Naphash.10.shabat yash lah shuwr al yachadah al chaqaq al bayn ragal ad shylah baw wa al Naphash yash yaqahah al am hava.11.acar Naphash ayr al gaphan wa athwn ban al sharaqah gaphan Yy kabac labash al yayn wa Naphash

cawth al dam al anab.12.ayn yash hava chaklyl ad yayn wa shan laban ad
Maamad.13.zabalan yash shakan al chuwph al yam wa Yy yash hava al
chuwph al anyach wa yarakah yash hava al Tsydan.14.yashshashakar hy
garam chamar rabats shachah bayn shanaym Mashpath.15.wa Yy raah ka
Manachah hayach Tab wa arats ka yash hayach Naam wa Natah shakam
al cabal wa hayach abad al Mac.16.dan yash dyn am hy achad al shabat al
yasharaAl. 17.dan yash hava Nachash arach darak shaphyphan al arach
ka Nashak cwc aqab kan ka rakab yash Naphal achar.18.yash qavah al
attah yashah by yachuwshauh.19.Gad al Gadad yash gwd Naphash han
Yy yash gwd al aqab.20.chats al Asar Naphash lacham yash hava shaman
wa Yy yash Nathan Malak Maadan.21.Naphtal hy ayalah yarad shalach
Yy Nathan shaphar amar.22.yacaph hy parah ban gam parah ban arach
ayn Asar ban Tsaad al shuwr.23.baal yash Marar Naphash wa qashath al
Naphash wa shatam Naphash.24.han qashath yashab al aythan wa zara
al yad hayach shuwm pazaz arach yad al abyr Alasham al yaaqab al sham
hy raah aban al yasharaAl.25.gam arach al al attah Ab Mah yash azar
attah wa arach shadday Ma yash barak attah ad barakah al shamaym al
barakah al Tacham ka rabats Tachath barakah al shad wa al racham.26.
barakah al attah Ab yash gabar al barakah al any harah al qatsah Taavah
al wlam gabah sham yash hava al Rash al yacaph wa al qadqad al Rash
al Naphash ka hayach Nazar al Naphash ach.27.banyaman yash Taraph
hy zaab al baqar Yy yash akal ad wa al arab Yy yash chalaq shalal.28.kal
allah hy shanaym shabat al yasharaAl wa zah hy yash ka sham Ab dabar
al sham wa barak sham kash kash al al barak Yy barak sham.29.wa Yy
Tsavah sham wa amar al sham ahayach al hava acaph al any am qabar any
ad any Ab al Maarah ka hy al shadah aphran chatty.30.al Maarah ka hy
al shadah al Machpalah Asar hy panym Mamra al arats al qaynaan Asar

Abaracham qanna ad shadah al aphran chatty al achazzah al qabar sham sham qabar Abaracham wa Asarach Naphash kashshah sham sham qabar yatsachaq wa rabakah kashshah wa sham any qabar laah.32.Maqnah al al shadah wa al Maarah ka hy qarab hayach al ban al chath.33.wa yaaqab baw shuwm raa kalah al Tsavah Naphash ban Yy acaph ragal al Mattah wa gava wa hayach acaph al Naphash am.

CHAPTER

50

The fiftieth chapter 50th name: wa yacaph Naphal

1.wa yacaph Naphal al Naphash Ab panym wa bakah al Naphash wa Nashaq Naphash 2.wa yacaph Tsavah Naphash abad rapha al chanat Naphash Ab wa rapha yasharaAl 3.wa arbaym yowm hayach Mala al Naphash al kan hy Mala yuwm al allah Asar hy chanat wa Matsaraym bakah al Naphash shabaym wa Asar yowm 4.wa owd yowm al Naphash balah hayach abar yacaph dabar al bayth al Pharach amar am Na yash Matsa qayn al Naphash ayn dabar Na al azan al Pharach amar 5.any Ab shuwm any shaba amar hannah Mawth al any qabar Asar yash karah al any al arats al qaynaan sham yash qabar any Na al yarad any alah Na wa qabar any Ab wa any ratsan shuwb 6.wa Pharach amar alah wa qabar attah Ab al hy Yy shuwm attah shaba 7.wa yacaph alah al qabar Ab wa ad Naphash alah kal abad al Pharach zaqan al bayth wa wa kal zaqan al arats al Matsaraym.8.wa kal bayth al yacaph wa Naphash ach wa Naphash Ab bayth raq sham Taph ban wa sham Tsaan wa sham baqar sham azab al arats al gashan.9.wa sham alah ad Naphash gam rakab wa parash wa yash hayach Maad kabad Machanah.10.wa sham baw garan al atad Asar hy abar yaradan wa sham sham caphad ad kabad Macpad wa Yy ashah abal al Naphash Ab shaba yowm.11.wa ad yashab al arats qaynaany raah abal al garan al atad sham amar zah hy kabad abal al Matsaraym al sham al yash hayach qara abal Matsaraym Asar hy abar yaradan.12.wa Naphash ban ashah al Naphash al hy Yy Tsavah sham.13.al Naphash ban Nasha Naphash al arats al qaynaan wa qabar Naphash al Maarah al shadah al Machpalah Asar Abaracham qanah ad shadah al achazzah al qabarah al aphran chatty panym Mamra.14.wa yacaph shuwb al Matsaraym Yy wa Naphash ach wa kal ka alah ad Naphash al qabar Ab achar Yy baw qabar Naphash Ab.15.wa owd yacaph ach raah ka sham Ab hayach Mawth sham amar yacaph ratsan lw shatam anachnw wa ka shuwb anachnw kal ra Asar anachnw ashah al Naphash.16.wa sham shalach Tsavah al yacaph amar attah Ab ashah Tsavah panym Yy Mawth amar.17.kan yash attah amar al yacaph Nasha Na Na pasha al attah ach wa sham chattaah al sham ashah al attah ra wa Na anachnw Na Nasha pasha al abad al Alasham al attah Ab wa yacaph bakah ad sham dabar al Naphash.18.wa Naphash ach gam yalak wa Naphal shachah panym wa sham amar hannah anachnw hava attah abad.19.wa yacaph amar al sham yara lah al ahayach al kan al Alasham.20.han hy al attah attah chashab ra al any han Alasham chashab yash al Tab ashah hy yash hy zah yowm al chayah rab am chayah.21.attah gam yara attah lah any ratsan kwl attah wa Naphash Taph ban wa Yy Nacham sham wa dabar al al sham. 22.wa yacaph yashab al Matsaraym Yy wa Ab bayth wa yacaph chayah Maah wa Asar shanah. 23.wa yacaph raah aphraym ban al shallash dar ban gam al Makak ban al Manashshah hayach yalad al yacaph barak.24.wa yacaph amar al Naphash ach any

Mawth wa Alasham ratsan ak paqad attah wa alah attah al zath arats al arats Asar Yy shaba al Abaracham al yatsachaq wa al yaaqab.25.wa yacaph laqach raa shaba al ban al yasharaAl amar Alasham ratsan ak paqad attah wa attah yash alah any atsam al zah.26.kan yacaph Mawth hayach Maah wa Asar shanah ban wa sham chanat Naphash wa Yy hayach yasham al Aran al Matsaraym.

BARASHATH

CHAPTER

1

7225	Brashath	In the beginning	1
430	Alasham	God	
1254	bara	created	
5921	al	the	
8064	shamaym	heaven	
176	av	and	
5921	al	the	
776	arats	earth	1
176	av	and	2
5921	al	the	
776	arats	earth	
1961	hayach	was	
8414	tahuw	without form	
176	av	and	
922	bahuw	void	
176	av	and	
2822	chashak	darkness	
1961	hayach	was	
5921	al	upon	

5921	al	the	
6440	panym	face	
5921	al	of	
5921	al	the	
8415	tahuwm	deep	
176	aw	and	
5921	al	the	
7307	ruwach	spirit	
5921	al	of	
430	Alasham	God	
7363	rachaph	moved	
5921	al	upon	
5921	al	the	
6440	panym	face	
5921	al	of	
5921	al	the	
4325	maym	waters	2
176	av	and	3
430	Alasham	God	
559	amar	said	
5186	Natah	let	
8033	sham	there	
1933	hava	be	
216	owr	light	
3588	ky	that	
176	aw	and	
8033	sham	there	
1961	hayach	was	
216	owr	light	3

176	aw	and	4
430	Alasham	God	
7200	raah	saw	
5921	al	the	
216	owr	light	
3588	ka	that	
3426	yash	it	
1961	hayach	was	
2896	Tab	good	
176	aw	and	
430	Alasham	God	
914	badal	divided	
5921	al	the	
216	owr	light	
5921	al	from	
5921	al	the	
2822	chashak	darkness	4
176	aw	and	5
430	Alasham	God	
7121	qara	called	
5921	al	the	
216	owr	light	
3117	yowm	day	
176	aw	and	
5921	al	the	
2822	chashak	darkness	
1931	hy	he	
7121	qara	called	
3915	layl	night	

176	aw	and	
5921	al	the	
6153	arab	evening	
176	aw	and	
5921	al	the	
1242	baqar	morning	
1961	hayach	were	
5921	al	the	
259	achad	first	
3117	yowm	day	5
176	aw	and	6
430	Alasham	God	
559	amar	said	
5186	Natah	let	
8033	sham	there	
1931	hava	be	
7549	raqya	a firmament	
5921	al	in	
5921	al	the	
8432	tavak	midst	
5921	al	of	
5921	al	the	
4325	maym	waters	
176	aw	and	
5186	Natah	let	
3426	yash	it	
914	badal	divide	
5921	al	the	
4325	maym	waters	

5921	al	from	
5921	al	the	
4325	maym	waters	6
176	aw	and	7
430	Alasham	God	
6232	asah	made	
5921	al	the	
7549	raqya	firmament	
176	aw	and	
914	badal	divided	
5921	al	the	
4325	maym	waters	
834	Asar	which	
1961	haych	were	
8478	Tachath	under	
7549	raqya	the firmament	
5921	al	from the	
4325	maym	waters	
834	Asar	which	
1961	hayach	were	
5921	al	above	
7549	raqya	the firmament	
176	aw	and	
3426	yash	it	
1961	hayach	was	
3541	kan	so	7
176	aw	and	8
430	Alasham	God	
7121	qara	called	

7549	raqya	the firmament	
8064	shamaym	heaven	
176	aw	and	
6153	arab	the evening	
176	aw	and	
5921	al	the	
1242	baqar	morning	
1961	hayach	were	
5921	al	the	
8145	shany	second	8
176	wa	and	9
430	Alasham	God	
559	amar	said	
5186	Natah	let	
5921	al	the	
4325	maym	waters	
8478	Tachath	under	
8064	shamaym	the heaven	
1931	hava	be	
6960	qavah	gathered	
3162	yachad	together	
5921	al	unto	
259	achad	one	
4725	Maqwm	place	
176	aw	and	
5186	Natah	let	
5921	al	the	
3004	yabbashah	dry land	
7200	raah	appear	

176	aw	and	
3426	yash	it	
1961	hayach	was	
3541	kah	so	9
176	aw	and	10
430	Alasham	God	
7121	qara	called	
5921	al	the	
3004	yabbashah	dry land	
776	arats	earth	
176	aw	and	
4723	Maqvah	the gathering	
3162	yachad	together	
5921	al	of the	
4325	maym	waters	
7121	qara	called	
1931	hy,	he	
3220	yam	seas	
176	aw	and	
430	Alasham	God	
7200	raah	saw	
3588	ka	that	
3426	yash	it	
1961	hayach	was	
2896	Tab	good	10
176	aw	and	11
430	Alasham	God	
559	amar	said	
5186	Natah	let	

776	arats	the earth
1876	dasha	bring forth grass,
6212	asab	the herb
2232	zara	yielding
2233	zra	seed
176	aw	and
6529	pary	the fruit
6086	ats	tree
2232	zara	yielding
6529	pary	fruit
310	achar	after
5315	Naphash	his
4327	man	kind
834	Asar	whose
2233	zra	seed
3588	hy	is
5921	al	in
2088	zah	itself,
5921	al	upon
776	arats	the earth:
176	aw	and
3426	yash	it
1961	hayach	was
3541	kah	so	11
176	aw	and	12
776	arats	land
3318	yatsa	brought forth
1876	dasha	grass
176	aw	and

6212	asab	herb	
2232	zara	yielding	
2233	zra	seed	
310	achar	after	
5315	Naphash	his	
4327	man	kind	
176	aw	and	
6086	ats	the tree	
2232	zara	yielding	
6529	pary	fruit	
834	Asar	whose	
2233	zra	seed	
1961	hayach	was	
5921	al	in	
2088	zah	itself,	
310	achar	after	
5315	Naphash	his	
4327	man	kind	
176	aw	and	
430	Alasham	God	
7200	raah	saw	
3588	ka	that	
3426	yash	it	
1961	hayach	was	
2896	Tab	good	12
176	aw	and	13
6153	arab	the evening	
176	aw	and	
1242	baqar	the morning	

1961	hayach	were	
5921	al	the	
7992	shalashy	third	
3117	yowm	day	13
176	aw	and	14
430	Alasham	God	
559	amar	said	
5186	Natah	let	
8033	sham	there	
1931	hava	be	
216	owr	lights	
5921	al	in	
7549	raqya	the firmament	
5921	al	of	
8064	shamaym	the heaven	
914	badal	to divide	
3117	yowm	the day	
5921	al	from	
3915	layl	the night;	
176	aw	and	
5186	Natah	let	
8033	sham	them	
1931	hava	be	
5921	al	for	
226	owth	signs,	
176	aw	and	
5921	al	for	
4150	Mawad	seasons,	
176	aw	and	

5921	al	for	
3117	yowm	days,	
176	aw	and	
8141	shanah	years:	14
176	aw	and	15
5186	Natah	let	
8033	sham	them	
1931	hava	be	
5921	al	for	
216	owr	lights	
5921	al	in	
7549	raqya	the firmament	
5921	al	of	
8064	hamaym	the heaven	
5414	Nathan	to give	
216	owr	light	
5921	al	upon	
776	arats	the earth	
176	aw	and	
3426	yash	it	
1961	hayach	was	
3541	kah	so	15
176	aw	and	16
430	Alasham	God	
6213	asah	made	
8141	shanah	two	
1419	gadwl	great	
216	owr	lights;	
5921	al	the	

1419	gadwl	greater	
216	owr	light	
4475	Mamshalah	to rule	
3117	yowm	the day,	
176	aw	and	
6996	qatan	lesser	
216	owr	light	
4475	Mamshalah	to rule	
3915	layl	the night:	
1931	hy	he	
6213	asah	made	
3556	kwkab	the stars	
1571	gam	also	16
176	aw	and	17
430	Alasham	God	
5414	Nathan	to give	
1992	cham	them	
5921	al	in	
7549	raqya	the firmament	
5921	al	of	
8064	shamaym	the heaven	
5414	Nathan	to give	
216	owr	light	
5921	al	upon	
776	arats	the earth,	17
176	aw	And	18
4910	Mashal	to rule	
5921	al	over	
3117	yowm	the day	

176	aw	and	
5921	al	over	
3915	layl	the night	
176	aw	and	
914	badal	divide	
216	owr	the light	
5921	al	from	
2822	chashak	darkness:	
176	aw	and	
430	Alasham	God	
7200	raah	saw	
3588	ka	that	
3426	yash	it	
1961	hayach	was	
2896	Tab	good	18
176	aw	and	19
6153	arab	the evening	
176	aw	and	
1242	baqar	the morning	
1961	hayach	were	
5921	al	the	
7243	rabyy	fourth	
3117	yowm	day.	19
176	aw	and	20
430	Alasham	God	
559	amar	said	
5186	Natah	let	
4325	maym	the waters	

8317	sharats	bring forth abundantly	
8318	sharats	the moving creature	
3588	ka	that	
3426	yash	hath	
2416	chay	life,	
176	aw	and	
5775	owph	fowl	
3588	ka	that	
194	uwlay	may	
5774	uwph	fly	
5921	al	above	
776	arats	the earth	
5921	al	in	
6440	panym	the open	
7549	raqya	firmament	
5921	al	of	
8064	shamaym	heaven.	20
176	aw	And	21
430	Alasham	God	
1254	bara	created	
1419	gadwl	great	
8577	Tannyn	whales,	
176	aw	and	
3605	kal	every	
2416	chay	living	
3588	ka	that	
8318	sharats	creature moveth	

834	Asar	which	
4325	maym	the waters	
8317	sharats	brought forth	
310	achar	after	
8033	sham	their	
4480	man	kind,	
176	aw	and	
3605	kal	every	
3671	kanaph	winged	
5775	owph	fowl	
310	achar	after	
5315	Naphash	his	
4327	man	kind	
176	aw	and	
430	Alasham	God	
7200	raah	saw	
3588	ka	that	
3426	yash	it	
1961	hayach	was	
2896	Tab	good	21
176	aw	and	22
430	Alasham	God	
1288	barak	blessed	
8033	sham	them	
559	amar	saying,	
6509	parah	be fruitful	
176	aw	and	
7235	rabah	multiply,	
176	aw	and	

4390	Mala	fill	
4325	maym	the waters	
5921	al	in	
3220	yam	the seas,	
176	aw	and	
5186	Natah	let	
5775	owph	fowl	
7235	rabah	multiply	
5921	al	in	
776	arats	the earth.	22
176	aw	And	23
6 153	arab	the evening	
176	aw	and	
1242	baqar	the morning	
1961	hayach	were	
5921	al	the	
2549	chamyshy	fifth	
3117	yowm	day.	23
176	aw	and	24
430	Alasham	God	
559	amar	said	
5186	Natah	let	
776	arats	the earth	
3318	yatsa	bring forth	
2416	chay	the living	
5315	Naphash	creature	
310	achar	after	
5313	Naphash	his	
4327	man	kind,	

930	bahamwth	cattle,	
176	aw	and	
7431	ramas	creeping	
1697	dabar	thing,	
176	aw	and	
2416	chay	beast	
5921	al	of	
776	arats	the land	
310	achar	after	
5315	Naphash	his	
4327	man	kind	
176	aw	and	
3426	yash	it	
1961	hayach	was	
3541	kah	so	24
176	aw	And	25
430	Alasham	God	
6213	asah	made	
2416	chay	the beast	
5921	al	of the	
776	arats	earth	
310	achar	after	
5315	Naphash	his	
4327	man	kind	
176	aw	and	
930	bahamwth	cattle	
310	achar	after	
8033	sham	their	
4327	man	kind	

176	aw	and	
3605	kal	every	
1697	dabar	thing	
3588	ka	that	
7431	ramas	creepeth	
5921	al	upon	
776	arats	the earth	
310	achar	after	
5315	Naphash	his	
4327	man	kind	
176	aw	and	
430	Alasham	God	
7200	raah	saw	
3588	ka	that	
3426	yash	it	
1961	hayach	was	
2896	Tab	good.	25
176	aw	And	26
430	Alasham	God	
559	amar	said	
5186	Natah	let	
587	anachnw	us	
6213	asah	make	
120	adam	man	
5921	al	in	
587	anachnw	our	
6754	tsalam	image	
310	achar	after	
587	anachnw	our	

1823	damwth	likeness
176	aw	and
5186	Natah	let
8033	sham	them
1961	hayach	have
7287	radah	domimion
5921	al	over the
1710	dagah	fish
5921	al	of the
3220	yam	sea,
176	aw	and
5921	al	of the
5775	wph	fowl
5921	al	of the
8064	shamaym	air
176	aw	and
5921	al	of the
930	bahamwth	cattle
176	aw	and
5921	al	over
3605	kal	all
776	arats	the earth,
176	aw	and
5921	al	over
3605	kal	every
7431	ramas	creeping
1697	dabar	thing
3588	ka	that
7431	ramas	creepeth

5921	al	upon	
776	arats	the earth	26
3541	kah	so	27
430	Alasham	God	
1254	bara	created	
120	adam	man	
5921	al	in	
5315	Naphash	his	
3548	kahan	own	
6754	Tsalam	image	
5921	al	in the	
6754	Tsalam	image	
5921	al	of	
430	Alasham	God	
1254	bara	created	
1931	huw	he	
5315	Naphash	him	
2145	zakar	male	
176	aw	and	
5347	Naqabah	female	
1254	bara	created	
1931	huw	he,	
8033	sham	them	27
176	aw	and	28
430	Alasham	God	
1288	barak	blessed	
8033	sham	them	
176	aw	and	
430	Alasham	God	

559	amar	said
5921	al	unto
8033	sham	them
6509	parah	be fruitful
176	aw	and
7235	rabah	multiply
176	aw	and
4390	Mala	replenish
776	arats	the earth
176	aw	and
3533	kabash	subdue
3426	yash	it
176	aw	and
1961	hayach	have
7287	radah	dominion
5921	al	over the
1710	dagah	fish
5921	al	of the
3220	yam	sea
176	aw	and
5921	al	over the
5775	wph	fowl
5921	al	of the
8064	shamaym	air
176	aw	and
5921	al	over
3605	kal	every
2416	chay	living
1697	dabar	thing

3588	ka	that	
8317	sharats	moveth	
5921	al	upon	
776	arats	the earth	28
176	aw	and	29
430	Alasham	God	
559	amar	said	
2009	hannah	behold	
1961	hayach	I have	
5414	Nathan	given	
6258	attah	you	
3605	kal	every	
6212	asab	herb	
2232	zara	bearing	
2233	zra	seed	
834	Asar	which	
3588	hy	is	
5921	al	upon the	
6440	panym	face	
5921	al	of	
3605	kal	all	
776	arats	the earth	
176	aw	and	
3605	kal	every	
6086	ats	tree	
5921	al	in	the
834	Asar	which	
3588	hy	is	
6529	paray	the fruit	

5921	al	of	
6086	ats	a tree	
2232	zara	yielding	
2233	zra	seed	
6258	attah	to you	
3426	yash	it shall	
1933	hava	be	
5921	al	for	
402	oklah	meat	29
176	aw	and	30
5921	al	to	
3605	kal	every	
2416	chay	beast	
5921	al	of	
776	arats	the earth	
176	aw	and	
3605	kal	to every	
5775	wph	fowl	
5921	al	of the	
8064	shamaym	air	
176	aw	and	
3605	kal	to every	
1697	dabar	thing	
3588	ka	that	
7431	ramas	creepeth	
5921	al	upon	
776	arats	the earth	
834	Asar	wherein	
8033	sham	there	

3588	hy	is	
2416	chay	life	
1961	hayach	I have	
5414	Nathan	given	
3605	kal	every	
3418	yaraq	green	
6212	asab	herb	
5921	al	for	
402	oklah	meat	
176	aw	and	
3426	yash	it	
1961	hayach	was	
3541	kah	so	30
176	aw	And	31
430	Alasham	God	
7200	raah	saw	
3605	kal	every	
1697	dabar	thing	
3588	ka	that	
1933	hy	he	
1961	hayach	had	
6213	asah	made	
176	aw	and	
2009	hannah	behold	
3426	yash	it	
1961	hayach	was	
3966	Maad	very	
2896	Twb	good	
176	aw	and	

6153	arab	the evening	
1242	baqar	morning	
1961	hayach	were	
5921	al	the	
8345	shashshay	sixth	
3117	yowm	day	31

CHAPTER

2

3541	koh	Thus	1
8064	shamaym	heaven	
176	aw	and	
776	arats	the earth	
1961	hayach	were	
3615	kalah	finished	
176	aw	and	
3605	kal	all	
6635	tsaba	the host	
5921	al	of	
8033	sham	them	1
176	aw	and	2
5921	al	on the	
7637	shabyy	seventh	
3117	yowm	day	
430	Alasham	God	
3615	kalah	ended	
5315	Naphash	his	
4399	Malakah	work	

834	Asar	which	
1933	hy	he	
1961	hayach	had	
6213	asah	made	
176	aw	and	
1933	hy	he	
7673	shabath	rested	
5921	al	on the	
7637	shabyy	seventh	
3117	yowm	day	
5921	al	from	
3605	kal	all	
5315	Naphash	his	
4399	Malakah	work	
834	Asar	which	
1933	hy	he	
1961	hayach	had	
6213	asah	made.	2
176	aw	and	3
430	Alasham	God	
1288	barak	blessed	
7637	shabyy	the seventh	
3117	yowm	day	
176	aw	and	
6942	qadash	sanctify	
3426	yash	it	
3588	ka	because	
3588	ka	that	
3426	yash	in it	

1933	hy	he	
1961	hayach	had	
7673	shabath	rested	
5921	al	from	
3605	kal	all	
5315	Naphash	his	
4399	Malakah	work	
834	Asar	which	
430	Alasham	God	
1254	bara	created	
176	aw	and	
6213	asah	made	3
428	allah	these	4
1933	hy	are	
8435	Towladah	generations	
5921	al	of the	
8064	shamaym	heavens	
176	aw	and	
5921	al	of	
776	arats	the earth	
3588	ka	when	
8033	sham	they	
1961	hayach	was	
1254	bara	created	
5921	al	in	
3117	yowm	the day	
3588	ka	that	
5921	Al	the	
3068	yachuwshauh	lord	

430	Alasham	God	
6213	asah	made	
776	arats	the earth	
176	aw	and	
8064	shamaym	the heavens,	4
176	aw	and	5
3605	kal	every	
7880	syach	plant of	
7704	shadah	the field	
2962	Taram	before	
3426	yash	it	
1961	hayach	was	
5921	al	in	
776	arats	the land	
176	aw	and	
3605	kal	every	
6212	asab	herb	
5921	al	of	
7704	shadah	the field	
2962	Taram	before	
6779	tsamach	it grew:	
5921	al	for	
5921	Al	the	
3068	yachuwshauh	lord	
430	Alasham	God	
1961	hayach	had	
3808	lah	not	
5414	Nathan	caused	
3426	yash	it	

4305	Matar	to rain	
5921	al	upon	
776	arats	the earth	
176	aw	and	
8033	sham	there	
1961	hayach	was	
3808	lah	not	
120	adam	a man	
5647	abad	to till	
127	adamah	the ground	5
2006	han	but	6
8033	sham	there	
5927	alah	went up	
108	ad	a mist	
5921	al	of	
776	arats	the earth	
176	aw	and	
8248	shaqah	watered	
5921	al	the	
854	ath	whole	
6440	panym	face	
5921	al	of	
127	adamah	the ground.	6
176	aw	and	7
5921	Al	the	
3068	yachuwshauh	Lord	
430	Alasham	God	
3335	yatsar	formed	
120	adam	man	

5921	al	of
6083	aphar	the dust
5921	al	of the
127	adamah	the ground
176	aw	and
5397	Nashamah	breathed
5921	al	into
5315	Naphash	his
639	aph	nostrils
5397	Nashamah	the breath
5921	al	of
2416	chay	life
176	aw	and
120	adam	man
1961	hayach	became
2416	chay	a living
5315	Naphash	soul
176	aw	and
5921	Al	the
3068	yachuwshauh	Lord
430	Alasham	God
5193	Nata	planted
1588	gan	a garden
6924	qadam	eastward
5921	al	in
5731	Adan	eden:
176	aw	and
8033	sham	there
1933	hy	he

7
8

7760	shuwm	put	
120	adam	the man	
834	Asar	whom	
1933	hy	he	
1961	hayach	had	
3335	yatsar	formed.	8
176	aw	and	9
2351	chats	out	
5921	the	the	
127	adamah	ground	
6213	asah	made	
5921	Al	The	
3068	yachuwshauh	Lord	
430	Alasham	God	
6779	Tsamach	to grow	
3605	kal	every	
6086	ats	tree	
3588	ka	that	
1933	hy	is	
2530	chamad	pleasant	
5921	al	to	
4758	Marah	the sight	
176	aw	and	
2896	Twb	good	
5921	al	for	
3978	Maakal	food	
6086	ats	the tree	
5921	al	of	
2416	chay	life	

1571	gam	also	
5921	al	in the	
8432	Tavak	mist	
5921	al	of the	
1588	gan	garden	
176	aw	and	
6086	ats	the tree	
5921	al	of	
1847	daath	knowledge	
5921	al	of	
2896	Twb	good	
176	aw	and	
7451	ra	evil	9
176	aw	and	10
5104	Nahar	a river	
3318	yatsa	went out	
5921	al	of	
5731	Adan	Eden	
5921	al	to	
8248	shaqah	water	
1588	gan	the garden	
176	aw	and	
5921	al	from	
8033	sham	thence	
1961	hayach	it was	
6504	parad	parted	
176	aw	and	
1961	hayach	became	
5921	al	into	

702	arba	four	
7218	rash	heads.	10
5921	al	the	11
8033	sham	name	
5921	al	of	
259	achad	first	
3588	hy	is	
6376	pashwn	pison:	
3588	ka	that	
3426	yash	is it	
834	Asar	which	
5437	cabab	compasseth	
854	ath	the whole	
776	arats	land	
5921	al	of	
2341	chavylah	havilah	
834	Asar	where	
8033	sham	there	
3588	hy	is	
2091	zahab	gold	11
176	aw	and	12
2091	zahab	gold	
5921	al	of	
3588	ka	that	
776	arats	land	
3588	hy	is	
2896	Twb	good	
8033	sham	there	
3588	hy	is	

916	badalach	bdellium	
176	aw	and	
5921	al	the	
7718	shacham	onyx	
68	aban	stone	12
176	aw	and	13
8033	sham	the name	
5921	al	of the	
8138	shanah	second	
5104	Nahar	river	
3588	hy	is	
1521	Gychwn	Gihon	
5921	al	the	
1931	hy	same is	
3426	yash	it	
3588	ka	that	
5437	cabab	compasseth	
854	ath	the whole	
776	arats	land	
5921	al	of	
3568	chuwsh	Ethiopia	13
176	aw	and	14
8033	sham	the name	
5921	al	of the	
7992	shalashy	third	
5104	Nahar	river	
3588	hy	is	
2313	chaddaqal	hiddakel	
3588	ka	that	

3588	hy	is	
3426	yash	it	
834	Asar	which	
1980	chalak	goeth	
5704	ad	toward	
6926	qadmah	the east	
5921	al	of	
804	Ashshar	Assyria	
176	aw	and	
7243	rabyy	the fourth	
5104	Nahar	river	
3588	hy	is	
6578	Parath	Euphrates	14
176	aw	and	15
5921	Al	the	
3068	yachuwshauh	Lord	
430	Alasham	God	
3947	laqach	took	
120	adam	the man	
176	aw	and	
3240	yanach	put	
5315	Naphash	him	
5921	al	into	
1588	gan	garden	
5921	al	of	
5731	Adan	Eden	
5647	abad	to dress	
3426	yash	it	
176	aw	and	

8104	shamar	to keep it	15
176	aw	and	16
5921	Al	the	
3068	yachuwshauh	Lord	
430	Alasham	God	
6680	Tsavah	commanded	
120	adam	the man	
559	amar	saying	
5921	al	of	
3605	kal	every	
6086	ats	tree	
5921	al	of	
1588	gan	the garden	
3426	yash	thou	
3201	yakal	mayest	
2600	channam	freely	
398	akal	eat	16
2006	han	but	17
5921	al	of	
6086	ats	the tree	
5921	al	of	
1847	daath	the knowledge	
5921	al	of	
2896	Twb	good	
176	aw	and	
7451	ra	evil	
3426	yash	thou shall	
3808	lah	not	
398	akal	eat	

5921	al	of	
3426	yash	it	
5921	al	for	
5921	al	in the	
3117	yowm	day	
3588	ka	that	
3426	yash	thou	
398	akal	eatest	
8033	sham	there	
5921	al	of	
3426	yash	thou shall	
389	ak	surely	
4191	Mawth	die	17
176	aw	and	18
5921	Al	the	
3068	yachuwshauh	Lord	
430	Alasham	God	
559	amar	said	
3426	yash	It is	
3808	lah	not	
2896	Twb	good	
3588	ka	that	
120	adam	the man	
3426	yash	should be	
905	bad	alone	
165	ahy	I will	
6213	asah	make	
5315	Naphash	him	
5828	azar	a help meet	

5921	al	for	
5315	Naphash	him	18
176	aw	and	19
5921	al	out of	
127	adamah	the ground	
5921	Al	the	
3068	yachuwshauh	Lord	
430	Alasham	God	
3335	yatsar	formed	
3605	kal	every	
2416	chay	beast	
5921	al	of the	
7704	shadah	field	
176	aw	and	
3605	kal	every	
5775	owph	fowl	
5921	al	of the	
8064	shamaym	air	
176	aw	and	
935	bow	brought	
8033	sham	them	
5921	al	unto	
120	adam	adam	
7200	raah	to see	
4100	Mah	what	
1931	huw	he	
3863	luw	would	
7121	qara	call	
8033	sham	them	

176	aw	and	
3605	kal	whatsoever	
120	adam	adam	
7121	qara	call	
3605	kal	every	
2416	chay	living	
8318	sharats	creature	
3588	ka	that	
1961	hayach	was	
8033	sham	the name	
8033	sham	there	
5921	al	of	19
176	aw	and	20
120	adam	adam	
7121	qara	gave	
8033	sham	names	
3605	kal	to all	
930	bahamwth	cattle	
176	aw	and	
5921	al	to the	
5775	owph	fowl	
5921	al	of	
8064	shamaym	the air	
176	aw	and	
3605	kal	to every	
2416	chay	beast	
5921	al	of	
7704	shadah	the field	
2006	han	but	

5921	al	for	
120	adam	adam	
8033	sham	there	
1961	hayach	was	
3808	lah	not	
4672	Matsa	found	
5828	azar	a help meet	
5921	al	for	
5315	Naphash	him	20
176	aw	and	21
5921	Al	the	
3068	yachuwshauh	Lord	
430	Alasham	God	
5414	Nathan	caused	
8639	Taradamah	a deep	
3462	yashan	sleep	
5307	Naphal	to fall	
5921	al	upon	
120	adam	adam	
176	aw	and	
1931	huw	he	
3462	yashan	slept	
176	aw	and	
1931	huw	he	
3947	laqach	took	
259	achad	one	
5921	al	of	
5315	Naphash	his	
6763	Tsala	ribs	

176	aw	and	
5462	shagar	closed up	
1320	basar	flesh	
8478	Tachath	instead	
8033	sham	there	
5921	al	of	21
176	aw	and	22
6763	Tsala	the rib	
834	Asar	which	
5921	Al	the	
3068	yachuwshauh	Lord	
430	Alasham	God	
1961	hayach	had	
3947	laqach	taken	
5921	al	from	
120	adam	man	
1129	banah	made	
1931	huw	he	
802	chashashah	a women	
176	aw	and	
935	bow	brought	
5315	Naphash	her	
5921	al	unto	
376	chash	the man	22
176	aw	and	23
120	adam	adam	
559	amar	said	
2023	zath	this	
3426	yash	is	

6471	paam	now	
6106	atsam	bone	
5921	al	of	
6041	any	my	
6106	atsam	bones	
176	aw	and	
1320	basar	flesh	
5921	al	of	
6041	any	my	
1320	basar	flesh	
5315	Naphash	she	
3426	yash	shall be	
7121	qara	called	
802	kashshah	woman	
3588	ka	because	
5315	Naphash	she	
1961	hayach	was	
3947	laqach	taken	
5921	al	out of	
376	kash	man	23
3651	kan	therefore	24
3426	yash	shall	
120	adam	a man	
5800	azab	leave	
5315	Naphash	his	
1	Ab	father	
176	aw	and	
5315	Naphash	his	
517	am	mother	

176	aw	and	
3426	yash	shall	
1692	dabaq	cleave	
5921	al	unto	
5315	Naphash	his	
802	kashshah	wife	
176	aw	and	
8033	sham	they	
3426	yash	shall be	
259	achad	one	
1320	basar	flesh	24
176	aw	and	25
8033	sham	they	
1961	hayach	were	
8147	shanaym	both	
6174	arwm	naked	
376	kash	the man	
176	aw	and	
5315	Naphash	his	
802	kashshah	wife	
176	aw	and	
1961	hayach	were	
3808	lah	not	
954	buwsh	ashamed	25

CHAPTER

3

6471	paam	Now	1
5175	Nakash	the serpent	
1961	hayach	was	
5750	owd	more	
6175	aruwm	subtil	
4480	man	than	
3605	kol	any	
2416	chay	beast	
5921	al	of	
7704	shadah	the field	
834	Asar	which	
5921	al	the	
3068	Yachuwshauh	Lord	
430	Alasham	God	
1961	hayach	had	
6213	asah	made	
176	aw	and	
1931	huw	he	
559	amar	said	

3426	yash	ye shall	
3808	lah	not	
398	akal	eat	
5921	al	of	
3605	kal	every	
6086	ats	tree	
5921	al	of the	
1588	gan	garden	1
176	aw	and	2
802	kashshah	the women	
559	amar	said	
5921	al	unto	
5175	Nachash	the serpent	
5921	al	of the	
1588	gan	garden	2
2006	han	but	3
5921	al	of the	
6529	para	fruit	
5921	al	of the	
6086	ats	tree	
834	Asar	which	
3588	hy	is	
5921	al	in the	
8432	Tavak	midst	
5921	al	of the	
1588	gan	garden	
430	Alasham	God	
1961	hayach	had	
559	amar	said	

3426	yash	ye shall	
3808	lah	not	
398	akal	eat	
5921	al	of	
3426	yash	it	
3808	lah	neither	
3426	yash	shall ye	
5060	Naga	touch it	
6435	pan	lest	
6258	attah	ye	
4191	Muwth	die	3
176	aw	and	4
5175	nachash	the serpent	
559	amar	said	
5921	al	unto	
802	kashshah	the women	
3426	yash	Ye shall	
3808	lah	not	
389	ak	surely	
4191	Mawth	die	4
5921	al	for	5
430	Alasham	God	
6213	asah	doth	
3045	yada	know	
3588	ky	that	
5921	al	in the	
3117	yowm	day	
6258	attah	ye	
398	akal	eat	

8033	sham	there	
5921	al	of	
227	az	then	
5315	Naphash	your	
5869	ayn	eyes	
3426	yash	shall be	
6491	paqach	opened	
176	aw	and	
6258	attah	ye	
3426	yash	shall be	
1931	huw	as	
430	Alasham	Gods	
3045	yada	knowing	
2896	Twb	good	
176	aw	and	
7451	ra	evil	5
176	aw	and	6
3588	ky	when	
802	kashshah	the women	
7200	raah	saw	
3588	ky	that	
6086	ats	tree	
1961	hayach	was	
2896	Twb	good	
5921	al	for	
398	akal	food	
176	aw	and	
3588	ky	that	
3426	yash	it	

1961	hayach	was
8378	Taavah	pleasant to
5869	Ayn	the eyes
176	aw	and
8086	ats	a tree
1933	chava	to be
8669	Tashuwqah	desire
5921	al	to
6213	asah	make
259	achad	one
7919	sakal	wise
5315	Naphash	she
3947	laqach	took
5921	al	of
6529	para	the fruit
8033	sham	there
5921	al	of
176	aw	and
6213	asah	did
398	akal	eat
176	aw	and
5414	Nathan	gave
1571	gam	also
5921	al	unto
5315	Naphash	her
376	kash	husband
5707	owd	with
5315	Naphash	her
176	aw	and

1931	huw	he	
6213	asah	did	
398	akal	eat	6
176	aw	and	7
5869	ayn	the eyes	
5921	al	of	
8033	sham	them	
8147	shanaym	both	
1961	hayach	were	
6491	paqach	opened	
176	aw	and	
8033	sham	they	
3045	yada	knew	
3588	ky	that	
8033	sham	they	
1961	hayach	were	
6174	arwm	naked	
176	aw	and	
8033	sham	they	
8609	Taphar	sewed	
8384	taan	fig	
5929	alah	leaves	
3162	yachad	together	
176	aw	and	
6213	asah	made	
1992	cham	themselves	
2290	chagowr	aprons	7
176	aw	and	8
1992	cham	they	

8085	shama	heard	
6963	qowl	the voice	
5921	al	of the	
3068	Yachuwshauh	Lord	
430	Alasham	God	
1980	halak	walking in	
5921	al	the	
1588	gan	garden	
7307	ruwach	the cool	
5921	al	of the	
3117	yowm	day	
176	aw	and	
120	Adam	adam	
176	aw	and	
5315	Naphash	his	
802	kashshah	wife	
2244	chaba	hid	
1992	cham	themselves	
5921	al	from	
6440	panym	the presence	
5921	al	of the	
3068	Yachuwshauh	Lord	
430	Alasham	God	
8432	Tavak	amongst	
6086	ats	the trees	
5921	al	of	
1588	gan	the garden	8
176	aw	and	9
5921	al	the	

3068	Yachuwshauh	Lord	
430	Alasham	God	
7121	qara	called	
5921	al	unto	
120	Adam	adam	
176	aw	and	
559	amar	said	
5921	al	unto	
5315	Naphash	him	
335	ay	where	
4640	Mashay	art thou	9
176	aw	and	10
1931	huw	he	
559	amar	said	
8085	shama	I heard	
6258	attah	thy	
6963	qowl	voice	
1588	gan	the garden	
176	aw	and	
1961	hayach	I was	
3372	yara	afraid	
3588	ky	because	
1961	hayach	I was	
5903	ayram	naked	
176	aw	and	
2244	chaba	hid	
589	any	myself.	10
176	aw	and	11
1931	huw	he	

559	amar	said	
4310	My	who	
5046	Nagad	told	
6258	attah	thee	
3588	ky	that	
6258	attah	thou	
1961	hayach	wast	
5903	ayram	naked	
1961	hayach	hast	
6258	attah	thou	
398	akal	eaten	
5921	al	of	
6086	ats	tree	
834	Asar	whereof	
6680	Tsavah	I commanded	
6258	attah	thee	
3588	ky	that	
3426	yash	thou shouldest	
3808	lah	not	
398	akal	eat?	11
176	aw	and	12
120	adam	the man	
559	amar	said	
802	kashshah	the women	
834	Asar	whom	
3426	yash	thou	
5414	Nathan	gavest	
1933	chava	to be	
5750	owd	with	

6041	any	me	
5315	Naphash	she	
5414	nathan	gave	
6041	any	me	
5921	al	of	
6086	ats	the tree	
176	aw	and	
6213	asah	I did	
398	akal	eat	12
176	aw	and	13
3068	Yachuwshauh	Lord	
430	Alasham	God	
559	amar	said	
5921	al	unto	
802	kashshah	the women	
4100	Mah	what	
1931	hy	is	
2063	zoth	this	
3426	yash	that thou	
1961	hayach	hast	
6213	asah	done	
176	aw	and	
802	kashshah	the women	
559	amar	said	
5175	Nachash	the serpent	
5377	Nasha	beguiled	
6041	any	me	
176	aw	and	
6213	asah	I did	

398	akal	eat.	13
176	aw	And	14
3068	Yachuwshauh	Lord	
430	Alasham	God	
559	amar	said	
5921	al	unto	
5175	Nachash	the serpent	
3588	ky	because	
3426	yash	thou	
1961	hayach	hast	
6213	asah	done	
2063	zoth	this	
4640	Masay	thou art	
779	Arar	cursed	
5921	al	above	
3605	kol	all	
930	bachamowth	cattle	
176	aw	and	
5921	al	above	
3605	kol	every	
2416	chay	beast	
5921	al	of	
7704	shadah	the field	
5921	al	upon	
6258	attah	thy	
1512	gachown	belly	
3426	yash	thou shall	
3212	yalak	go	
176	aw	and	

6083	aphar	dust	
3426	yash	shalt thou	
398	akal	eat	
3605	kol	all	
3117	yowm	the days	
5921	al	of	
6258	attah	thy	
2416	chay	life	14
165	ahy	I will	15
7896	shyth	put	
342	aybah	enmity	
996	bayn	between	
6258	attah	thee	
176	aw	and	
802	kashshah	the women	
176	aw	and	
996	bayn	between	
6258	attah	thy	
2233	zra	seed	
176	aw	and	
5315	Naphash	her	
2233	zra	seed	
3426	yash	it shall	
7779	shuwph	bruise	
6258	attah	thy	
7218	rash	head	
176	aw	and	
3426	yash	thou shalt	
7779	shyth	bruise	

5315	Naphash	his	
6119	aqab	heel	15
5921	al	unto	16
802	kashshah	the women	
1931	huw	he	
559	amar	said	
165	ahy	I will	
3966	Maad	greatly	
7235	rabah	multiply	
6258	attah	thy	
6093	atstsabown	sorrow	
176	aw	and	
859	attah	thy	
2032	harayown	conception	
6089	atsab	in sorrow	
3426	yash	thou shalt	
3205	yalad	bring forth	
1121	ban	children	
176	aw	and	
6258	attah	thy	
8669	Tashuwqah	desire	
3426	yash	shall be	
5921	al	to	
6258	attah	thy	
376	kash	husband	
176	aw	and	
1931	huw	he	
3426	yash	shall	
4910	Mashal	rule	

5921	al	over	
6258	attah	thee	16
176	aw	And	17
5921	al	unto	
120	adam	Adam	
1931	huw	he	
559	amar	said	
3588	ky	because	
3426	yash	thou	
1961	hayach	hast	
8085	shama	hearkened	
5921	al	unto	
6963	qowl	the voice	
5921	al	of	
6258	attah	thy	
802	kashshah	wife	
176	aw	and	
1961	hayach	hast	
398	akal	eaten	
5921	al	of the	
8086	ats	tree	
5921	al	of	
834	Asar	which	
6680	Tsavah	I commanded	
6258	attah	thee	
559	amar	saying	
3426	yash	thou shalt	
3808	lah	not	
398	akal	eat	

5921	al	of	
3426	yash	it	
779	Arar	cursed	
1931	hy	is	
127	Adamah	the ground	
5921	al	for	
6258	attah	thy	
5668	abar	sake	
6093	atstsabown	in sorrow	
3426	yash	shalt thou	
398	akal	eat	
5921	al	of	
3426	yash	it	
3605	kol	all	
3117	yowm	the days	
5921	al	of	
6258	attah	thy	
2416	chay	life	17
6975	qwts	thorns	18
1571	gam	also	
176	aw	and	
1863	Dardar	thistles	
3426	yash	shall it	
6779	Tsamach	bring forth	
6258	attah	to thee	
176	aw	and	
3426	yash	thou shalt	
398	akal	eat	
6212	ashab	the herb	

5921	al	of	
7704	shadah	the field	18
5921	al	in the	19
2188	zaah	sweat	
5921	al	of	
6258	attah	thy	
639	aph	face	
3426	yash	shalt thou	
398	akal	eat	
3899	lacham	bread	
5704	ad	till	
3426	yash	thou	
7725	shuwb	return	
5921	al	unto	
127	adamah	the ground	
5921	al	for out	
1961	hayach	it wast	
3426	yash	thou	
3947	laqach	taken	
5921	al	for	
6083	aphar	dust	
4640	Masay	thou art	
176	aw	and	
5921	al	unto	
6083	aphar	dust	
3426	yash	shalt thou	
7725	shuwb	return	19
176	aw	And	20
120	adam	Adam	

7121	qara	called	
5315	Naphash	his	
802	kashshah	wife's	
8033	sham	name	
2332	chavvah	Eve	
3588	ky	because	
5315	Naphash	she	
1961	hayach	was	
517	am	the mother	
5921	al	of	
3605	kol	all	
2416	chay	living	20
5921	al	Unto	21
120	adam	Adam	
1571	gam	also	
176	aw	and	
5921	al	to	
5315	Naphash	his	
802	kashshah	wife	
6213	asah	did	
5921	Al	the	
3068	Yachuwshauh	Lord	
430	Alasham	God	
6213	asah	make	
3801	kathonath	coats	
5921	al	of	
5785	owr	skins	
176	aw	and	
3847	labash	clothed	

8033	sham	them	21
176	aw	and	22
5921	Al	the	
3068	Yachuwshauh	Lord	
430	Alasham	God	
559	amar	said	
2005	han	Behold	
120	adam	the man	
1961	hayach	is become	
259	achad	as one	
5921	al	of	
3885	lan	us	
3045	yada	to know	
2896	Twb	good	
176	aw	and	
7451	ra	evil	
176	aw	and	
6258	attah	now	
6435	pan	lest	
1931	huw	he	
7971	shalach	put forth	
5315	Naphash	his	
3027	yad	hand	
176	aw	and	
3947	laqach	take	
1571	gam	also	
5921	al	of	
8086	ats	the tree	
5921	al	of	

2416	chay	life	
176	aw	and	
398	akal	eat	
176	aw	and	
2425	chayay	live	
5769	owlam	for ever	22
3651	kan	therefore	23
5921	Al	the	
3068	Yachuwshauh	Lord	
430	Alasham	God	
7971	shalach	sent forth	
5315	Naphash	him	
5921	al	from	
1588	gan	the garden	
5921	al	of	
5731	adan	Eden	
5704	ad	to till	
127	adamah	the ground	
5921	al	from	
335	ay	whence	
1931	huw	he	
1961	hayach	was	
3947	laqach	taken	23
3651	kan	so	24
1931	huw	he	
1644	garash	drove out	
120	adam	man	
176	aw	and	
1931	huw	he	

7931	shakan	placed
5921	al	at
6924	qadamah	the east
5921	al	of
1588	gan	the garden
5921	al	of
5731	adan	Eden
3742	karuwb	cherubim
176	aw	and
3858	lahat	a flaming
2719	charab	sword
834	Asar	which
2015	haphak	turned
3605	kol	every
1870	darak	way
8104	shamar	to keep
1870	darak	the way
5921	al	of
6086	ats	the tree
5921	al	of
2416	chay	life

24

CHAPTER

4

176	aw	And	1
120	adam	adam	
3045	yada	knew	
2332	chavvah	Eve	
5315	Naphash	his	
802	kashshah	wife	
176	aw	and	
5315	Naphash	she	
2030	harah	conceived	
176	aw	and	
3205	yalad	bare	
7014	qayn	cain	
176	aw	and	
559	amar	said	
1961	hayach	I have	
7069	qanah	gotten	
376	kash	a man	
5921	al	from the	
3068	Yachuwshauh	Lord	1

176	aw	and	2
5315	Naphash	she	
3254	yacaph	again	
3205	yalad	bare	
5315	Naphash	his	
251	ach	brother	
60	abal	abel	
176	aw	and	
60	abal	abel	
1961	hayach	was	
7462	raah	a keeper	
5921	al	of	
6629	Tsaan	sheep	
2005	han	but	
7014	qayn	cain	
1961	hayach	was	
5647	abad	a tiller	
5921	al	of	
127	adamah	the ground	2
176	aw	And	3
7093	qats	in process	
5921	al	of	
3117	yowm	time	
3426	yash	it	
1961	hayach	came to pass	
3588	ky	that	
7014	qayn	cain	
935	bow	brought	
5921	al	of	

6529	para	fruit	
5921	al	of	
127	adamah	the ground	
4503	Manchah	an offering	
5921	al	unto the	
3068	Yachuwshauh	Lord	3
176	aw	And	4
60	abal	abel	
1931	huw	he	
1571	gam	also	
935	bow	brought	
5921	al	of	
1062	bakowrah	firstlings	
5921	al	of	
5315	Naphash	his	
6629	Tsaan	flock	
176	aw	and	
5921	al	of	
2459	chalab	the fat	
8033	sham	there	
5921	al	of	
176	aw	and	
5921	al	the	
3068	Yachuwshauh	Lord	
1961	hayach	had	
8159	shaah	respect	
5921	al	unto	
60	abal	abel	
176	aw	and	

5921	al	to	
5315	Naphash	his	
4503	Manchah	offering	4
2005	han	but	5
5921	al	unto	
7014	qayn	cain	
176	aw	and	
5921	al	to	
5315	Naphash	his	
4503	Manchah	offering	
1931	huw	he	
1961	hayach	had	
3808	lah	not	
8159	shaah	respect	
176	aw	cain	
1961	hayach	was	
3966	Maad	very	
2734	charah	wroth	
176	aw	and	
5315	Naphash	his	
6440	panym	countenance	
5307	Naphal	fell	5
176	aw	and	6
5921	Al	the	
3068	Yachuwshauh	Lord	
559	amar	said	
5921	al	unto	
7014	qayn	cain	
4100	Mah	why	

4640	Masay	art thou	
2734	charah	wroth	
176	aw	and	
4100	Mah	why	
1931	hy	is	
6258	attah	thy	
6440	panym	countenance	
5307	Naphal	fallen	6
2005	han	if	7
3426	yash	thou	
6213	asah	doest	
3190	yatab	well	
3426	yash	shalt thou	
3808	lah	not	
7613	shaath	be accepted	
176	aw	and	
2005	han	if	
3426	yash	thou	
6213	asah	doest	
3808	lah	not	
3190	yatab	well	
2403	chattaah	sin	
7257	rabats	lieth	
413	al	at	
6607	pathach	the door	
176	aw	and	
5921	al	unto	
6258	attah	thee	
3426	yash	shall be	

5315	Naphash	his	
8669	Tashuwqah	desire	
176	aw	and	
3426	yash	thou shalt	
4910	Mashal	rule	
5921	al	over	
5315	Naphash	him.	7
176	aw	And	8
7014	qayn	cain	
559	amar	talked	
5704	ad	with	
60	abal	abel	
5315	Naphash	his	
251	ach	brother	
176	aw	and	
3426	yash	it	
1961	hayach	came to pass	
3588	ky	when	
8033	sham	they	
1961	hayach	were	
5921	al	in	
7704	shadah	the field	
3588	ky	that	
7014	qayn	cain	
6965	quwm	rose up	
413	al	against	
60	abal	abel	
5315	Naphash	his	
251	ach	brother	

176	aw	and	
2026	harag	slew	
5315	Naphash	him	8
176	aw	and	9
5921	al	the	
3068	Yachuwshauh	Lord	
559	amar	said	
5921	al	unto	
7014	qayn	cain	
335	ay	where	
1931	hy	is	
60	abal	abel	
6258	attah	thy	
251	ach	brother	
176	aw	and	
1931	huw	he	
559	amar	said	
3045	yada	I know	
3808	lah	not	
1961	hayach	Am I	
589	any	my	
251	ach	brother's	
8104	shamar	keeper?	9
176	aw	and	10
1931	huw	he	
559	amar	said	
4100	Mah	what	
1961	hayach	hast	
3426	yash	thou	

6213	ashah	done?	
6963	qowl	the voice	
5921	al	of	
859	attah	thy	
251	ach	brother's	
1818	dam	blood	
6817	Tsaaq	crieth	
5921	al	unto	
589	any	me	
5921	al	from	
127	adamah	the ground.	10
176	aw	And	11
6258	attah	now	
4640	Mashsy	art thou	
779	Arar	cursed	
5921	al	from	
776	arsts	the earth	
834	Asar	which	
1961	hayach	hath	
6475	patsah	opened	
5315	Naphash	her	
6310	pah	mouth	
3947	laqach	to receive	
859	attah	thy	
251	ach	brother's	
1818	dam	blood	
5921	al	from	
859	attah	thy	
3027	yad	hand;	11

3588	ky	when	12
3426	yash	thou	
5647	abad	tillest	
127	adamah	the ground	
3426	yash	it shall	
3808	lah	not	
3254	yacaph	henceforth	
5414	Nathan	yield	
5921	al	unto	
859	attah	thee	
5315	Naphash	her	
3581	koach	strength	
5128	nuwa	a fugitive	
176	aw	and	
5110	nuwd	a vagabond	
3426	yash	shalt thou	
1933	chava	be	
5921	al	in	
776	arats	the earth	12
176	aw	and	13
7014	qayn	cain	
559	amar	said	
5921	al	unto	
3068	Yachuwshauh	Lord	
589	any	my	
5771	avan	punishment	
1931	hy	is	
1419	gadal	greater	
4480	Man	than	

589	any	I	
3201	yakal	can	
5375	Nasa	bear	13
2005	han	behold	14
3426	yash	thou	
1961	hayach	hast	
1644	garash	driven out	
589	any	me	
2063	zath	this	
3117	yowm	day	
5921	al	from the	
6440	panym	face	
5921	al	of	
776	arats	the earth	
176	aw	and	
5921	al	from	
859	attah	thy	
6440	panym	face	
3426	yash	shall I	
1933	hava	be	
5641	cathar	hid	
176	aw	and	
3426	yash	I shall	
1933	hava	be	
5128	nuwa	a fugitive	
176	aw	and	
5110	nuwd	a vagabond	
5921	al	in	
776	arats	the earth;	

176	aw	and	
3426	yash	it shall	
1961	hayach	come to pass	
3588	ky	that	
3605	kol	every	
259	achad	one	
3588	ky	that	
4672	Matsa	findeth	
589	any	me	
3426	yash	shall	
2026	harag	slay	
589	any	me	14
176	aw	And	15
5921	al	the	
3068	Yachuwshauh	Lord	
559	amar	said	
5921	al	unto	
5315	Naphash	him	
3651	kan	therefore	
3605	kol	whosoever	
2026	harag	slayeth	
7014	qayn	cain	
5358	naqam	vengeance	
3426	yash	shall be	
3947	laqach	taken	
5921	al	on	
5315	Naphash	him	
7659	shabathaym	sevenfold	
176	aw	and	

5921	al	the	
3068	Yachuwshauh	Lord	
7760	shuwm	set	
226	owth	a mark	
5921	al	upon	
7014	qayn	cain	
1115	balaty	lest	
3605	kol	any	
4672	Matsa	finding	
5315	Naphash	him	
3426	yash	should	
5221	Nakah	kill	
5315	Naphash	him	15
176	aw	And	16
7014	qayn	cain	
3318	yatsa	went out	
5921	al	from	
6440	panym	the presence	
5921	al	of	
3068	Yachuwshauh	Lord	
176	aw	and	
3427	yashab	dwelt	
5921	al	in	
776	arats	the land	
5921	al	of	
5113	Nad	Nod	
5921	al	on	
6926	qadmah	the east	
5921	al	of	

5731	adan	Eden	16
176	aw	and	17
7014	qayn	cain	
3045	yada	knew	
5315	Naphash	his	
802	kashshah	wife;	
176	aw	and	
5315	Naphash	she	
2030	harah	conceived	
176	aw	and	
3205	yalad	bare	
583	chanoch	Enoch	
176	aw	and	
1931	huw	he	
1129	banah	builded	
5892	ayr	a city	
176	aw	and	
7121	qara	called	
5921	al	the	
8033	sham	name	
5921	al	of	
5892	ayr	the city	
310	achar	after	
8033	sham	the name	
5921	al	of	
5315	Naphash	his	
1121	ban	son	
583	chanoch	Enoch	17
176	aw	and	18

5921	al	unto	
583	chanoch	Enoch	
1961	hayach	was	
3205	yalad	born	
5897	ayrad	Irad	
176	aw	and	
5897	ayrad	Irad	
3205	yalad	begat	
4232	machuwyaal	Mehujael	
176	aw	and	
4232	machuwyaal	Mehujael	
3205	yalad	begat	
4968	mathuwshalach	Methusael	
176	aw	and	
4968	mathuwshalach	Methusael	
3205	yalad	begat	
3929	lamak	Lamech	18
176	aw	and	19
3929	lamak	Lamech	
3947	laqach	took	
5921	al	unto	
5315	Naphash	him	
8147	shanaym	two	
802	kashshah	wives:	
8033	sham	the name	
5921	al	of	
259	achad	the one	
1961	hayach	was	
5711	adah	Adah	

176	aw	and	
8033	sham	the name	
5921	al	of the	
8145	shanay	other	
6741	Tsallah	Zillah	19
176	aw	And	20
5711	adah	Adah	
3205	yalad	bare	
3205	yabal	Jabal	
1931	huw	he	
1961	hayach	was	
1	ab	the father	
5921	al	of	
2007	hannah	such	
1931	huw	as	
3427	yashab	dwell	
168	ahal	in tents	
176	aw	and	
5921	al	of	
2007	hannah	such	
1931	huw	as	
1961	hayach	have	
4735	maqnah	cattle	20
176	aw	and	21
5315	Naphash	his	
252	ach	brother's	
8033	sham	name	
1961	hayach	was	
2989	yabal	Jabal	

1931	huw	he	
1961	hayach	was	
1	ab	the father	
5921	al	of	
3605	kol	all	
2007	hannah	such	
1931	huw	as	
8610	Taphas	handle	
3658	kannowr	the harp	
176	aw	and	
5748	aggab	organ	21
176	aw	And	22
6741	Tsallah	Zillah	
5315	Naphash	she	
1571	gam	also	
3205	yalad	bare	
8423	tuwbalqayn	Tubalcain	
3913	latash	an instructor	
5921	al	of	
3605	kol	every	
2794	charash	artificer	
5178	Nachashath	brass	
176	aw	and	
1270	barzal	iron	
176	aw	and	
269	achowth	the sister	
5921	al	of	
8423	tuwbalqayn	Tubalcain	
1961	hayach	was	

5279	naamah	Naamah	22
176	aw	And	23
3929	lamach	Lamech	
559	amar	said	
5921	al	unto	
5315	Naphash	his	
802	kashshah	wives	
5711	adam	Adam	
176	aw	and	
6741	tsallah	Zillah	
8085	shama	Hear	
589	any	my	
6963	qowl	voice	
859	attah	ye	
802	kashshah	wives	
5921	al	of	
3929	lamach	Lamech	
238	azan	hearken	
5921	al	unto	
589	any	my	
565	amrah	speech	
5921	al	for	
1961	hayach	I have	
2026	harag	slain	
376	kash	a man	
5921	al	to	
589	any	my	
6482	patsa	wounding	
176	aw	and	

3206	yalad	a young	
376	kash	man	
5921	al	to	
589	any	my	
2250	chabbuwrah	hurt	23
518	am	if	24
7014	qayn	cain	
3426	yash	shall be	
5358	naqam	avenged	
7657	shabathaym	sevenfold	
571	amath	truly	
3929	lamach	Lamech	
7657	shabaym	seventy	
176	aw	and	
7657	shabathaym	sevenfold	24
176	aw	And	25
120	adam	Adam	
3045	yada	knew	
5315	Naphash	his	
802	kashshah	wife	
5750	owd	again	
176	aw	and	
5315	Naphash	she	
3205	yalad	bare	
1121	ban	a son	
176	aw	and	
7121	qara	called	
5315	Naphash	his	
8033	sham	name	

8352	shath	Sheth	
5921	al	for	
430	Alasham	God	
559	amar	said	
5315	Naphash	she	
1961	hayach	hath	
7896	shyth	appointed	
589	any	me	
312	achar	another	
2233	zara	seed	
8478	tachath	instead	
5921	al	of	
60	abal	abel	
834	Asar	whom	
7014	qayn	cain	
2026	harag	slew	25
176	aw	And	
5921	al	to	
8352	shath	Seth	
5921	al	to	
5315	Naphash	him	
1571	gam	also	
8033	sham	there	
1961	hayach	was	
3205	yalad	born	
1121	ban	a son	
176	aw	and	
1931	huw	he	
7121	qara	called	

5315	Naphash	his
8033	sham	name
582	anowsh	Enos
227	az	then
2490	chalat	began
582	anowsh	men
7121	qara	to call
5921	al	upon
8033	sham	the name
5921	al	of the
3068	Yachuwshauh	Lord

CHAPTER

5

2088	zah	This	1
1931	hy	is	
5612	caphar	the book	
5921	al	of the	
8435	towladah	generations	
5921	al	of	
120	adam	Adam	
5921	al	in the	
1823	damath	likeness	
5921	al	of	
430	Alasham	God	
6213	ashah	made	
1931	huw	he	
5315	Naphash	him	1
2145	zakar	male	2
176	aw	and	
5347	Naqabah	female	
1254	bara	created	
1931	huw	he	

8033	sham	them	
176	aw	and	
1288	barak	blessed	
8033	sham	them	
176	aw	and	
7121	qara	called	
8033	sham	their	
8033	sham	name	
120	adam	Adam	
5921	al	in	
3117	yowm	the day	
3588	ky	when	
8033	sham	they	
1961	hayach	were	
1254	bara	created	2
176	aw	and	3
120	adam	Adam	
2421	chayah	lived	
3967	Maah	a hundred	
176	aw	and	
7970	shalowshym	thirty	
8141	shanah	years,	
176	aw	and	
3205	yalad	begat	
1121	ban	a son	
5921	al	in	
5315	Naphash	his	
3548	kahan	own	
1823	damath	likeness	

310	achar	after	
5315	Naphash	his	
6754	tsalam	image	
176	aw	and	
7121	qara	called	
5315	Naphash	his	
8033	sham	name	
8352	shath	Seth	3
176	aw	And	4
5921	al	the	
3117	yowm	days	
120	adam	Adam	
310	achar	after	
1931	huw	he	
1961	hayach	had	
3205	yalad	begotten	
8352	shath	Seth	
1961	hayach	were	
8083	shamanah	eight	
3967	Maah	hundred	
8141	shanah	years:	
176	aw	and	
1931	huw	he	
3205	yalad	begat	
1121	ban	sons	
176	aw	and	
1121	ban	daughters	4
176	aw	and	5
3605	kol	all	

3117	yowm	the days	
3588	ky	that	
120	adam	Adam	
2421	chayah	lived	
1961	hayach	were	
8672	thasha	nine	
3967	Maah	hundred	
176	aw	and	
7970	shalowshym	thirty	
8141	shanah	years:	
176	aw	and	
1931	huw	he	
4191	Muwth	died	5
176	aw	and	6
8352	shath	Seth	
2421	chayah	lived	
3967	Maah	a hundred	
176	aw	and	
2568	chamash	five	
8141	shanah	years,	
176	aw	and	
3205	yalad	begat	
582	anash	Enos	6
176	aw	and	7
8352	shath	Seth	
2421	chayah	lived	
310	achar	after	
1931	huw	he	
3205	yalad	begat	

582	anash	Enos	
8083	shamanah	eight	
3967	Maah	hundred	
176	aw	and	
7651	shaba	seven	
8141	shanah	years,	
176	aw	and	
3205	yalad	begat	
1121	ban	sons	
176	aw	and	
1121	ban	daughters:	7
176	aw	and	8
3605	kol	all	
3117	yowm	the days	
5921	al	of	
8352	shath	Seth	
1961	hayach	were	
8672	thasha	nine	
3967	Maah	hundred	
176	aw	and	
8147	shanaym	twelve	
8141	shanah	years:	
176	aw	and	
1931	huw	he	
4191	Muwth	died	8
176	aw	and	9
582	anash	Enos	
2421	chayah	lived	
8673	tashaym	ninety	

8141	shanah	years,	
176	aw	and	
3205	yalad	begat	
7018	qaynan	Cainan	9
176	aw	And	10
582	anash	Enos	
2421	chayah	lived	
310	achar	after	
1931	huw	he	
3205	yalad	begat	
7018	qaynan	Cainan	
8083	shamanah	eight	
3967	Maah	hundred	
176	aw	and	
2568	chamash	fifteen	
8141	shanah	years,	
176	aw	and	
3605	yalad	begat	
1121	ban	sons	
176	aw	and	
1121	ban	daughters:	10
176	aw	And	11
3605	kol	all	
3117	yowm	the days	
5921	al	of	
582	anash	Enos	
1961	hayach	were	
8672	thasha	nine	
3967	Maah	hundred	

176	aw	and	
2568	chamash	five	
8141	shanah	years:	
176	aw	and	
1931	huw	he	
4191	Muwth	died	11
176	aw	And	12
7018	qaynan	Cainan	
2421	chayah	lived	
7657	shabaym	seventy	
8141	shanah	years,	
176	aw	and	
3205	yalad	begat	
4111	mahalalal	Mahalalel	12
176	aw	And	13
7018	qaynan	Cainan	
2421	chayah	lived	
310	achar	after	
1931	huw	he	
3205	yalad	begat	
4111	Mahalalal	Mahalalel	
8083	shamanah	eight	
3967	Maah	hundred	
176	aw	and	
705	arbaym	forty	
8141	shanah	years,	
176	aw	and	
3205	yalad	begat	
1121	ban	sons	

176	aw	and	
1121	ban	daughters:	13
176	aw	And	14
3605	kol	all	
3117	yowm	the days	
5921	al	of	
7018	qaynan	Cainan	
1961	hayach	were	
8672	thasha	nine	
3967	Maah	hundred	
176	aw	and	
6235	Asar	ten	
8141	shanah	years:	
176	aw	and	
1931	huw	he	
4191	Muwth	died	14
176	aw	and	15
4111	Mahalalal	Mahalalel	
2421	chayah	lived	
8346	shashshym	sixty	
176	aw	and	
2568	chamash	five	
8141	shanah	years,	
176	aw	and	
3205	yalad	begat	
3332	yarad	Jared	15
176	aw	and	16
4111	Mahalalal	Mahalalel	
2421	chayah	lived	

310	achar	after	
1931	huw	he	
3205	yalad	begat	
3332	yarad	Jarad	
8083	shamanah	eight	
3967	Maah	hundred	
176	aw	and	
7970	shalowshym	thirty	
8141	shanah	years,	
176	aw	and	
3205	yalad	begat	
1121	ban	sons	
176	aw	and	
1121	ban	daughters:	16
176	aw	And	17
3605	kol	all	
3117	yowm	the days	
5921	al	of	
4111	mahalalal	Mahalalel	
1961	hayach	were	
8083	shamanah	eight	
3967	Maah	hundred	
8673	thashaym	ninety	
176	aw	and	
2568	chamash	five	
8141	shanah	years:	
176	aw	and	
1931	huw	he	
4191	Muwth	died	17

176	aw	And	18
3382	yarad	Jared	
3967	Maah	a hundred	
8346	shashshym	sixty	
176	aw	and	
8147	shanaym	two	
8141	shanah	years,	
176	aw	and	
1931	huw	he	
3205	yalad	begat	
2585	chanowk	Enoch:	18
176	aw	And	19
3382	yarad	Jared	
2421	chayah	lived	
310	achar	after	
1931	huw	he	
3205	yalad	begat	
2585	chanowk	Enoch	
8083	shamanah	eight	
3967	Maah	hundred	
8141	shanah	years,	
176	aw	and	
3205	yalad	begat	
1121	ban	sons	
176	aw	and	
1121	ban	daughters:	19
176	aw	And	20
3605	kol	all	
3117	yowm	the days	

5921	al	of	
3382	yarad	Jared	
1961	hayach	were	
8672	thasha	nine	
3967	Maah	hundred	
8346	shashshym	sixty	
176	aw	and	
8147	shanaym	two	
8141	shanah	years:	
176	aw	and	
1931	huw	he	
4191	Muwth	died.	20
176	aw	And	21
2585	chanowk	Enoch	
2421	chayah	lived	
8346	shashshym	sixty	
176	aw	and	
2568	chamash	five	
8141	shanah	years,	
176	aw	and	
3205	yalad	begat	
4111	mahalalal	Mahalalel:	21
176	aw	And	22
2585	chanowk	Enoch	
1980	halak	walked	
5704	owd	with	
430	Alasham	God	
310	achar	after	
1931	huw	he	

3205	yalad	begat	
4968	mathuwshalach	Methuselah	
7969	shalowsh	three	
3967	Maah	hundred	
8141	shanah	years,	
176	aw	and	
3205	yalad	begat	
1121	ban	sons	
176	aw	and	
1121	ban	daughters:	22
176	aw	and	23
3605	kol	all	
3117	yowm	the days	
5921	al	of	
2585	chanowk	Enoch	
1961	hayach	were	
7969	shalowsh	three	
3967	Maah	hundred	
8346	shashshym	sixty	
176	aw	and	
2568	chamash	five	
8141	shanah	years:	23
176	aw	And	24
2585	chanowk	Enoch	
1980	halak	walked	
5704	owd	with	
430	Alasham	God:	
176	aw	and	
1931	huw	he	

1961	hayach	was	
3808	lah	not	
5921	al	for	
430	Alasham	God	
3947	laqach	took	
5315	Naphash	him	24
176	aw	And	25
4968	mathuwshalach	Methuselah	
2421	chayah	lived	
3967	Maah	a hundred	
8084	shamanaym	eighty	
176	aw	and	
7651	shaba	seven	
8141	shanah	years,	
176	aw	and	
3205	yalad	begat	
3929	lamak	Lamech	25
176	aw	And	26
4968	mathuwshalach	Methuselah	
2421	chayah	lived	
310	achar	after	
1931	huw	he	
3205	yalad	begat	
3929	lamak	Lamech	
7651	shaba	seven	
3967	Maah	hundred	
2421	chayah	lived	
310	achar	after	
1931	huw	he	

3205	yalad	begat	
3929	lamak	Lamech	
7651	shaba	seven	
3967	Maah	hundred	
8084	shamanaym	eighty	
176	aw	and	
8147	shanaym	two	
8141	shanah	years	
176	aw	and	
3205	yalad	begat	
1121	ban	sons	
176	aw	and	
1121	ban	daughters:	26
176	aw	And	27
3605	kol	all	
3117	yowm	the days	
5921	al	of	
4968	mathuwshalach	Methuselah	
1961	hayach	were	
8672	thasha	nine	
3967	Maah	hundred	
8346	shashshym	sixty	
176	aw	and	
8672	thasha	nine	
8141	shanah	years:	
176	aw	and	
1931	huw	he	
4191	Muwth	died.	27
176	aw	And	28

3929	lamak	Lamech	
2421	chayah	lived	
3967	Maah	a hundred	
8084	shamanaym	eighty	
176	aw	and	
8147	shanaym	two	
8141	shanah	years	
176	aw	and	
3205	yalad	begat	
1121	ban	a son:	28
176	aw	And	29
1931	huw	he	
7121	qara	called	
5315	Naphash	his	
8033	sham	name	
5146	nuwach	Noah	
559	amar	saying	
2088	zah	this	
1931	huw	same	
3426	yash	shall	
5162	nacham	comfort	
587	anachuw	us	
5921	al	concerning our	
4639	Maashah	work	
176	aw	and	
6093	atstsabown	toil	
5921	al	of our	
3027	yad	hands	
3588	ky	because	

5921	al	of	
127	adamah	the ground	
834	Asar	which	
5921	Al	the	
3068	Yachuwshauh	Lord	
3426	yash	hath	
779	Arar	cursed	29
176	aw	And	30
3929	lamak	Lamech	
2421	chayah	lived	
310	achar	after	
1931	huw	he	
3205	yalad	begat	
5146	nuwach	Noah	
2568	chamash	five	
3967	Maah	hundred	
8673	thashaym	ninety	
176	aw	and	
2568	chamash	five	
8141	shanah	years,	
176	aw	and	
3205	yalad	begat	
1121	ban	sons	
176	aw	and	
1121	ban	daughters:	30
176	aw	And	31
3605	kol	all	
3117	yowm	the days	
5921	al	of	

3929	lamak	Lamech	
1961	hayach	were	
7651	shaba	seven	
3967	Maah	hundred	
7657	shabaym	seventy	
176	aw	and	
7651	shaba	seven	
8141	shanah	years:	
176	aw	and	
1931	huw	he	
4191	Muwth	died	31
176	aw	And	32
5146	nuwach	Noah	
1961	hayach	was	
2568	chamash	five	
3967	Maah	hundred	
8141	shanah	years	
1121	ban	old	
176	aw	And	
5146	nuwach	Noah	
3205	yalad	begat	
8033	sham	shem,	
1990	cham	Ham	
176	aw	and	32
3315	yaphath	Japheth	

CHAPTER

6

176	aw	And	1
3426	yash	it	
1961	hayach	came to pass,	
3588	ky	when	
120	adam	men	
2490	chalal	began	
7231	rabab	to multiply	
5921	al	on the	
6440	panym	face	
5921	al	of	
127	adamah	the earth	
176	aw	and	
1121	ban	daughters	
1961	hayach	were	
3205	yalad	born	
5921	al	unto	
8033	sham	them,	1
3588	ky	that	2
5921	al	the	

1121	ban	sons	
5921	al	of	
430	Alasham	God	
7200	raah	saw	
1121	ban	the daughters	
5921	al	of	
120	adam	men	
3588	ky	that	
8033	sham	they	
1961	hayach	were	
2896	Towb	fair	
176	aw	and	
8033	sham	they	
3947	laqach	took	
8033	sham	them	
802	kashshah	wives	
5921	al	of	
3605	kol	all	
834	Asar	which	
8033	sham	they	
977	bachar	chose	2
176	aw	And	3
5921	al	the	
3068	Yachuwshauh	Lord	
559	amar	said	
589	any	My	
7306	ruwach	spirit	
3426	yash	shall	
3808	lah	not	

5769	Alam	always	
1777	dyn	strive	
5704	owd	with	
120	adam	man	
5921	al	for	
3588	ky	that	
1931	huw	he	
7683	shagag	also	
1931	hy	is	
1320	bashar	flesh	
5750	owd	yet	
5315	Naphash	his	
3117	yowm	days	
3426	yash	shall be	
3967	Maah	a hundred	
176	aw	and	
6242	Asharaym	twenty	
8141	shanah	years.	3
8033	sham	There	4
1961	hayach	were	
5303	Naphal	Giants	
5921	al	in	
776	arats	the earth	
5921	al	in	
1992	cham	those	
3117	yowm	days;	
176	aw	and	
1571	gam	also	
310	achar	after	

3588	ky	that
834	Asar	when
5921	al	the
1121	ban	sons
5921	al	of
430	Alasham	God
935	bow	came in
5921	al	unto the
1121	ban	daughters
5921	al	of
582	anowsh	men
176	aw	and
8033	sham	they
3205	yalad	bare
1121	ban	children
5921	al	to
8033	sham	them
5921	al	the
1992	cham	same
1961	hayach	became
1368	Gabbowr	mighty
582	anowsh	men
834	Asar	which
1961	hayach	were
5921	al	of
5769	alam	old
582	anowsh	men
8034	sham	renown.	4
176	aw	And	5

430	Alasham	God
7200	raah	saw
3588	ky	that
7451	ra	the wickedness
5921	al	of
120	adam	man
1961	hayach	was
7227	rab	great
5921	al	in
776	arats	the earth
176	aw	and
3588	ky	that
3605	kol	every
3336	yatsar	imagination
5921	al	of
4284	Machashabah	thoughts
5921	al	of
5315	Naphash	his
3820	lab	heart
1961	hayach	was
7535	raq	only
7451	ra	evil
3605	kol	continually.
176	aw	And
3426	yash	it
5162	nacham	repented
5921	al	the
3068	Yachuwshauh	Lord
3588	ky	that

Lines 5 and 6 are marked to the right of "continually." and "And" respectively.

1931	huw	he	
1961	hayach	had	
6213	asah	made	
5921	al	on	
776	arats	the earth	
176	aw	and	
3426	yash	it	
6087	atsab	grieved	
5315	Naphash	him	
176	aw	at	
5315	Naphash	his	
3820	lab	heart.	6
176	aw	And	7
5921	al	the	
3068	yachuwshauh	Lord	
559	amar	said	
165	ahy	I will	
4229	Machah	destroy	
120	adam	man	
834	Asar	whom	
1961	hayach	I have	
1254	bara	created	
5921	al	from	
6440	panym	the face	
5921	al	of	
776	adamah	the earth	
8147	shanaym	both	
120	adam	man	
176	aw	and	

929	bechamah	beast	
176	aw	and	
7431	ramas	the creeping	
1697	dabar	thing	
176	aw	and	
5775	owph	the fowls	
5921	al	of	
8064	shamaym	the air	
5921	al	for	
3426	yash	it	
5162	Nacham	repenteth	
589	any	me	
3588	ky	that	
1961	hayach	I have	
6213	asah	made	
8033	sham	them	7
5921	al	but	
5146	noach	noah	8
4672	Matsa	found	
2580	chan	grace	
5921	al	in	
5869	ayn	the eyes	
5921	al	of	
5921	al	the	
3068	Yachuwshauh	Lord	8
428	allah	these	9
1931	hy	are	
8435	Towladah	generations	
5146	Noach	noah:	

5146	Nuwach	noah		
1961	hayach	was		
6662	Tsaddaq	a just		
376	kash	man		
176	aw	and		
8549	Tamam	perfect		
5921	al	in		
5315	Naphash	his		
8435	Towladah	generations		
176	aw	and		
5146	nuwach	noah		
1980	halak	walked		
5704	owd	with		
430	Alasham	God	9	
176	aw	And	10	
5146	nuwach	noah		
3205	yalad	begat		
7969	shalowsh	three		
1121	ban	sons,		
8033	sham	Shem		
1992	cham	Ham		
3316	yaphtach	Japheth	10	
176	al	the	11	
776	arats	earth		
1571	gam	also		
1961	hayach	was		
7843	shachath	corrupt		
6440	panym	before		
430	Alasham	God		

176	aw	and	
776	arats	the earth	
1961	hayach	was	
4390	Mala	filled	
5704	owd	with	
2555	chamac	violence	11
176	aw	and	12
430	Alasham	God	
7200	raah	looked	
5921	al	upon	
776	arats	the earth	
176	aw	and	
2005	han	behold	
1961	hayach	it was	
7843	shachath	corrupt;	
5921	al	for	
3605	kol	all	
1320	basar	flesh	
1961	hayach	had	
7843	shachath	currupted	
5315	Naphash	his	
1870	darak	way	
5921	al	upon	
776	arats	the earth	12
176	aw	And	13
430	Alasham	God	
559	amar	said	
5921	al	unto	
5146	Nuwach	noah	

5921	al	the
7093	qats	end
5921	al	of
3605	kol	all
1320	basar	flesh
1931	hy	is
935	bow	come
6440	panym	before
589	any	me;
5921	al	for
776	arats	the earth
1931	hy	is
4390	Mala	filled
5704	owd	with
2555	chamac	violence
6440	panym	through
8033	sham	them
176	aw	and
2005	han	behold
165	ahy	I will
7843	shachath	destroy
8033	sham	them
5704	owd	with
776	arats	the earth.	13
6213	ashah	make	14
6258	attah	thee
8392	Tabah	an ark
5921	al	of
1613	gaphar	gopher

6086	ats	wood	
7064	qan	rooms	
3426	yash	shalt thou	
6213	ashah	make	
5921	al	in the	
8392	Tabah	ark	
176	aw	and	
3426	yash	shalt	
3722	kaphar	pitch it	
1004	bayth	within	
176	aw	and	
2351	chats	without	
5704	owd	with	
3722	kaphar	pitch	14
176	aw	and	15
2063	zath	this	
1931	hy	is	
4941	Mashphat	the fashion	
834	Asar	which	
3426	yash	thou shalt	
6213	ashah	make	
3426	yash	it	
5921	al	of the	
753	arak	length	
5921	al	of the	
8392	Tabah	ark	
3426	yash	shall be	
7969	shalowsh	three	
3967	Maah	hundred	

520	ammah	cubits,	
7341	rachab	breadth	
5921	al	of	
3426	yash	it	
2572	chamashshym	fifty	
520	ammah	cubits,	
176	aw	and	
6967	qamah	height	
5921	al	of	
3426	yash	it	
7970	shalowshym	thirty	
520	ammah	cubits.	15
6682	Tsachar	window	16
3426	yash	shalt thou	
6213	ashah	make to	
8392	Tabah	the ark	
176	aw	and	
5921	al	in	
520	ammah	a cubit	
3426	yash	shalt thou	
3615	kalah	finish it	
413	Maal	above;	
176	aw	and	
6607	pathach	the door	
5921	al	of	
8392	Tabah	the ark	
3426	yash	shalt thou	
7760	shuwm	set in	
6654	Tsad	the side	

8033	sham	there	
5921	al	of	
5704	owd	with	
8482	thachathy	lower	
8145	shany	second	
176	aw	and	
7992	shalowshy	third	
4609	Maalah	stories	
3426	yash	shalt thou	
6213	ashah	make it	16
176	aw	And	17
2005	han	behold	
589	any	I	
1571	gam	even	
589	any	I	
6213	ashah	do	
935	bow	bring	
3999	Mabbuwl	a flood	
5921	al	of	
4325	Maym	waters	
5921	al	upon	
776	arats	the earth	
7843	shachath	destroy	
3605	kol	all	
1320	basar	flesh	
834	Asar	wherein	
1931	hy	is	
7307	ruwach	the breath	
5921	al	of	

2416	chay	life	
5921	al	from	
8478	thachath	under	
8064	shamaym	heaven	
176	aw	and	
3605	kol	every	
1697	dabar	thing	
3588	ky	that	
1931	hy	is	
5921	al	in	
776	arats	the earth	
3426	yash	shall	
4191	Muwth	died	17
2005	han	but	18
5704	owd	with	
6258	attah	thee	
165	ahy	will I	
6965	qawm	establish	
589	any	my	
1285	barath	covenant	
176	aw	and	
3426	yash	thou shalt	
935	bow	come	
5921	al	into	
8392	Tabah	the ark	
3426	yash	thou	
176	aw	and	
6258	attah	thy	
1121	ban	sons,	

176	aw	and	
6258	attah	thy	
802	kashshah	wife,	
176	aw	and	
6258	attah	thy	
1121	ban	sons	
802	kashshah	wives	
5704	owd	with	
6258	attah	thee	18
176	aw	And	19
5921	al	of	
3605	kol	every	
2416	chay	living	
1697	dabar	thing	
5921	al	of	
3605	kol	all	
1320	bashar	flesh	
8141	shanah	two	
5921	al	of	
3605	kol	every	
3671	kanaph	sort	
3426	yash	shalt thou	
935	baw	bring into	
8392	Tabah	the ark	
5921	al	to	
8104	shamar	keep	
1992	cham	them	
2421	chayah	alive	
5704	owd	with	

6258	attah	thee	
1992	cham	they	
3426	yash	shall be	
2145	zakar	male	
176	aw	and	
5347	Naqabah	female	19
5921	al	of	20
5775	owph	fowls	
310	achar	after	
1992	cham	their	
4327	Man	kind	
176	aw	and	
5921	al	of	
930	bachamwth	cattle	
310	achar	after	
1992	cham	their	
4327	Man	kind	
5921	al	of	
3605	kol	every	
7431	ramash	creeping	
1697	dabar	thing	
5921	al	of	
127	adamah	earth	
310	achar	after	
5315	Naphash	his	
4327	Man	kind	
8147	shanaym	two	
5921	al	of	
3605	kol	every	

3671	kanaph	sort	
3426	yash	shall	
935	baw	come	
5921	al	unto	
859	attah	thee	
5921	al	to	
8104	shamar	keep	
1992	cham	them	
2421	chayah	alive	20
176	aw	And	21
3947	laqach	take	
3426	yash	thou	
5921	al	unto	
859	attah	thee	
5921	al	of a	
3978	Maakal	food	
3588	ky	that	
1931	hy	is	
398	akal	eaten,	
176	aw	and	
3426	yash	thou shalt	
622	acaph	gather it	
5921	al	to	
6258	attah	thee;	
176	aw	and	
3426	yash	it shall be	
5921	al	for	
402	oklah	food	
5921	al	for	

6258	attah	thee,	
176	aw	and	
5921	al	for	
1992	cham	them	21
3541	kak	Thus	22
6213	ashah	did	
5117	nuwach	Noah;	
5921	al	according to	
3605	kol	all	
3588	ky	that	
430	Alsham	God	
6680	Tasavah	commanded	
5315	Naphash	him,	
3542	kah	so	
6213	asah	did	
1931	huw	he	22

CHAPTER

7

176	aw	And	1
5921	al	the	
3068	Yachuwshauh	Lord	
559	amar	said	
5921	al	unto	
5117	nuwach	noah	
935	bow	come	
3426	yash	thou	
176	aw	and	
3605	kol	all	
6258	attah	thy	
1004	bayth	house	
5921	al	into	
8392	Tabah	the ark;	
5921	al	for	
6258	attah	thee	
1961	hayach	have I	
7200	raah	seen	
6662	Tsaddaq	righteous	

6440	panym	before	
589	any	me	
5921	al	in	
2088	zah	this	
1755	Dar	gerneration	1
5921	al	of	2
3605	kol	all	
2889	Tahowr	clean	
929	bachamah	beast	
3426	yash	thou shalt	
3947	laqach	take to	
6258	attah	thee	
1870	darak	by	
7651	shaba	sevens,	
2145	zakar	the male	
176	aw	and	
5315	Naphash	his	
5347	Naqabah	female:	
176	aw	and	
5921	al	of	
929	bachamah	beasts	
3588	ky	that	
1931	huw	are	
3808	lah	not	
2889	Tahowr	clean	
1870	darak	by	
8147	shanaym	two,	
2145	zakar	the male	
176	aw	and	

5315	Naphash	his	
802	kashshah	female.	2
5921	al	of	3
5775	owph	fowls	
1571	gam	also	
5921	al	of	
8064	shamaym	the air	
1870	darak	by	
7651	shaba	sevens,	
2145	zakar	the male	
176	aw	and	
5347	Naqabah	female	
5921	al	to	
8104	shamar	keep	
2233	zara	seed	
2421	chayah	alive	
5921	al	upon the	
6440	panym	face	
5921	al	of	
3605	kol	all	
776	arats	the earth	3
5921	al	For	4
5750	owd	yet	
7651	shaba	seven	
3117	yowm	days,	
176	aw	and	
165	ahy	I will	
5668	abar	cause it	
4305	Matar	to rain	

5921	al	upon the	
776	arats	earth	
705	arbaym	forty	
3117	yowm	days	
176	aw	and	
705	arbaym	forty	
3915	layl	nights:	
176	aw	and	
3605	kol	every	
2416	chay	living	
3351	yaquwm	substance	
3588	ky	that	
1961	hayach	I have	
6213	asah	made	
165	ahy	will I	
4229	Machah	destroy	
5921	al	from off	
6440	panym	the face	
5921	al	of	
127	adamah	the earth	4
176	aw	And	5
5117	nuwach	noah	
6213	asah	did	
5921	al	according unto	
3605	kol	all	
3588	ky	that	
5921	al	the	
3068	Yachuwshauh	Lord	
6680	Tsavah	commanded	

5315	Naphash	him.	5
176	aw	And	6
5117	nuwach	noah	
1961	hayach	was	
8337	shash	six	
3967	Maah	hundred	
8141	shanah	years	
1121	ban	old	
834	Asar	when	
3999	Mabbuwl	flood	
5921	al	of	
4325	Maym	waters	
1961	hayach	was	
5921	al	upon	
776	arats	the earth	6
176	aw	And	7
5117	Nuwach	noah	
935	bow	went in,	
176	aw	and	
5315	Naphash	his	
1121	ban	sons,	
176	aw	and	
5315	Naphash	his	
802	kashshah	wife,	
176	aw	and	
5315	Naphash	his	
1121	ban	sons'	
802	kashshah	wives	
5750	owd	with	

5315	Naphash	him,	
5921	al	into	
8392	Tabah	the ark,	
6440	panym	because	
5921	al	of the	
4325	Maym	waters	
5921	al	of the	
3999	Mabbuwl	flood.	7
5921	al	of	8
2889	Tahowr	clean	
929	bachamah	beasts,	
176	aw	and	
5921	al	of	
929	bachamah	beasts	
3588	ky	that	
1931	huw	are	
3808	lah	not	
2889	Tahowr	clean,	
3588	ky	that	
7430	ramas	creepeth	
5921	al	upon	
127	adamah	the earth,	8
8033	sham	There	9
935	bow	went in	
8147	shanaym	two	
176	aw	and	
8147	shanaym	two	
5921	al	unto	
5117	nuwach	noah	

5921	al	into	
8392	Tabah	the ark,	
2145	zakar	the male	
176	aw	and	
5347	Naqabah	the female,	
1931	hy	as	
430	Alasham	God	
1961	hayach	had	
6680	Tsavah	commanded	
5117	nuwach	noah.	9
176	aw	And	10
3426	yash	it	
1961	hayach	came to	
5475	abar	pass	
310	achar	after	
7651	shaba	seven	
3117	yowm	days,	
3588	ky	that	
4325	Maym	waters	
5921	al	of	
3999	Mabbuwl	the flood	
1961	hayach	were	
5921	al	upon	
776	arats	the earth	10
5921	al	in the	11
8337	shash	six	
3967	Maah	hundredth	
8141	shanah	year	
5921	al	of	

5117	nuwach	noah.	
2416	chay	life,	
5921	al	in the	
8145	shany	second	
2320	chadash	month,	
5921	al	the	
7651	shaba	seventeenth	
3117	yowm	day	
5921	al	of the	
2320	chadash	month,	
2088	zah	the same	
3117	yowm	day	
1961	hayach	were	
3605	kol	all the	
4599	Mayn	fountains	
5921	al	of the	
7227	rab	great	
8415	Tahowm	deep	
1234	baqa	broken up,	
176	aw	and	
699	arubbah	the windows	
5921	al	of	
8064	shamaym	heaven	
1961	hayach	were	
6605	pathach	opened	11
176	aw	And	12
1653	gasham	the rain	
1961	hayach	was	
5921	al	upon	

776	arats	the earth	
705	arbaym	forty	
3117	yowm	days	
176	aw	and	
705	arbaym	forty	
3915	layl	nights.	12
5921	al	In the	13
2088	zah	self same	
3117	yowm	day	
935	bow	entered	
5117	nuwach	noah.	
176	aw	and	
8033	sham	shem,	
176	aw	and	
2526	cham	ham,	
176	aw	and	
3315	yaphath	Japheth,	
5921	al	the	
1121	ban	sons	
5921	al	of	
5117	nuwach	noah,	
176	aw	and	
5117	nuwach	noah's	
802	kashshah	wife,	
176	aw	and	
7969	shalowsh	the three	
802	kashshah	wives	
5921	al	of	
5315	Naphash	his	

1121	ban	sons	
5750	owd	with	
1992	cham	them,	
413	al	into	
8392	Tabah	the ark;	13
1992	cham	they,	14
176	aw	and	
3605	kol	every	
929	bachamah	beast	
310	achar	after	
5315	Naphash	his	
4327	Man	kind,	
176	aw	and	
3605	kol	all	
930	bachamowth	the cattle	
310	achar	after	
1992	cham	their	
4327	Man	kind,	
176	aw	and	
3605	kol	every	
7431	ramash	creeping	
1697	dabar	thing	
7430	ramash	creepeth	
5921	al	upon the	
776	arats	earth	
310	achar	after	
5315	Naphash	his	
4327	Man	kind,	
176	aw	and	

3605	kol	every	
5775	owph	fowl	
310	achar	after	
5315	Naphash	his	
4327	Man	kind,	
3605	kol	every	
6833	Tsappar	bird	
5921	al	of	
3605	kol	every	
3671	kanaph	sort.	14
176	aw	And	15
1992	cham	they	
935	bow	went in	
5921	al	unto	
5117	Nuwach	noah,	
5921	al	unto	
8392	Tabah	the ark,	
8147	shanaym	two	
176	aw	and	
8147	shanaym	two	
5921	al	of	
3605	kol	all	
1320	bashar	flesh	
834	Asar	wherein	
1931	hy	is	
7307	ruwach	the breath	
5921	al	of	
2416	chay	life.	15
176	aw	And	16

1992	cham	they	
3588	ky	that	
935	bow	went in	
935	bow	went in	
2145	zakar	male	
176	aw	and	
5347	Naqabah	female	
5921	al	of	
3605	kol	all	
1320	bashar	flesh,	
1931	hy	as	
430	Alasham	God	
1961	hayach	had	
6680	Tsavah	commanded	
5315	Naphash:	him	
176	aw	and	
5921	al	the	
3068	Yachuwshauh	Lord	
5462	cagar	shut	
5315	Naphash	him	
5462	cagar	in.	16
176	aw	And	17
3999	Mabbuwl	the flood	
1961	hayach	was	
705	arbaym	forty	
3117	yowm	days	
5921	al	upon	
776	arats	the earth;	
176	aw	and	

4325	Maym	waters	
7235	rabah	increased	
176	aw	and	
5375	Nasa	bare up	
8392	Tabah	the ark,	
176	aw	and	
3426	yash	it	
1961	hayach	was	
7311	ruwm	lifted up	
413	al	above	
776	arats	the earth.	17
176	aw	And	18
4325	Maym	the waters	
1396	gabar	prevailed,	
176	aw	and	
1961	hayach	were	
7235	rabah	increased	
3966	Maad	greatly	
413	al	upon	
776	arats	the earth;	
176	aw	and	
8392	Tabah	the ark	
3212	yalak	went	
413	al	upon	
6440	panym	the face	
5921	al	of	
4325	Maym	waters.	18
176	aw	And	19
5921	al	the	

4325	Maym	waters	
1396	gabar	prevailed	
3966	Maad	exceedingly	
413	al	upon	
776	arats	the earth;	
176	aw	and	
3605	kol	all	
5921	al	the	
1364	gaboahh	high	
2022	har	hills,	
3588	ky	that	
1961	hayach	were	
8478	Tachath	under	
834	Asar	the whole	
8064	shamaym	heaven,	
1961	hayach	were	
3680	kacah	covered	19
2568	chamash	fifteen	20
520	ammah	cubits	
4605	Maal	upward	
6213	ashah	did	
4325	Maym	the waters	
1396	gabar	prevail;	
176	aw	and	
2022	char	the mountains	
1961	hayach	were	
3680	kacah	covered	20
176	aw	And	21
3605	kol	all	

1320	bashar	flesh	
1478	gava	died	
3588	ky	that	
7430	ramash	moved	
413	al	upon	
776	arats	the earth,	
8147	shanaym	both	
5921	al	of	
5775	owph	fowl,	
176	aw	and	
5921	al	of	
930	bachamah	cattle,	
176	aw	and	
5921	al	of	
929	bachamah	beast,	
176	aw	and	
5921	al	of	
3605	kol	every	
7431	ramash	creeping	
1697	dabar	thing	
3588	ky	that	
8317	sharats	creepeth	
413	al	upon	
776	arats	the earth,	
176	aw	and	
3605	kol	every	
120	adam	man:	21
3605	kol	All in	22
834	Asar	whose	

639	aph	nostrils	
1961	hayach	was	
5397	Nashamah	the breath	
5921	al	of	
2416	chay	life,	
5921	al	of	
3605	kol	all	
3588	ky	that	
1961	hayach	was	
413	al	in	
2724	charabah	the Dry	
776	arats	land,	
4191	Muwth	died.	22
176	aw	And	23
3605	kol	every	
2416	chay	living	
3351	yaquwm	substance	
1961	hayach	was	
4229	Machah	destroyed	
834	Asar	which	
1961	hayach	was	
413	al	upon the	
6440	panym	face	
5921	al	of	
127	adamah	the ground,	
8147	shanaym	both	
120	adam	man,	
176	aw	and	
930	bachamowth	cattle,	

176	aw	and
7431	ramash	the creeping
1697	dabar	things,
176	aw	and
5775	owph	fowl
5921	al	of
8064	shamaym	the heaven;
176	aw	and
1992	cham	they
1961	hayach	were
4229	Machah	destroyed
5921	al	from
776	arats	the earth:
176	aw	and
5117	nuwach	noah,
389	ak	only
7604	shaar	remained
2421	chayah	alive,
176	aw	and
1992	cham	they
3588	ky	that
1961	hayach	were
5750	owd	with
5315	Naphash	him
413	al	in
8392	Tabah	the ark	23
176	aw	And	24
4325	Maym	the waters
1396	gabar	prevailed

413	al	upon	
776	arats	the earth	
3967	Maah	a hundredth	
176	aw	and	
2572	chamashshym	fifty	
3117	yowm	days.	24

CHAPTER 8

176	aw	And	1
430	Alasham	God	
2142	zakar	remembered	
5117	nuwach	noah,	
176	aw	and	
3605	kol	every	
2416	chay	living	
1697	dabar	thing,	
176	aw	and	
3605	kol	all	
929	bachamah	the cattle	
3588	ky	that	
1961	hayach	was	
5750	owd	with	
5315	Naphash	him	
413	al	in	
8392	Tabah	the ark:	
176	aw	and	
430	Alasham	God	

6213	asah	made	
7307	ruwach	a wind	
5674	abar	to pass	
5921	al	over	
776	arats	the earth,	
176	aw	and	
4325	Maym	the waters	
7918	shakak	asswaged	1
5921	al	The	2
4599	Mayn	fountains	
1571	gam	also	
5921	al	of	
8515	Tahuwm	the deep	
176	aw	and	
699	arabbah	the windows	
5921	al	of	
8064s	shamaym	heaven	
1961	hayach	were	
5534	cakar	stopped,	
176	aw	and	
1653	gasham	the rain	
5921	al	from	
8064	shamaym	heaven	
1961	hayach	was	
3607	kala	restsrained	2
176	aw	And	3
4325	Maym	the waters	
7725	shuwb	returned	
5921	al	from off	

776	arats	the earth	
1980	halak	continually:	
176	aw	and	
310	achar	after	
7097	qatsah	the end	
5921	al	of the	
3967	Maah	hundred	
176	aw	and	
2572	chamashshym	fifty	
3117	yowm	days	
4325	Maym	the waters	
1961	hayach	were	
2637	chacar	abated.	3
176	aw	And	4
8392	Tabah	the ark	
5117	nuwach	rested	
413	al	in the	
7637	shabay	seventh	
2320	chadash	month,	
413	al	on the	
7651	shabah	seventeenth	
3117	yowm	day	
5921	al	of the	
2320	chadash	month,	
413	al	upon	
2022	char	mountains	
5921	al	of	
780	Ararat	Ararat.	4
176	aw	And	5

4325	Maym	the waters	
2637	chacar	decreased	
1980	halak	continually	
5704	ad	until	
6224	ashary	the tenth	
2320	chadash	month:	
413	al	in the	
2320	chadash	month,	
5921	al	on the	
259	achad	first	
3117	yowm	day	
5921	al	of the	
2320	chadash	month,	
1961	hayach	were	
7218	Rash	the tops	
5921	al	of the	
2022	char	mountains	
7200	raah	seen.	5
176	aw	And	6
3426	yash	it	
1961	hayach	came to pass	
176	ow	at	
7097	qatsah	the end	
5921	al	of	
705	arbaym	forty	
3117	yowm	days,	
3588	ky	that	
5117	nuwach	noah	
6605	pathach	opened	

2474	challown	the window	
5921	al	of	
8392	Tabah	the ark	
834	Asar	which	
1931	huw	he	
1961	hayach	had	
6213	asah	made:	6
176	aw	And	7
1931	hy	he	
7971	shalach	sent forth	
6158	arab	a raven,	
834	Asar	which	
3318	yatsa	went forth	
5921	al	to	
176	aw	and	
7725	shuwb	fro	
5704	ad	until	
4325	Maym	the waters	
1961	hayach	were	
3001	yabash	dried up	
5921	al	from off	
776	arats	the earth.	7
1571	gam	also	8
1931	huw	he	
7971	shalach	sent forth	
3123	yownah	a dove	
5921	al	from	
5315	Naphash	him,	
413	al	to	

7200	raah	see	
3588	ky	if	
4325	Maym	the waters	
1961	hayach	were	
7043	qalal	abated	
5921	al	from off	
6440	panym	the face	
5921	al	of	
127	adamah	the ground;	8
2005	han	But	9
3123	yownah	the dove	
4672	Matsa	found	
3808	lah	no	
4494	Manuwach	rest	
413	al	for	
3709	kaph	the sole	
5921	al	of	
5315	Naphash	her	
7272	ragal	foot,	
176	aw	and	
5315	Naphash	she	
7725	shuwb	returned	
5921	al	unto	
5315	Naphash	him	
5921	al	into	
8392	Tabah	the ark,	
413	al	for	
4325	Maym	the waters	
1961	hayach	were	

413	al	on the
6440	panym	face
5921	al	of the
854	ath	whole
776	arats	earth:
227	az	then
1931	huw	he
7971	shalach	put forth
5315	Naphash	his
3027	yad	hand,
176	aw	and
3947	laqach	took
5315	Naphash	her,
176	aw	and
4026	Magdal	pulled
5315	Naphash	her
413	al	in unto
5315	Naphash	him
413	al	into
8392	Tabah	the ark.	9
176	aw	And	10
1931	huw	he
2342	chuwl	stayed
5750	owd	yet
312	achar	other
7651	shaba	seven
3117	yowm	days;
176	aw	and
3254	yacaph	again

1931	huw	he	
7971	shalach	sent forth	
3123	yownah	the dove	
5921	al	out of	
8392	Tabah	the ark.	10
176	aw	And	11
3123	yownah	the dove	
935	bow	came in to	
5315	Naphash	him	
6153	arab	in the evening;	
176	aw	and,	
2009	hannah	Lo,	
413	al	in	
5315	Naphash	her	
6310	pah	mouth	
1961	hayach	was	
176	aw	an	
2132	zayth	olive	
5929	alah	leaf	
2965	Taraph	plucked off:	
3541	kah	so	
5117	nuwach	noah	
3045	yada	knew	
3588	ky	that	
4325	Maym	the waters	
1961	hayach	were	
7043	qalal	abated	
5921	al	from off	
776	arats	the earth.	11

176	aw	And	12
1931	huw	he	
2342	chuwl	stayed	
5750	owd	yet	
312	achar	other	
7651	shaba	seven	
3117	yowm	days:	
176	aw	and	
7971	shalach	sent forth	
3123	yownah	the dove;	
834	Asar	which	
7725	shuwb	returned	
3808	lah	not	
3254	yacaph	again	
5921	al	unto	
5315	Naphash	him	
5750	owd	any	
5750	owd	more.	12
176	aw	And	13
3426	yash	it	
1961	hayach	came to pass	
413	al	in the	
8337	shash	six	
3967	Maah	hundredth	
176	aw	and	
259	achad	first	
8141	shanah	year,	
413	al	in the	
259	achad	first	

2320	chadash	month,	
5921	al	the	
259	achad	first	
3117	yowm	day	
5921	al	of the	
2320	chadash	month	
4325	Maym	the waters	
1961	hayach	were	
2717	charab	dried up	
5921	al	from off	
776	arats	the earth:	
176	aw	and	
5117	nuwach	Noah	
5493	cuwr	removed	
4372	Makcah	the covering	
5921	al	of	
8392	Tabah	the ark,	
176	aw	and	
7200	raah	looked,	
176	aw	and,	
2009	hannah	behold,	
5921	al	the	
6440	panym	face	
5921	al	of	
127	adamah	the ground	
1961	hayach	was	
2720	charab	dry	13
176	aw	And	14
413	al	in the	

8145	shany	second	
2320	chadash	month,	
413	al	on the	
7651	shaba	seven	
176	aw	and	
6242	Asaraym	twentied	
3117	yowm	day	
5921	al	of	
2320	chadash	the month,	
1961	hayach	was	
776	arats	the earth	
3001	yabash	dried.	14
176	aw	And	15
430	Alasham	God	
1697	dabar	spake	
5921	al	unto	
5117	nuwach	Noah,	
559	amar	saying,	15
3318	yatsa	Go forth	16
5921	al	of	
8392	Tabah	the ark,	
3426	yash	thou,	
176	aw	and	
859	attah	thy	
802	kashshah	wife,	
176	aw	and	
6258	attah	thy	
1121	ban	sons,	
176	aw	and	

6258	attah	thy	
1121	ban	sons'	
802	kashshah	wives	
5750	owd	with	
6258	attah	thee.	16
3318	yatsa	Bring forth	17
5750	owd	with	
6258	attah	thee	
3605	kol	every	
2416	chay	living	
1697	dabar	thing	
3588	ky	that	
1931	hy	is	
5750	owd	with	
6258	attah	thee,	
5921	al	of	
3605	kol	all	
1320	bashar	flesh	
8147	shanaym	both	
5921	al	of	
5775	owph	fowl,	
176	aw	and	
5921	al	of	
929	bachamah	cattle,	
176	aw	and	
5921	al	of	
3605	kol	every	
7431	ramash	creeping	
1697	dabar	thing	

3588	ky	that	
7430	ramas	creepeth	
413	al	upon	
776	arats	the earth;	
3588	ky	that	
1992	cham	they	
194	uwlay	may	
8317	sharats	breed abundantly	
413	al	in the	
776	arats	earth,	
176	aw	and	
6509	parah	be fruitful,	
176	aw	and	
7235	rabah	multiply	
413	al	upon the	
776	arats	earth.	17
176	aw	And	18
5117	nuwach	Noah	
3318	yatsa	went forth,	
176	aw	and	
5315	Naphash	his	
1121	ban	sons,	
176	aw	and	
5315	Naphash	his	
802	kashshah	wife,	
176	aw	and	
5315	Naphash	his	
1121	ban	sons'	
802	kashshah	wives	

5750	owd	with	
5315	Naphash	him:	18
3605	kol	Every	19
929	bachamah	beast,	
3605	kol	every	
7431	ramash	creeping	
1697	dabar	thing,	
176	aw	and	
3605	kol	every	
5775	owph	fowl,	
176	aw	and	
3605	kol	whatsoever	
7430	ramash	creepeth	
5921	al	upon	
776	arats	the earth,	
310	achar	after	
1992	cham	their	
4327	Man	kinds,	
3318	yatsa	went forth	
5921	al	out	
5921	al	of	
8392	Tabah	the ark.	19
176	aw	And	20
5117	nuwach	Noah	
1129	banah	builded	
176	ow	an	
4196	Mazbaach	altar	
5921	al	unto the	
3068	Yachuwshauh	Lord;	

176	aw	and	
3947	laqach	took	
5921	al	of	
3605	kol	every	
2889	Tahowr	clean	
929	bachamah	beast,	
176	aw	and	
5921	al	of	
3605	kol	every	
2889	Tahowr	clean	
5775	owph	fowl,	
176	aw	and	
5927	alah	offered	
5930	owlah	burnt	
2077	zabach	offerings	
413	al	on the	
4196	Mazbaach	altar.	20
176	aw	And	21
5921	al	the	
3068	Yachuwshauh	Lord	
7306	ruwach	smelled	
5207	nychuwach	a sweet	
7381	rayach	savor;	
176	aw	and	
5921	al	the	
3068	Yachuwshauh	Lord	
559	amar	said	
413	al	in	
5315	Naphash	his	

3820	lab	heart,
165	ahy	I will
3808	lah	not
3254	yacaph	again
7043	qalal	curse
127	adamah	the ground
5750	owd	any
5750	owd	more
413	al	for
120	adam	man's
5668	abar	sake;
413	al	for the
3336	yatsar	imagination
5921	al	of
120	adam	man's
3820	lab	heart
1931	hy	is
7451	ra	evil
413	al	from
5315	Naphash	his
5271	Naar	youth;
3808	lah	neither
165	ahy	will I
3254	yacaph	again
5221	Nakah	smite
5750	owd	any
5750	owd	more
3605	kol	every
1697	dabar	thing

2416	chay	living,	
1931	hy	as I	
1961	hayach	have	
6213	asah	done.	21
5750	owd	While	22
776	arats	the earth	
3117	yowm	remaineth,	
2233	zara	seedtime	
176	aw	and	
7105	qatsyr	harvest,	
176	aw	and	
7120	qar	cold	
176	aw	and	
2527	cham	heat,	
176	aw	and	
7019	qayts	summer	
176	aw	and	
2779	charaph	winter,	
176	aw	and	
3117	yowm	day	
176	aw	and	
3915	layl	night	
3426	yash	shall	
3808	lah	not	
7673	shabath	cease.	22

CHAPTER

9

176	aw	And	1
430	Alasham	God	
1288	barak	blessed	
5117	nuwach	Noah	
176	aw	and	
5315	Naphash	his	
1121	ban	sons,	
176	aw	and	
559	amar	said,	
413	al	unto	
1992	cham	them	
6509	parah	be fruitful	
176	aw	and	
7235	rabah	multiply,	
176	aw	and	
4390	Mala	replenish	
776	arats	the earth.	1
176	aw	And	2
4172	Mowra	the fear	

5921	al	of
6258	attah	you
176	aw	and
2844	chath	the dread
5921	al	of
6258	attah	you
3426	yash	shall be
413	al	upon
3605	kol	every
2416	chay	beast
5921	al	of
776	arats	the earth,
176	aw	and
413	al	upon
3605	kol	every
5775	owph	fowl
5921	al	of
8064	shamaym	the air,
413	al	upon
3605	kol	all
3588	ky	that
7430	ramash	moveth
413	al	upon
776	arats	the earth,
176	aw	and
413	al	upon
3605	kol	all
1709	dag	fishes
5921	al	of

3220	yam	the sea;	
413	al	into	
5315	Naphash	your	
3027	yad	hand	
176	aw	and	
1992	cham	they	
5414	Nathan	delivered.	2
3605	kol	Every	3
7430	ramash	moving	
1697	dabar	thing	
3588	ky	that	
2416	chay	liveth	
3426	yash	shall be	
402	oklah	meat	
413	al	for	
6258	attah	you;	
1517	gyd	even	
1931	hy	as	
3418	yaraq	the green	
6212	ashab	herb	
1961	hayach	have I	
5414	Nathan	given	
6258	attah	you	
3605	kol	all	
1697	dabar	things.	3
2005	han	But	4
1320	bashar	flesh	
5750	owd	with	
2416	chay	the life	

8033	sham	there	
5921	al	of,	
834	Asar	which	
1931	hy	is	
1818	dam	the blood	
8033	sham	there	
5921	al	of,	
3426	yash	shall	
6258	attah	ye	
3808	lah	not	
398	akal	eat.	4
176	aw	And	5
389	ak	surely	
5315	Naphash	your	
1818	dam	blood	
5921	al	of	
5315	Naphash	your lives	
165	ahy	will I	
1875	darash	require;	
176	aw	at	
3027	yad	the hand	
5921	al	of	
3605	kol	every	
2416	chay	beast	
165	ahy	will I	
1875	darash	require it,	
176	aw	and at	
3027	yad	the hand	
5921	al	of	

120	adam	man;	
176	aw	at	
3027	yad	the hand	
5921	al	of	
3605	kol	every	
120	adam	man's	
251	ach	brother	
165	ahy	will I	
1875	darash	require	
5315	Naphash	the life	
5921	al	of	
120	adam	man.	5
3605	kol	Whoso	6
8210	shaphak	shaddeth	
120	adam	man's	
1818	dam	blood,	
1969	darak	by	
120	adam	man	
3426	yash	shall	
5315	Naphash	his	
1818	dam	blood	
8210	shaphak	be shed:	
413	al	for in	
6754	Tsalam	image	
5921	al	of	
430	Alasham	God	
6213	asah	made	
1931	huw	he	
120	adam	man.	6

176	aw	And	7
6258	attah	you,	
1934	hava	be	
6258	attah	ye	
6509	parah	fruitful,	
176	aw	and	
7235	rabah	multiply;	
8317★	sharats	bring forth	
8317★	sharats	abundantly	
413	al	in the	
776	arats	earth,	
176	aw	and	
7235	rabah	multiply	
7130	qarab	therein.	7
176	aw	And	8
430	Alasham	God	
559	amar	spake	
413	al	unto	
5117	Nuwach	Noah,	
176	aw	and	
413	al	to	
5315	Naphash	his	
1121	ban	sons	
5750	owd	with	
5315	Naphash	him,	
559	amar	saying,	8
176	aw	And	9
589	any	I,	
2005	han	behold,	

589	any	I	
6965	quwm	establish	
589	any	my	
1285	baryth	covenant,	
5750	owd	with	
6258	attah	you,	
176	aw	and	
5750	owd	with	
5315	Naphash	your	
2233	zara	seed	
310	achar	after	
6258	attah	you;	9
176	aw	And	10
5750	owd	with	
3605	kol	every	
2416	chay	living	
5315	Naphash	creature	
3588	ky	that	
1931	hy	is	
5750	owd	with	
6258	attah	you,	
5921	al	of	
5775	owph	fowl,	
5921	al	of the	
930	bachamowth	cattle,	
176	aw	and	
5921	al	of	
3605	kol	every	
2416	chay	beast	

5921	al	of	
776	arats	the earth	
5750	owd	with	
859	attah	you;	
413	al	from	
3605	kol	all	
3588	ky	that	
3318	yatsa	go out	
5921	al	of	
8392	Tabah	the ark,	
413	al	to	
3605	kol	every	
2416	chay	beast	
5921	al	of	
776	arats	the earth.	10
176	aw	And	11
165	ahy	I will	
6965	quwm	establish	
589	any	my	
1285	baryth	covenant	
5750	owd	with	
859	attah	you;	
3808	lah	neither	
3426	yash	shall	
3605	kol	all	
1320	bashar	flesh	
3772	karath	be cut off	
5750	owd	any	
5750	owd	more	

1870	darak	by	
4325	Maym	the waters	
5921	al	of	
3999	Mabbuwl	a flood;	
3808	lah	neither	
3426	yash	shall	
8033	sham	there	
5750	owd	any	
5750	owd	more	
1934	hava	be	
3999	Mabbuwl	a flood	
7843	shachath	to destroy	
776	arats	the earth.	11
176	aw	And	12
430	Alasham	God	
559	amar	said	
2063	zath	this	
1931	hy	is	
226	owth	a token	
5921	al	of	
1285	baryth	the covenant	
834	Asar	which	
589	any	I	
5414	Nathan	make	
996	bayn	between	
589	any	me	
176	aw	and	
859	attah	you	
176	aw	and	

3605	kol	every	
2416	chay	living	
5315	Naphash	creature	
3588	ky	that	
1931	hy	is	
5750	owd	with	
6258	attah	you	
413	al	for	
5769	alam	perpetual	
1755	Dar	generations:	12
589	any	I	13
6213	asah	do	
5414	Nathan	set	
589	any	my	
7198	qashath	bow	
413	al	in	
6051	anan	the cloud,	
176	aw	and	
3426	yash	it shall be	
413	al	for	
226	owth	a token	
5921	al	of	
1285	baryth	a covenant	
996	bayn	between	
589	any	me	
176	aw	and	
776	arats	the earth.	13
176	aw	And	14
3426	yash	it shall	

1961	hayach	come to paass,	
834	Asar	when	
589	any	I	
6049	anan	bring	
6051	anan	a cloud	
5921	al	over	
776	arats	the earth,	
3588	ky	that	
7198	qashath	the bow	
3426	yash	shall be	
7200	raah	seen	
413	al	in	
6051	anan	the cloud.	14
176	aw	And	15
165	ahy	I will	
2142	zakar	remember	
589	any	my	
1285	baryth	covenant	
834	Asar	which	
1931	hy	is	
996	bayn	between	
589	any	me	
176	aw	and	
6258	attah	you	
176	aw	and	
3605	kol	every	
2416	chay	living	
5315	Naphash	creature	
5921	al	of	

3605	kol	all	
1320	bashar	flesh;	
176	aw	and	
4325	Maym	the waters	
3426	yash	shall	
3808	lah	no	
5750	owd	more	
1961	hayach	become	
3999	Mabbuwl	a flood	
7843	shachath	to destroy	
3605	kol	all	
1320	bashar	flesh.	15
176	aw	And	16
7198	qashath	the bow	
3426	yash	shall be	
413	al	in	
6051	anan	the cloud;	
176	aw	and	
165	ahy	I will	
7200	raah	look	
413	al	upon it,	
3588	ky	that	
589	any	I	
194	uwlay	may	
2142	zakar	remember	
5769	alam	the everlasting	
1285	baryth	covenant	
996	bayn	between	
430	Alasham	God	

176	aw	and	
3605	kol	every	
2416	chay	living	
5315	Naphash	creature	
5921	al	of	
3605	kol	all	
1320	bashar	flesh	
3588	ky	that	
1931	hy	is	
413	al	upon	
776	arats	the earth.	16
176	aw	And	17
430	Alasham	God	
559	amar	said	
413	al	unto	
5117	nuwach	Noah,	
2063	zath	This	
1931	hy	is	
226	owth	the token	
5921	al	of	
1285	baryth	the covenant,	
834	Asar	which	
1961	hayach	I have	
6965	quwm	established	
996	bayn	between	
589	any	me	
176	aw	and	
3605	kol	all	
1320	bashar	flesh	

3588	ky	that	
1931	hy	is	
413	al	upon	
776	arats	the earth.	17
176	aw	And	18
1121	ban	the sons	
5921	al	of	
5117	nuwach	Noah,	
3588	ky	that	
3318	yatsa	went forth	
5921	al	of	
8392	Tabah	the ark,	
1961	hayach	were	
8033	sham	Shem,	
176	aw	and	
1990	cham	Ham,	
176	aw	and	
3315	yaphath	Japheth:	
176	aw	and	
1990	cham	Ham	
1931	hy	is	
5921	al	the	
1	Ab	father	
5921	al	of	
3667	kanaan	Canaan.	18
428	allah	These	19
1931	hy	are	
7969	shalowsh	the three	
1121	ban	sons	

5921	al	of	
5117	nuwach	Noah:	
176	aw	and	
5921	al	of	
1992	cham	them	
1961	hayach	was	
3605	kol	the whole	
776	arats	earth	
5310	Naphats	overspread.	19
176	aw	And	20
5117	nuwach	Noah	
2490	chalal	began to	
1934	hava	be	
376	kash	husbandman	
127★	adamah★	the ground★	
176	aw	and	
1931	huw	he	
5193	Nata	planted	
3754	karam	vineyard:	20
176	aw	And	21
1931	huw	he	
8354	shathah	drank	
5921	al	of	
3196	yayn	the wine	
176	aw	and	
1961	hayach	was	
7943	shakkarown	drunken;	
176	aw	and	
1931	huw	he	

1961	hayach	was	
1540	galah	uncovered	
8432	Tavak	within	
5315	Naphash	his	
168	ahal	tent.	21
176	aw	And	22
1990	cham	Ham,	
1	Ab	the father	
5921	al	of	
3667	kanaan	Canaan,	
7200	raah	saw	
6172	arvah	the nakedness	
5921	al	of	
5315	Naphash	his	
1	Ab	father,	
176	aw	and	
5046	Nagad	told	
5315	Naphash	his	
8141	shanaym	two	
251	ach	brethern	
2351	chuwts	without.	22
176	aw	And	23
8033	sham	Shem	
176	aw	and	
3315	yaphath	Japheth	
3947	laqach	took	
8071	shamlah	a garment,	
176	aw	and	
7760	shuwm	laid it	

413	al	upon	
8147	shanaym	both	
1992	cham	their	
7926	shakam	shoulders,	
176	aw	and	
3212	yalak	went	
322	acharannyth	backward,	
176	aw	and	
3680	kacah	covered	
6172	arvah	the nakedness	
5921	aw	of	
1992	cham	their	
1	Ab	father;	
176	aw	and	
1992	cham	their	
6440	panym	faces	
1961	hayach	were	
322	acharannyth	backward,	
176	aw	and	
1992	cham	they	
7200	raah	saw	
3808	lah	not	
1992	cham	their	
1	Ab	father's	
6172	arvah	nakedness	23
176	aw	And	24
5117	Nuwach	Noah	
3364	yaqats	awoke	
413	al	from	

5315	Naphash	his	
3196	yayn	wine,	
176	aw	and	
3045	yada	knew	
853	ath	what	
5315	Naphash	his	
6996	qatan	younger	
1121	ban	son	
1961	hayach	had	
6213	asah	done	
413	al	unto	
5315	Naphash	him.	24
176	aw	And	25
1931	huw	he	
559	amar	said,	
779	arar	cursed	
1934	hava	be	
3667	kanaan	Canaan	
5650	abad	a servant	
5921	al	of	
5650	abad	servants	
3426	yash	shall	
1931	huw	he	
1934	hava	be	
413	al	unto	
5315	Naphash	his	
251	ach	brethern.	25
176	aw	And	26
1931	huw	he	

559	amar	said	
1288	barak	Blessed be	
5921	al	the	
3068	Yachuwshauh	Lord	
430	Al	God	
	-	a	of
8033	shem	Shem	
176	aw	and	
3667	kanaan	Canaan	
3426	yash	shall be	
5315	Naphash	his	
5650	abad	servant.	26
430	Alasham	God	27
3426	yash	shall	
6601	pathah	enlarge	
3315	yaphath	Japheth,	
176	aw	and	
1931	huw	he	
3426	yash	shall	
7931	shakan	dwell	
413	al	in the	
168	ahal	tents	
5921	al	of	
8033	sham	Shem	
176	aw	and	
3667	kanaan	Canaan	
3426	yash	shall be	
5315	Naphash	his	
5650	abad	servant.	27

176	aw	And	28
5117	nuwach	Noah	
2416	chay	lived	
310	achar	after	
3999	Mabbuwl	the flood	
7931	shalowsh	three	
3967	Maah	hundred	
176	aw	and	
2572	chamashshym	fifty	
8141	shanah	years:	28
176	aw	And	29
3605	kol	all	
3117	yowm	the days	
5921	al	of	
5117	Nuwach	Noah	
1961	hayach	were	
8672	tasha	nine	
3967	Maah	hundred	
176	aw	and	
572	chamashshym	fifty	
8141	shanah	years:	
176	aw	and	
1931	huw	he	
4191	Muwth	died.	29

CHAPTER

10

6258	attah	Now	1
428	allah	these	
1931	hy	are	
8435	Tawladah	the generations	
5921	al	of	
1121	ban	the sons	
5921	al	of	
5117	nuwach	Noah,	
8033	sham	Shem,	
1990	cham	Ham,	
176	aw	and	
3315	yaphath	Japheth:	
176	aw	and	
413	al	unto	
1992	cham	them	
1961	hayach	were	
1121	ban	sons	
3205	yalad	born	
310	achar	after	

3999	Mabbuwl	the flood.	1
5921	al	The	2
1121	ban	sons	
5921	al	of	
3315	yaphath	Japheth;	
1586	gamar	Gomer,	
176	aw	and	
4031	mayowy	Magog	
176	aw	and	
4074	maday	Madai,	
176	aw	and	
3120	yavan	Javan,	
176	aw	and	
8422	Tabal	Tubal	
176	aw	and	
4335	mayshak	Meshech	
176	aw	and	
8493	tayrac	Tiras.	2
176	aw	and	3
1121	ban	the sons	
5921	al	of	
1586	gamar	Gomer;	
813	ashakanaz	Ashkenaz	
176	aw	and	
7384	rayaphath	Riphath,	
176	aw	and	
8425	towgarmah	Togarmah.	3
176	aw	And	4
1121	ban	sons	

5921	al	of	
3120	yavan	Javan;	
473	alyshah	Elishah,	
176	aw	And	
8456	tartsah	Tarshish,	
3794	kattayay	Kittim	
176	aw	and	
1721	dadanym	Dodanim.	4
1870	darak	by	5
428	allah	these	
1961	hayach	were	
339	ay	isles	
5921	al	of	
1471	gowy	Gentile	
6504	parad	divided	
413	al	in	
1992	cham	their	
776	arats	land;	
3605	kol	every	
376	kash	one	
310	achar	after	
5315	Naphash	his	
3956	lashown	tongue,	
310	achar	after	
1992	cham	their	
4940	mashphachah	families,	
413	al	in	
1992	cham	their	
1471	gowy	nations.	5

176	aw	And	6
5921	al	the	
1121	ban	sons	
5921	al	of	
1990	cham	Ham;	
3568	kuwsh	Cush,	
176	aw	and	
4714	matsaraym	Mizraim,	
176	aw	and	
6316	puwt	Phut,	
176	aw	and	
3667	kanaan	Canaan	6
176	aw	And	7
5921	al	the	
1121	ban	sons	
5921	al	of	
3568	kuwsh	Cush;	
5434	caba	Seba	
176	aw	and	
2341	chavaylah	Havilah,	
176	aw	and	
5454	cabtah	Sabtah,	
176	aw	and	
7414	ramah	Ramah,	
176	aw	and	
5455	cabtaka	Sabtechah:	
176	aw	and	
5921	al	the	
1121	ban	sons	

5921	al	of	
7414	ramah	Ramah;	
7614	shaba	Sheba,	
176	aw	and	
1719	dadan	Dedan.	7
176	aw	And	8
3568	kuwsh	Cush	
3205	yalad	begat	
5248	namarwd	Nimrod:	
1931	huw	he	
2490	chalal	began to	
1368	gabbowr	be mighty	
376	kash	one	
413	al	in	
776	arats	the earth.	8
1931	huw	He	9
1961	hayach	was	
1368	gabbowr	a mighty	
6718	Tsayd	hunter	
6440	panym	before	
5921	al	the	
3068	Yachuwshauh	Lord:	
5921	al	wherefore	
3426	yash	it is	
559	amar	said,	
1571	gam	Even	
1931	hy	as	
5248	namarwd	Nimrod	
5921	al	the	

1368	gabbowr	mighty	
6718	Tsayd	hunter	
6440	panym	before	
5921	al	the	
3068	Yachuwshauh	Lord.	9
176	aw	And	10
7225	rashyth	the beginning	
5921	al	of	
5315	Naphash	his	
4467	mamlakah	kingdom	
1961	hayach	was	
894	babal	Babel,	
176	aw	and	
751	arak	Erech,	
176	aw	and	
390	akkad	accad,	
176	aw	and	
3641	kalnah	Calneh,	
413	al	in the	
776	arats	land	
5921	al	of	
8152	shanar	Shinar.	10
5921	al	out of	11
3588	ky	that	
776	arats	land	
3318	yatsa	went forth	
804	ashshur	Asshur,	
176	aw	and	
1129	banah	builded	

5210	nynavah	Nyneveh,	
176	aw	and	
5892	ayr	the city	
7344	rachobowth	Rehoboth	
176	aw	and	
3625	kalach	Calah.	11
176	aw	And	12
7449	racan	Resen	
996	bayn	between	
5210	nynavah	Nyneveh	
176	aw	and	
3625	kalach	Calah:	
5921	al	the	
1931	huw	same is	
1419	gadal	a great	
5892	ayr	city.	12
176	aw	And	13
4714	matsaraym	Mizraim	
3205	yalad	begat	
3866	luwdyay	Ludim,	
176	aw	and	
6047	anamym	Anamim,	
176	aw	and	
3853	lahabym	Lehabim,	
5320	naphtuchym	Naphtuhim,	13
176	aw	And	14
6625	patharucay	pathrusim	
176	aw	and	
3695	kacluchym	Casluhim,	

5921	al	out of	
834	Asar	whom	
3318	yatsa	came	
6430	phalashath	philistim,	
176	aw	and	
3732	kaphatar	Caphtorim	14
176	aw	And	15
3667	kanaan	Canaan	
3205	yalad	begat	
6721	Tsaydan	Zidon	
5315	Naphash	his	
1060	bakar	firstborn	
176	aw	and	
2845	chath	Heth,	15
176	aw	And	16
5921	al	the	
2983	yabuwc	Jebusite,	
176	aw	and	
5921	al	the	
567	amary	Amorite,	
176	aw	and	
5921	al	the	
1622	yaryashy	Girgasite,	16
76	aw	And	17
5921	al	the	
2340	chavvah	Hivite,	
176	aw	and	
5921	al	the	
6208	arqy	Arkite,	

76	aw	and	
5921	al	the	
5513	cyny	sinite,	17
76	aw	And	18
5921	al	the	
721	arvady	Arvadite,	
76	aw	and	
5921	al	the	
6786	Tsamary	Zemarite,	
76	aw	and	
5921	al	the	
2577	chamathy	Hamathite:	
176	aw	and	
310	achar	afterwards	
1961	hayach	were	
4940	mashphachah	the families	
5921	al	of the	
3669	kanaany	Canaanites	
6327	puwts	spread	
5310	naphats	abroad.	18
176	aw	And	19
5921	al	the	
1366	gabowl	border	
5921	al	of the	
3669	kanaany	Canaanites	
1961	hayach	was	
413	al	from	
6721	Tsaydan	Zidon,	
1931	hy	as	

3426	yash	thou
935	bow	comest to
1642	yarar	Garar,
413	al	unto
5804	azzah	Gaza:
1931	hy	is
3426	yash	thou
935	bow	goest,
413	al	unto
5467	cadam	Sodom,
176	aw	and
6017	amarah	Gomorah,
176	aw	and
127	adamah	Admah,
176	aw	and
6636	Tsabaym	Zeboim
1571	gam	even
413	al	unto
3962	lasha	Lasha.
428	allah	These are
1121	ban	the sons
5921	al	of
1990	cham	Ham,
310	achar	after
1992	cham	their
4940	mashphachah	families,
310	achar	after
1992	cham	their
3956	lashaown	tongues,

19
20

413	al	in	
1992	cham	their	
776	arats	countries,	
176	aw	and	
413	al	in	
1992	cham	their	
1471	gowy	nations.	20
413	al	Unto	21
8033	sham	shem	
1571	gam	also,	
1	ab	the father	
5921	al	of	
3605	kol	all	
1121	ban	the ban	
5921	al	of	
5677	abar	Eber,	
251	ach	the brother	
5921	al	of	
3315	yaphath	Japheth	
1419	gadal	the elder,	
1571	gam	even to	
5315	Naphash	him	
1961	hayach	were	
1121	ban	children	
3205	yalad	born.	21
5921	al	the	22
1121	ban	children	
5921	aL	of	
8033	sham	Shem;	

5867	aylam	Elam,	
804	ashshur	Asshur	
176	aw	and	
775	arphakashad	Arphaxad,	
176	aw	and	
3865	lwd	lud,	
176	aw	and	
758	aram	Aram.	22
176	aw	And	23
5921	al	the	
1121	ban	children	
5921	al	of	
758	aram	Aram;	
5780	uwts	uz,	
176	aw	and	
2343	chuwl	Hul,	
176	aw	and	
1666	yathar	Gether,	
176	aw	and	
4851	mash	Mash.	23
176	aw	And	24
775	arphakashad	Arphaxad	
3205	yalad	begat	
7974	shalach	Salah;	
176	aw	and	
7974	shalach	Salah	
3205	yalad	begat	
5677	abar	Eber.	24
176	aw	And	25

413	al	unto	
5677	abar	Eber	
1961	hayach	were	
3205	yalad	born	
8141	shanaym	two	
1121	ban	sons:	
5921	al	the	
8034	sham	Shem	
5921	al	of	
259	achad	one	
1961	hayach	was	
6389	palag	Peleg	
413	al	for in	
5315	Naphash	his	
3117	yowm	days	
1961	hayach	was	
776	arats	the earth	
6504	parad	divided;	
176	aw	and	
5315	Naphash	his	
251	ach	brother's	
8034	sham	Shem	
1961	hayach	was	
3355	yaqtan	Joktan.	25
176	aw	And	26
3355	yaqtan	Joktan	
3205	yalad	begat	
486	almawdad	Almodad,	
176	aw	and	

8026	shalaph	sheleph,	
176	aw	and	
2700	chatsarmavath	Hazarmaveth,	
176	aw	and	
3392	yarach	Jerah,	26
176	aw	And	27
1913	hadaram	Hadoram,	
176	aw	and	
187	uwzal	Uzal,	
176	aw	and	
1853	daqlah	Diklah,	27
176	aw	And	28
5745	wbal	Obal,	
176	aw	and	
39	abymaal	Abimael,	
176	aw	and	
7614	shaba	Sheba,	28
176	aw	And	29
211	owphyr	Ophir,	
176	aw	and	
2341	chavylah	Havilah	
176	aw	and	
3103	yabab	Jobab:	
3605	kol	all	
428	allah	these	
1961	hayach	were	
1121	ban	the sons	
5921	al	of	
3355	yaqtan	Joktan.	29

176	aw	And	30
1992	cham	their	
4186	mowshab	dwelling	
1961	hayach	was	
413	al	from	
4852	mash	Masha,	
3426	yash	as thou	
935	bow	goest	
413	al	unto	
5611	caphar	Sephar	
2022	char	a mount	
5921	al	of	
6924	qadam	the east.	30
176	aw	And	31
428	allah	these are	
1121	ban	the ban	
5921	al	of	
8034	sham	Shem,	
310	achar	after	
1992	cham	their	
4940	mashphachah	families,	
310	achar	after	
1992	cham	their	
3956	lashaown	tongues,	
413	al	in	
1992	cham	their	
776	arats	lands,	
310	achar	after	
1992	cham	their	

1471	gowy	nations.	31
428	allah	These are	32
4940	mashphachah	the families	
5921	al	of the	
1121	ban	sons,	
5921	al	of	
5117	nuwach	Noah,	
310	achar	after	
1992	cham	their	
8435	Towladah	generations	
413	al	in	
1992	cham	their	
1471	gowy	nations:	
176	aw	and	
1870	darak	by	
428	allah	these	
1961	hayach	were	
5921	al	the	
1471	gowy	nations	
6504	parad	divided	
413	al	in the	
776	arats	earth	
310	achar	after	
3999	mabbuwl	the flood.	32

CHAPTER

11

176	aw	And	1
3605	kol	the whole	
776	arats	earth	
1961	hayach	was	
5921	al	of	
259	achad	one	
8193	shaphah	language	
176	aw	and	
5921	al	of	
259	achad	one	
1697	dabar	speech.	1
176	aw	And	2
3426	yash	it	
1961	hayach	came to pass,	
3426	yash	as	
1992	cham	they	
5265	naca	journeyed	
413	al	from	
6924	qadam	the east,	

3588	ky	that	
1992	cham	they	
4672	matsa	found	
1237	baqah	a plain	
413	al	in the	
776	arats	land	
5921	al	of	
8152	shanar	Shinar;	
176	aw	and	
1992	cham	they	
3427	yashab	dwelt	
8034	sham	there.	2
176	aw	And	3
1992	cham	they	
559	amar	said	
376	kash	one	
7453	raa	to another	
3051	yahab	Go to,	
5186	natah	let	
587	anachnw	us	
5414	Nathan	make	
3835	laban	brick,	
176	aw	and	
8313	sharaph	burn	
1992	cham	them	
7235	rabah	throughly.	
176	aw	And	
1992	cham	they	
1961	hayach	had	

3843	labanah	brick	
413	al	for	
68	aban	stone,	
176	aw	and	
2564	chalbanah	slime	
1961	hayach	had	
1992	cham	they	
413	al	for	
2563	chalban	mortar.	3
176	aw	And	4
1992	cham	they	
559	amar	said,	
3051	yahab	Go to,	
5186	natah	let	
587	anachnw	us	
1129	banah	build	
587	anachnw	us	
5892	ayr	a city	
176	aw	and	
4026	magdal	a tower,	
834	Asar	whose	
7218	rash	top	
194	wlay	may	
1272	barach	reach	
413	al	unto	
8064	shamaym	heaven;	
176	aw	and	
5186	natah	let	
587	anachnw	us	

5414	Nathan	make	
587	anachnw	us	
8034	sham	a name,	
6435	pan	lest	
587	anachnw	we	
6327	puwts	be scattered	
6527	parat	abroad	
413	al	upon the	
6440	panym	face	
5921	al	of	
3605	kol	the whole	
776	arats	earth.	4
176	aw	And	5
5921	al	the	
3068	Yachuwshauh	Lord	
3381	yarad	came down	
7200	raah	to see	
5892	ayr	the city	
176	aw	and	
4026	magdal	the tower,	
834	Asar	which	
1121	ban	the children	
5921	al	of	
120	adam	men	
1129	banah	builded.	5
176	aw	And	6
5921	al	the	
3068	Yachuwshauh	Lord	
559	amar	said,	

2005	han	behold,	
5971	am	the people	
259	achad	is one,	
176	aw	and	
1992	cham	they	
1961	hayach	have	
3605	kol	all	
259	achad	one	
8193	shaphah	language;	
176	aw	and	
2088	zah	this	
1992	cham	they	
2490	chalal	begin to	
6213	asah	do:	
176	aw	and	
6258	attah	now	
3808	lah	nothing	
165	ahy	will	
1219	batsar	be restrained	
413	al	from	
1992	cham	them,	
834	Asar	which	
1992	cham	they	
1961	hayach	have	
2161	zamam	imagined	
413	al	to	
6213	asah	do.	6
3051	yahab	Go to	7
5186	natah	let	

587	anachnw	us
3381	yarad	go down,
176	aw	and
8033	sham	there
1101	balal	confound
1992	cham	their
8193	shaphah	language,
3588	ky	that
1992	cham	they
194	wlay	may
3808	lah	not
8085	shama	understand
376	kash	one
7453	raa	another's
8193	shaphah	speech.	7
3541	koh	So	8
5921	al	the
3068	Yachuwshauh	Lord
6327	puwts	scattered
1992	cham	them
6527	parat	abroad
413	al	from
8033	sham	thence
413	al	upon the
6440	panym	face
5921	al	of
3605	kol	all
776	arats	the earth:
176	aw	and

1992	cham	they	
2308	chadal	left off	
1121	banah	to build	
5892	ayr	the city.	8
5921	al	Therefore	9
1931	hy	is	
5921	al	the	
8034	sham	name	
5921	al	of	
3426	yash	it	
7121	qara	called	
894	babal	babel;	
3588	ky	because	
5921	al	the	
3068	Yachuwshauh	Lord	
6213	asah	did	
8033	sham	there	
1101	balal	confound	
8193	shaphah	the language	
5921	al	of	
3605	kol	all	
776	arats	the earth:	
176	aw	and	
413	al	from	
8033	sham	thence	
6213	asah	did	
5921	al	the	
3068	Yachuwshauh	Lord	
6327	puwts	scatter	

1992	cham	them	
6527	parat	abroad	
413	al	upon the	
6440	panym	face	
5921	al	of	
3605	kol	all	
776	arats	the earth.	9
428	allah	There are	10
5921	al	the	
8435	Taladah	generations	
5921	al	of	
8033	sham	Shem:	
8033	sham	Shem	
1961	hayach	was	
3967	maah	a hundred	
8141	shanah	years	
1121	ban	old,	
176	aw	and	
3205	yalad	begat	
775	arphakashad	Arphaxad	
8147	shanaym	two	
8141	shanah	years	
310	achar	after	
3999	mabbuwl	the flood:	10
176	aw	And	11
8033	sham	Shem	
2416	chay	lived	
310	achar	after	
1931	huw	he	

3205	yalad	begat	
775	arphakashad	Arphaxad	
2568	chamash	five	
3967	maah	hundred	
8141	shanah	years	
176	aw	and	
3205	yalad	begat	
1121	ban	sons	
176	aw	and	
1121	ban	daughters.	11
176	aw	And	12
775	arphakashad	Arphaxad	
2416	chay	lived	
2568	chamash	five	
176	aw	and	
7970	shalowshym	thirty	
8141	shanah	years,	
176	aw	and	
3205	yalad	begat	
7974	shalach	Salah:	12
176	aw	And	13
775	arphakashad	Arphaxad	
2416	chay	lived	
310	achar	after	
1931	huw	he	
3205	yalad	begat	
7974	shalach	Salah	
702	arba	four	
3967	maah	hundred	

176	aw	and	
7969	shalash	three	
8141	shanah	years,	
176	aw	and	
3205	yalad	begat	
1121	ban	sons	
176	aw	and	
1121	ban	daughters.	13
176	aw	And	14
7974	shalach	Salah	
2416	chay	lived	
7970	shalowshym	thirty	
8141	shanah	years,	
176	aw	and	
3205	yalad	begat	
5677	abar	Eber:	14
176	aw	And	15
7974	shalach	Salah	
2416	chay	lived	
310	achar	after	
1931	huw	he	
3205	yalad	begat	
5677	abar	Eber	
702	arba	four	
3967	maah	hundred	
176	aw	and	
7969	shalash	three	
8141	shanah	years,	
176	aw	and	

3205	yalad	begat	
1121	ban	sons	
176	aw	and	
1121	ban	daughters.	15
176	aw	And	16
5677	abar	Eber	
2416	chay	lived	
702	arba	four	
176	aw	and	
7970	shalowshym	thirty	
8141	shanah	years,	
176	aw	and	
3205	yalad	begat	
6389	palag	Peleg:	16
176	aw	And	17
5677	abar	Eber	
2416	chay	lived	
310	achar	after	
1931	huw	he	
3205	yalad	begat	
6389	palag	Peleg	
702	arba	four	
3967	maah	hundred	
176	aw	and	
7970	shalowshym	thirty	
8141	shanah	years,	
176	aw	and	
3205	yalad	begat	
1121	ban	sons	

176	aw	and	
1121	ban	daughters.	17
176	aw	And	18
6389	palag	Peleg	
2416	chay	lived	
7970	shalowshym	thirty	
8141	shanah	years,	
176	aw	and	
3205	yalad	begat	
7466	raa	Reu:	18
176	aw	And	19
6389	palag	Peleg	
2416	chay	lived	
310	achar	after	
1931	huw	he	
3205	yalad	begat	
7466	raa	Reu	
8147	shanaym	two	
3967	maah	hundred	
176	aw	and	
8672	thasha	nine	
8141	shanah	years,	
176	aw	and	
3205	yalad	begat	
1121	ban	sons	
176	aw	and	
1121	ban	daughters.	19
176	aw	And	20
7466	raa	Reu	

2416	chay	lived	
8147	shanaym	two	
176	aw	and	
7970	shalowshym	thirty	
8141	shanah	years,	
176	aw	and	
3205	yalad	begat	
8286	sharay	Serug	20
176	aw	And	21
7466	raa	Reu	
2416	chay	lived	
310	achar	after	
1931	huw	he	
3205	yalad	begat	
8286	sharay	Serug	
47	shanaym	two	
3967	maah	hundred	
176	aw	and	
7651	shaba	seven	
8141	shanah	years,	
176	aw	and	
3205	yalad	begat	
1121	ban	sons	
176	aw	and	
1121	ban	daughters.	21
176	aw	And	22
8286	sharay	Serug	
2416	chay	lived	
7970	shalowshym	thirty	

8141	shanah	years,	
176	aw	and	
3205	yalad	begat	
5152	nachar	Nahor:	22
176	aw	And	23
8286	sharay	Serug	
2416	chay	lived	
310	achar	after	
1931	huw	he	
3205	yalad	begat	
5152	nachar	Nahor	
47	shanaym	two	
3967	maah	hundred	
8141	shanah	years,	
176	aw	and	
3205	yalad	begat	
1121	ban	sons	
176	aw	and	
1121	ban	daughters.	23
176	aw	And	24
5152	nachar	Nahor	
2416	chay	lived	
8672	thasha	nine	
176	aw	and	
6242	asaraym	twenty	
8141	shanah	years,	
176	aw	and	
3205	yalad	begat	
8646	tarach	Terah:	24

176	aw	And	25
5152	nachar	Nahor	
416	chay	lived	
310	achar	after	
1931	huw	he	
3205	yalad	begat	
8646	tarach	Terah	
3967	maah	a hundred	
176	aw	and	
8672	thasha	nineteen	
8141	shanah	years,	
176	aw	and	
3205	yalad	begat	
1121	ban	sons	
176	aw	and	
1121	ban	daughters.	25
176	aw	And	26
8646	tarach	Terah	
2416	chay	lived	
7657	shabaym	seventy	
8141	shanah	years,	
176	aw	and	
3205	yalad	begat	
87	abaram	Abram,	
5152	nachar	Nahor,	
176	aw	and	
2309	chadal	Haran.	26
6258	attah	Now	27
428	allah	these	

1931	hy	are	
8435	Tawladah	the generations	
5921	al	of	
8646	tarach	Terah:	
8646	tarach	Terah	
3205	yalad	begat	
87	abaram	Abram,	
5152	nachar	Nahor,	
176	aw	and	
2309	chadal	Haran;	
176	aw	and	
2309	chadal	Haran;	
3205	yalad	begat	
3876	lowt	Lot	27
176	aw	And	28
2309	chadal	Haran;	
4191	muwth	died	
6440	panym	before	
5315	Naphash	his	
1	ab	father	
8646	tarach	Terah	
413	al	in the	
776	arats	land	
5921	al	of	
5315	Naphash	his	
4138	mowladath	nativity,	
413	al	in	
218	uwr	ur	
5921	al	of the	

3778	kashalday	Chaldees.	28
176	aw	And	29
87	abaram	Abram	
176	aw	and	
5152	nachar	Nahor,	
3947	laqach	took	
1992	cham	them	
802	kashshah	wives:	
5921	al	the	
8033	sham	name	
5921	al	of	
87	abaram	Abram	
802	kashshah	wife	
1961	hayach	was	
8297	Asaray	Sarai;	
176	aw	and	
5921	al	the	
8033	sham	name	
5921	al	of	
5152	nachar	Nahor's	
802	kashshah	wife,	
4435	malkah	Milcah,	
5921	al	the	
1121	ban	daughter	
5921	al	of	
2309	chadal	Haran,	
5921	al	the	
1	ab	father	
5921	al	of	

4435	malkah	Milcah,	
176	aw	and	
5921	al	the	
1	ab	father	
5921	al	of	
3252	yaskah	Iscah	29
2005	han	But	30
8297	Asaray	Sarai	
1961	hayach	was	
6135	aqar	barren;	
5315	Naphash	she	
1961	hayach	had	
369	ayn	no	
2056	valad	child.	30
176	aw	And	31
8646	tarach	Terah	
3947	laqach	took	
87	abaram	Abram	
5315	Naphash	his	
1121	ban	son,	
176	aw	and	
3876	lowt	Lot	
5921	al	the	
1121	ban	son	
5921	al	of	
2309	chadal	Haran	
5315	Naphash	his	
1121	ban	son's	
1121	ban	son,	

176	aw	and	
8297	Asaray	Sarai	
5315	Naphash	his	
3618	kallah	daughter in law,	
5315	Naphash	his	
1121	ban	son	
87	abaram	Abram's	
802	kashshah	wife;	
176	aw	and	
1992	cham	they	
3318	yatsa	went forth	
5750	owd	with	
1992	cham	them	
413	al	from	
218	uwr	ur	
5921	al	of the	
3778	kashalday	Chaldees	
413	al	to	
3212	yalak	go into	
776	arats	the land	
59212	al	of	
3667	kanaan	Canaan;	
176	aw	and	
1992	cham	they	
935	bow	came unto	
2309	chadal	Haran,	
176	aw	and	
3427	yashab	dwelt	
8033	sham	there.	31

176	aw	And	32
5921	al	the	
3117	yowm	days	
5921	al	of	
8646	tarach	Terah	
1961	hayach	were	
8141	shanaym	two	
3967	maah	hundred	
176	aw	and	
2568	chamash	five	
8141	shanah	years:	
176	aw	and	
8646	tarach	Terah	
4191	muwth	died	
413	al	in	
2309	chadal	Haran.	32

CHAPTER

12

6258	attah	Now	1
87	abaram	Abram	
3212	yalak	Get	
6258	attah	thee	
3212	yalak	out	
5921	al	of	
6258	attah	thy	
776	arats	county,	
176	aw	and	
413	al	from	
6258	attah	thy	
4138	mowladath	kindred,	
176	aw	and	
413	al	from	
6258	attah	thy	
1	ab	father's	
1004	bayth	house,	
413	al	unto	
776	arats	a land	

3588	ky	that	
165	ahy	I will	
7200	raah	shew	
6258	attah	thee:	1
176	aw	And	2
165	ahy	I will	
6213	asah	make	
5921	al	of	
6258	attah	thee	
1419	gadal	a great	
1471	gowy	nation,	
176	aw	and	
165	ahy	I will	
1288	barak	bless	
6258	attah	thee	
176	aw	and	
1431	gadal	make	
6258	attah	thy	
8033	sham	name	
1419	gadal	great;	
176	aw	and	
3426	yash	thou shalt be	
1293	barakah	a blessing:	2
176	aw	And	3
165	ahy	I will	
1288	barak	bless	
1992	cham	them	
3588	ky	that	
1288	barak	bless	

6258	attah	thee	
176	aw	and	
779	arar	curse	
5315	Naphash	him	
3588	ky	that	
7043	qalal	curseth	
6258	attah	thee:	
176	aw	and	
413	al	in	
6258	attah	thee	
3426	yash	shall	
3605	kol	all	
4940	mashpachah	families	
5921	al	of	
776	arats	the earth	
1288	barak	be blessed.	3
3541	koh	So	4
87	abaram	Abram	
3212	yalak	departed,	
1931	hy	as	
5921	al	the	
3068	Yachuwshauh	Lord	
1961	hayach	had	
1697	dabar	spoken	
413	al	unto	
5315	Naphash	him;	
176	aw	and	
3876	lowt	Lot	
3212	yalak	went	

5750	owd	with	
5315	Naphash	him:	
176	aw	and	
87	abaram	Abram	
1961	hayach	was	
7657	shabaym	seventy	
176	aw	and	
2568	chamash	five	
8141	shanah	years	
1121	ban	old	
834	Asar	when	
1931	huw	he	
3318	yatsa	departed out	
5921	al	of	
2309	chadal	Haran..	4
176	aw	And	5
176	aw	And	
87	abaram	Abram	
3947	laqach	took	
8297	Asaray	Sarai	
5315	Naphash	his	
802	kashshah	wife	
176	aw	and	
3876	lowt	Lot	
5315	Naphash	his	
251	ach	brother's	
1121	ban	son,	
176	aw	and	
3605	kol	all	

1992	cham	their	
7399	rakuwsh	substance	
3588	ky	that	
1992	cham	they	
1961	hayach	had	
7408	rakash	gathered,	
176	aw	and	
5315	Naphash	the souls	
3588	ky	that	
1992	cham	they	
1961	hayach	had	
6213	ashah	gotten in	
2309	chadal	Haran;	
176	aw	and	
1992	cham	they	
3318	yatsa	went forth	
3212	yalak	to go	
413	al	into	
776	arats	the land	
5921	al	of	
3667	kanaan	Canaan;	
176	aw	and	
413	al	into	
776	arats	the land	
5921	al	of	
3667	kanaan	Canaan	
1992	cham	they	
935	bow	came.	5
176	aw	And	6

87	abaram	Abram	
5674	abar	passed	
6440	panym	through	
776	arats	the land	
413	al	unto	
4725	maqowm	the place	
5921	al	of	
7927	shakam	Sichem,	
413	al	unto	
436	alown	the plain	
5921	al	of	
4176	moreh	Moreh.	
176	aw	And	
5921	al	the	
3669	kanaan	Canaanay	
1961	hayach	was	
227	az	then	
413	al	in the	
776	arats	land.	6
176	aw	And	7
5921	al	the	
3068	Yachuwshauh	Lord	
7200	raah	appeared	
413	al	unto	
87	abaram	Abram,	
176	aw	and	
559	amar	said,	
413	al	Unto	
6258	attah	thy	

2233	zara	seed
165	ahy	will I
5414	Nathan	give
2063	zath	this
776	arats	land:
176	aw	and
8033	sham	there
1129	banah	builded
1931	huw	he
4196	mazbaach	an altar
413	al	unto
5921	al	the
3068	Yachuwshauh	Lord,
7200	raah	who appeared
413	al	unto
5315	Naphash	him.
176	aw	and
1931	huw	he
6275	athaq	removed
413	al	from
8033	sham	thence
413	al	unto
2022	har	a mountain
413	al	on the
6924	qadam	east
413	al	of
1008	baythal	Beth-el,
176	aw	and
5186	natah	pitched

7

8

5315	Naphash	his	
168	ahal	tent,	
1961	hayach	having	
1008	baythal	Beth-el	
413	al	on the	
3220	yam	west,	
176	aw	and	
5857	ay	Hai	
413	al	on the	
6924	qadam	east:	
176	aw	and	
8033	sham	there	
1931	huw	he	
1129	banah	builded	
4196	mazbaach	an altar	
413	al	unto the	
3068	Yachuwshauh	Lord,	
176	aw	and	
7121	qara	called	
413	al	upon the	
8033	sham	name	
5921	al	of the	
3068	Yachuwshauh	Lord.	8
176	aw	And	9
87	abaram	Abram	
5265	naca	journeyed	
1980	halak	going on	
5265	naca	still	
5704	ad	toward	

5045	nagab	the south.	9
176	aw	And	10
8033	sham	there	
1961	hayach	was	
7458	raab	a famine	
413	al	in the	
776	arats	land:	
176	aw	and	
87	abaram	Abram	
3381	yarad	went down	
413	al	into	
4714	matsaraym	Egypt	
1481	guwr	to sojourn	
8033	sham	there;	
413	al	for the	
7458	raab	famine	
1961	hayach	was	
3515	kabad	grievous	
413	al	in the	
776	arats	land.	10
176	aw	And	11
3426	yash	it	
1961	hayach	came to pass,	
834	Asar	when	
1931	huw	he	
1961	hayach	was	
7126	qarab	come near	
935	bow	to enter	
413	al	into	

4714	matsaraym	Egypt,	
3588	ky	that	
1931	huw	he	
559	amar	said	
413	al	unto	
8297	Asaray	Sarai	
5315	Naphash	his	
802	kashshah	wife,	
2009	hannah	Behold	
4994	na	now	
589	any	I	
3045	yada	know	
3588	ky	that	
383	aythay	thou art	
3303	yaphah	a fair	
802	kashshah	women	
4758	marah	to look	
413	al	upon:	11
5921	al	therefore	12
3426	yash	it shall	
1961	hayach	came to pass,	
3588	ky	when	
413	al	the	
4714	matsaraym	Egyptians	
3426	yash	shall	
7200	raah	see	
6258	attah	thee,	
3588	ky	that	
1992	cham	they	

3426	yash	shall	
559	amar	say,	
2063	zath	this	
1931	huw	is	
5315	Naphash	his	
802	kashshah	wife:	
176	aw	and	
1992	cham	they	
7522	ratsan	will	
2026	harag	kill	
589	any	me,	
2005	han	but	
1992	cham	they	
7522	ratsan	will	
2421	chayah	save	
6258	attah	thee	
2421	chayah	alive.	12
559	amar	Say	13
4994	anna	I pray thee,	
383	aythay	thou art	
589	any	my	
269	achowth	sister:	
3588	ky	that	
3426	yash	it	
194	wlay	may be	
3190	yatab	well	
5750	owd	with	
589	any	me	
413	al	for	

6258	attah	thy	
5668	abar	sake;	
176	aw	and	
589	any	my	
5315	Naphash	soul	
3426	yash	shall	
2421	chayah	live	
1558	galal	because	
5921	al	of	
6258	attah	thee	13
176	aw	And	14
3426	yash	it	
1961	hayach	came to pass,	
3588	ky	that, when	
87	abaram	Abram	
1961	hayach	was	
935	bow	come	
413	al	into	
4714	matsaraym	Egypt,	
5921	al	the	
4714	matsaraym	Egyptians	
7200	raah	beheld	
802	kashshah	the women	
3588	ky	that	
5315	Naphash	she	
1961	hayach	was	
3966	maad	very	
3303	yaphath	fair.	14
5921	al	The	15

8269	Ashar	princes	
1571	gam	also	
5921	al	of	
6547	parach	Pharaoh	
7200	raah	saw	
5315	Naphash	her,	
176	aw	and	
1984	halal	commended	
5315	Naphash	her	
6440	panym	before	
6547	parach	Pharaoh:	
176	aw	and	
802	kashshah	the women	
1961	hayach	was	
3947	laqach	taken	
413	al	into	
6547	parach	Pharaoh's	
1004	bayth	house.	15
176	aw	And	16
1931	huw	he	
6293	paga	intreated	
87	abaram	Abram	
3190	yatab	well	
413	al	for	
5315	Naphash	her	
5668	abar	sake:	
176	aw	and	
1931	huw	he	
1961	hayach	had	

6629	tsaown	sheep,	
176	aw	and	
1241	baqar	oxen	
176	aw	and	
1931	huw	he	
2543	chamar	asses,	
176	aw	and	
5650	bad	menservents,	
176	aw	and	
8198	shaphachah	maidservants	
176	aw	and	
860	athown	she asses	
176	aw	and	
1581	gamal	camels.	16
176	aw	And	17
5921	al	the	
3068	Yachuwshauh	Lord	
5060	naga	plagued	
6547	parach	Pharaoh	
176	aw	and	
5315	Naphash	his	
1004	bayth	house	
5750	owd	with	
1419	gadowl	great	
5061	naga	plagues	
5921	al	because of	
8297	Asaray	Sarai	
87	abaram	Abram's	
02	kashshah	wife.	17

176	aw	And	18
6547	parach	Pharaoh	
7121	qara	called	
87	abaram	Abram,	
176	aw	and	
559	amar	said,	
4100	mah	what	
1931	huw	is	
2063	zath	this	
3588	ky	that	
3426	yash	thou has	
6213	ashah	done	
413	al	unto	
589	any	me?	
4100	mah	why	
6213	ashah	didst	
3426	yash	thou	
3808	lah	not	
5046	nagad	tell	
589	any	me	
3588	ky	that	
5315	Naphash	she	
1961	hayach	was	
6258	attah	thy	
802	kashshah	wife?	18
4100	mah	why	19
559	amar	saidst	
3426	yash	thou,	
5315	Naphash	she	

1931	huw	is	
589	any	my	
269	achowth	sister?	
3651	kan	so	
589	any	I	
3201	yakal	might	
1961	hayach	have	
3947	laqach	taken	
315	Naphash	her	
413	al	to	
589	any	me	
413	al	to	
802	kashshah	wife:	
4994	na	now	
5921	al	therefore	
2009	hannah	Behold	
6258	attah	thy	
802	kashshah	wife,	
3947	laqach	take	
5315	Naphash	her,	
176	aw	and	
3212	yalak	go	
6258	attah	thy	
3212	yalak	way.	19
176	aw	And	20
6547	parach	Pharaoh	
1984	halal	commended	
5315	Naphash	his	
582	chanowsh	men	

5921	al	concerning
5315	Naphash	him:
176	aw	and
1992	cham	they
7971	shalach	sent
5315	Naphash	him
3212	yalak	way,
176	aw	and
5315	Naphash	his
802	kashshah	wife,
176	aw	and
3605	kol	all
3588	ky	that
1931	huw	he
1961	hayach	had.	20

CHAPTER

13

176	aw	AND	1
87	abaram	Abram	
5927	alah	went up	
413	al	out of	
4714	matsaraym	Egypt,	
1931	huw	he	
176	aw	and	
5315	Naphash	his	
802	kashshah	wife,	
176	aw	and	
3605	kol	all	
3588	ky	that	
1931	huw	he	
1961	hayach	had,	
176	aw	and	
3876	lowt	Lot	
5750	owd	with	
5315	Naphash	him,	
413	al	into the	

5045	nagab	south.	1
176	aw	AND	2
87	abaram	Abram	
961	hayach	was	
3966	maad	very	
3513	kabad	rich	
4735	maqnah	in cattle,	
3701	kacaph	in silver,	
176	aw	and	
2091	zahab	in gold.	2
176	aw	And	3
1931	huw	he	
3212	yalak	went on	
5315	Naphash	his	
4550	macca	journeys	
413	al	from the	
5045	nagab	south	
1571	gam	even to	
1008	baythal	Beth-el,	
413	al	unto	
4725	maqam	the place	
834	Asar	where	
5315	Naphash	his	
168	ahal	tent	
1961	hayach	had been	
176	av	at	
8462	tachallah	the beginning,	
996	bayn	between	
1008	baythal	Beth-el	

176	aw	and	
5857	ay	Hai;	3
413	al	Unto the	4
4725	maqowm	place	
5921	al	of	
4196	mazbaach	the altar,	
834	Asar	which	
1931	huw	he	
1961	hayach	had	
6213	ashah	made	
8033	sham	there	
176	av	at	
7223	rashown	the first:	
176	aw	and	
8033	sham	there	
87	abaram	Abram	
7121	qara	called	
413	al	on the	
8033	sham	name	
5921	al	of the	
3068	Yachuwshauh	Lord.	4
176	aw	And	5
3876	lowt	Lot	
1571	gam	also,	
834	Asar	which	
3212	yalak	went	
5750	owd	with	
87	abaram	Abram,	
1961	hayach	had	

6629	tsaown	flocks,	
176	aw	and	
1241	baqar	herds,	
176	aw	and	
168	ahal	tents.	5
176	aw	And	6
5921	al	the	
776	arats	land	
1961	hayach	was	
3808	lah	not	
5375	nasha	able to bear	
1992	cham	them,	
3588	ky	that	
1992	cham	they	
3201	yakal	might	
3427	yashab	dwell	
3162	yachad	to gether:	
413	al	for	
1992	cham	their	
7399	rakash	substance	
1961	hayach	was	
7227	rab	great,	
3651	kan	so	
3588	ky	that	
1992	cham	they	
3201	yakal	could	
3808	lah	not	
3427	yashab	dwell	
3162	yachad	to gether.	6

176	aw	And	7
8033	sham	there	
1961	hayach	was	
7379	ruwb	a strife	
996	bayn	between	
7473	ray	the herdsmen	
5921	al	of	
87	abaram	Abram's	
4735	maqnah	cattle	
176	aw	and	
7473	ray	the herdsmen	
5921	al	of	
3876	lowt	Lot's	
4735	maqnah	cattle:	
176	aw	and	
5921	al	the	
3669	kanaan	Canaanay	
176	aw	and	
5921	al	the	
6522	parazzay	Perizzite	
3427	yashab	dwelled	
227	az	then	
413	al	in the	
776	arats	land.	7
176	aw	And	8
87	abaram	Abram	
559	amar	said	
413	al	unto	
3876	lowt	Lot,	

5186	natah	let
8033	sham	there
1933	hava	be
3808	lah	not
4808	marybah	strife,
4994	anna	I pray thee,
996	bayn	between
589	any	me
176	aw	and
6258	attah	thee,
176	aw	and
996	bayn	between
589	any	my
7473	ray	the herdsmen
176	aw	and
6258	attah	thy
7473	ray	the herdsmen;
413	al	for
587	anachnuw	we
1933	hava	be
251	ach	brethren.	8
1931	huw	Is	9
3808	lah	not
3605	kol	the whole
776	arats	land
6440	panym	before
6258	attah	thee?
6504	parad	separate
5315	Naphash	thyself,

4994	anna	I pray thee,
413	al	from
589	any	me
518	am	if
3426	yash	thou wilt
3947	laqach	take
8040	shamwl	the left
3027	yad	hand,
227	az	then
165	ahy	I will
3212	yalak	go to
3231	yaman	the right;
176	av	or
518	am	if
3426	yash	thou
5493	shuwr	depart
413	al	to
3231	yaman	the right
3027	yad	hand,
227	az	then
165	ahy	I will
3212	yalak	go to
8040	shamwl	the left. 9
176	aw	And
3876	lowt	Lot,
5375		
5315	Naphash	his
5869	ayn	eyes,
176	aw	and

7200	raah	beheld
3605	kol	all
3603	kakkar	the plain
5921	al	of
3383	yaradan	Jordan,
3588	ky	that
3426	yash	it
1961	hayach	was
3190	yatab	well
4945	mashqah	watered
3605	kol	every
834	Asar	where,
6440	panym	before
5921	al	the
3068	Yachuwshauh	Lord
7843	shachath	destroyed
5467	cadam	Sodom,
176	aw	and
6017	amarah	Gomorah,
1571	gam	even as
1588	gan	the garden
5921	al	of the
3068	Yachuwshauh	Lord,
3651	kan	like
776	arats	the land
5921	al	of
4714	matsaraym	Egypt,
1571	gam	as
3426	yash	thou

935	bow	comest	
413	al	unto	
6820	tsaar	Zoar.	10
227	az	Then	11
3876	lowt	Lot,	
977	bachar	chose	
5315	Naphash	him	
3605	kol	all	
3603	kakkar	the plain	
5921	al	of	
3383	yaradan	Jordan;	
176	aw	and	
3876	lowt	Lot	
5265	naca	journeyed	
6924	qadam	east:	
176	aw	and	
1992	cham	they	
6504	parad	separated	
1992	cham	themselves	
5921	al	the	
376	kash	one	
413	al	from the	
251	ach	other.	11
87	abaram	Abram	12
3427	yashab	dwelled	
413	al	in the	
776	arats	land	
5921	al	of	
3669	kanaan	Canaanay,	

176	aw	and	
3876	lowt	Lot	
3427	yashab	dwelled	
413	al	in the	
5892	ayar	cities	
5921	al	of the	
3603	kakkar	plain,	
176	aw	and	
8186	natah	pitched	
5315	Naphash	his	
168	ahal	tent	
5704	owd	toward	
5467	cadam	Sodom.	12
2005	han	But	13
413	al	the	
582	chanash	men	
5921	al	of	
5467	cadam	Sodom	
1961	hayach	was	
7451	ra	wicked	
176	aw	and	
2400	chatta	sinners	
6440	panym	before	
5921	al	the	
3068	Yachuwshauh	Lord	
3966	maad	exceedingly	13
176	aw	And	14
5921	al	the	
3068	Yachuwshauh	Lord	

559	amar	said	
413	al	unto	
87	abaram	Abram,	
310	achar	after	
3588	ky	that	
3876	lowt	Lot	
1961	hayach	was	
6504	parad	separated	
413	al	from	
5315	Naphash	him,	
5375	nasha	lifted up	
6258	attah	now	
5315	Naphash	thine	
5869	ayn	eyes,	
176	aw	and	
7200	raah	look	
413	al	from	
4725	maqam	the place	
834	Asar	where	
383	aythay	thou art	
6828	tsaphan	northward,	
176	aw	and	
5045	nagab	southward,	
176	aw	and	
6924	qadmah	eastward	
176	aw	and	
3220	yam	westward:	14
413	al	For	15
3605	kol	all	

776	arats	the land	
834	Asar	which	
3426	yash	thou	
7200	raah	seest,	
413	al	to	
859	attah	thee	
165	ahy	will I	
5414	Nathan	give it,	
176	aw	and	
413	al	to	
859	attah	thy	
2233	zara	seed	
5769	alam	for ever .	15
176	aw	And	16
165	ahy	I will	
7760	shuwm	make	
859	attah	thy	
2233	zara	seed	
1571	gam	as	
6083	aphar	the dust	
5921	al	of the	
776	arats	earth:	
3651	kan	so	
3588	ky	that	
518	am	if	
376	kash	a man	
3201	yakal	can	
4487	manah	numbered.	16
6965	quwm	Arise,	17

1980	halak	walk	
6440	panym	through	
776	arats	the land	
413	al	in the	
753	arak	length	
5921	al	of	
3426	yash	it	
176	aw	and	
413	al	in the	
7341	rachab	breadth	
5921	al	of	
3426	yash	it;	
413	al	for	
165	ahy	I will	
414	Nathan	give it	
413	al	unto	
859	attah	thee.	17
227	az	Then	18
87	abaram	Abram	
6275	athaq	removed	
5315	Naphash	his	
168	ahal	tent,	
176	aw	and	
935	bow	came	
176	aw	and	
3426	yashab	dwelt	
413	al	in the	
3603	kakkar	plain	
5921	al	of	

4471	mamra	Mamre,
834	Asar	which
1931	huw	is
413	al	in
2275	chabaran	Hebron,
176	aw	and
1129	banah	built
8033	sham	there
4196	mazbaach	an altar
413	al	unto
5921	al	the
3068	Yachuwshauh	lord.

CHAPTER

14

176	aw	And	1
3426	yash	it	
1961	hayach	came to pass	
413	al	in the	
3117	yowm	days	
5921	al	of	
569	amaraphal	Amraphel	
4428	malak	king	
5921	al	of	
8152	shanar	Shinar,	
746	arayowk	Arioch	
4428	malak	king	
5921	al	of	
495	allacar	Ellasar,	
3540	kadarlaamar	Chedorlaomer	
4428	malak	king	
5921	al	of	
5867	aylam	Elam	
176	aw	and	

8413	thadal	Tidal	
4428	malak	king	
5921	al	of	
1471	gowy	nations.	1
3588	ky	That	2
428	allah	these	
6213	asah	made	
4421	malchamah	war	
5750	owd	with	
1298	bara	Bera	
4428	malak	king	
5921	al	of	
5467	cadam	Sodom,	
176	aw	and	
5750	owd	with	
1306	barasha	Birsha	
4428	malak	king	
5921	al	of	
6017	amarah	Gomorah,	
8134	shanab	Shinab	
126	admah	Admah,	
176	aw	and	
8038	shamabar	Shemeber	
4428	malak	king	
5921	al	of	
6636	tsabaym	Zeboim,	
176	aw	and	
5921	al	the	
4428	malak	king	

5921	al	of	
1106	bala	Bela,	
834	Asar	which	
1931	huw	is	
6820	tsaar	Zoar.	2
3605	kol	All	3
428	allah	these	
1961	hayach	were	
2266	chabar	joined	
3162	yachad	together	
413	al	in the	
6010	amaq	vale	
5921	al	of	
7708	shaddaym	Siddim,	
834	Asar	which	
1931	huw	is	
5921	al	the	
4417	malach	salt	
3220	yam	Sea.	3
8147	shanaym	Twelve	4
8141	shanah	years	
1992	cham	they	
5647	bad	served	
3540	kadarlaamar	Chedorlaomer	
176	aw	and	
413	al	in the	
7969	shalowsh	thirteenth	
8141	shanah	year	
1992	cham	they	

4775	marad	rebelled.	4
176	aw	And	5
413	al	in the	
702	arba	fourteenth	
41	shanah	year	
935	bow	came	
3,540	kadarlaamar	Chedorlaomer	
176	aw	and	
5921	al	the	
4428	malak	king	
3588	ky	that	
1961	hayach	were	
5750	owd	with	
5315	Naphash	him,	
176	aw	and	
5221	nakah	smote	
7497	rapha	the Raphaim	
413	al	in	
6255	ashatarothqarnaym	Ashteroth karnaim,	
176	aw	and	
5921	al	the	
2104	zuwzym	Zuzim	
413	al	in	
1990	cham	Ham,	
176	aw	and	
413	al	the	
368	aymym	Emim	
413	al	in	
7741	shavahqaryathaym	Shaveh kiriathaim,	5

176	aw	And	6
5921	al	the	
2752	chary	Horites	
413	al	in	
1992	cham	their	
2042	charar	mount	
8165	shayr	Seir,	
413	al	unto	
364	aylpharan	El-paran,	
834	Asar	which	
1931	huw	is	
1870	darak	by	
4057	madbar	the wilderness.	6
176	aw	And	7
1992	cham	they	
7725	shuwb	returned,	
176	aw	and	
935	bow	came to	
5880	aynmashapat	En-Mashpat,	
834	Asar	which	
1931	huw	is	
6946	qadash	Kadesh,	
176	aw	and	
5221	nakah	smote	
3605	kol	all	
776	arats	the country	
5921	al	of the	
6003	amalaqy	Amalekites,	
176	aw	and	

1571	gam	also	
5921	al	the	
567	amaray	Amorite,	
3588	ky	that	
3427	yashab	dwelt	
413	al	in	
2688	chatsatsantamar	Hazezon-Tamar.	7
176	aw	And	8
8033	sham	there	
3318	yatsa	went out	
4428	malak	the king	
5921	al	of	
5467	cadam	Sodom,	
176	aw	and	
5921	al	the	
4428	malak	king	
5921	al	of	
6017	amarah	Gomorah,	
176	aw	and	
5921	al	the	
4428	malak	king	
5921	al	of	
126	admah	Admah,	
176	aw	and	
5921	al	the	
4428	malak	king	
5921	al	of	
6636	tsabaym	Zeboim,	
176	aw	and	

5921	al	the	
4428	malak	king	
5921	al	of	
1106	bala	Bela,	
5921	al	(the	
1931	huw	same is	
6820	tsaar	Zoar;)	
176	aw	and	
1992	cham	they	
2266	chabar	joined	
4421	malchamah	battle	
5750	owd	with	
1992	cham	them	
413	al	in the	
6010	amaq	vale	
5921	al	of	
7708	shaddaym	Siddim;	8
5750	owd	With	9
540	kadarlaamar	Chedorlaomer	
5921	al	the	
4428	malak	king	
5921	al	of	
867	aylam	Elam,	
176	aw	and	
5750	owd	with	
8413	tadal	Tidal	
4428	malak	king	
5921	al	of	
1471	gowy	nations,	

176	aw	and	
569	amaraphal	Amraphel	
428	malak	king	
5921	al	of	
8152	shanar	Shinar,	
176	aw	and	
746	arayowk	Arioch	
4428	malak	king	
5921	al	of	
495	allacar	Ellasar;	
702	arba	four	
4428	malak	kings	
5750	owd	with	
2568	chamash	five.	9
176	aw	And	10
5921	al	the	
6010	amaq	vale	
5921	al	of	
7708	shaddaym	Siddim;	
1961	hayach	was	
8003	shalam	full	
5921	al	of	
2564	chamar	slimepits:	
176	aw	and	
5921	al	the	
4428	malak	king	
5921	al	of	
5467	cadam	Sodom,	
176	aw	and	

6017	amarah	Gomorah,	
5127	nuwc	fled,	
176	aw	and	
5307	naphal	fell	
8033	sham	there;	
176	aw	and	
1992	cham	they	
3588	ky	that	
7604	shaar	remained	
5127	nuwc	fled	
413	al	to the	
2022	har	mountain.	10
176	aw	And	11
1992	cham	they	
3947	laqach	took	
3605	kol	all	
7399	rakash	the goods	
921	al	of	
5467	cadam	Sodom,	
176	aw	and	
6017	amarah	Gomorah,	
176	aw	and	
3605	kol	all	
1992	cham	their	
400	akal	victuals,	
176	aw	and	
3212	yalak	went	
1992	cham	their	
3212	yalak	way.	11

176	aw	And	12
1992	cham	they	
3947	laqach	took	
3876	lowt	Lot,	
87	abaram	Abram's	
251	ach	brother's	
1121	ban	son,	
1931	huw	who	
3427	yashab	dwelt	
413	al	in	
5467	cadam	Sodom,	
176	aw	and	
5315	Naphash	his	
7399	rakash	goods,	
176	aw	and	
3212	yalak	departed.	12
176	aw	And	13
8033	sham	there	
935	bow	came	
376	kash	one	
3588	ky	that	
1961	hayach	had	
6412	phalat	escaped,	
176	aw	and	
5046	nagad	told	
87	abaram	Abram	
5921	al	the	
5680	abar	Hebrew;	
413	al	for	

1931	huw	he	
3427	yashab	dwelt	
413	al	in the	
436	alan	plain	
5921	al	of	
4471	mamra	Mamre,	
5921	al	the	
567	amaray	Amorite,	
251	ach	brother	
5921	al	of	
812	ashakal	Eshcol,	
176	aw	and	
251	ach	brother	
5921	al	of	
6063	anar	Aner:	
176	aw	and	
428	allah	these	
1961	hayach	were	
1167	baal	confederate	
5750	owd	with	
87	abaram	Abram.	13
176	aw	And	14
3588	ky	when	
87	abaram	Abram	
8083	shama	heard	
3588	ky	that	
5315	Naphash	his	
251	ach	brother	
1961	hayach	was	

3947	laqach	taken	
7617	shabah	captive,	
1931	huw	he	
7324	ruwq	armed	
5315	Naphash	his	
2593	chanyk	trained	
5650	bad	servants,	
3211	yalayd	born	
413	al	in	
5315	Naphash	his	
3548	kahan	own	
1004	bayth	house,	
7969	shalowsh	three	
3967	maah	hundred	
176	aw	and	
8083	shamanah	eighteen,	
176	aw	and	
7291	radaph	pursued	
1992	cham	them	
413	al	unto	
1835	dan	Dan.	14
176	aw	And	15
1931	hy	he	
2505	chalaq	divided	
1931	huw	himself	
5921	al	against	
1992	cham	them,	
1931	hy	he	
176	aw	and	

5315	Naphash	his	
5650	bad	servants,	
1870	darak	by	
3915	layl	night	
176	aw	and	
5221	nakah	smote	
1992	cham	them,	
176	aw	and	
7291	radaph	pursued	
1992	cham	them	
413	al	unto	
2327	chabah	Hobah,	
834	Asar	which	is on
8040	shamal	the left	
3027	yad	hand	
5921	al	of	
1834	dammashaq	Damascus.	15
176	aw	And	16
1931	hy	he	
7725	shuwb	brought back	
3505	kol	all	
5921	al	the	
7399	rakash	goods,	
176	aw	and	
1571	gam	also	
7725	shuwb	brought again	
5315	Naphash	his	
251	ach	brother	
3876	lowt	Lot,	

176	aw	and
5315	Naphash	his
7399	rakash	goods,
176	aw	and
5921	al	the
802	kashshah	women
1571	gam	also,
176	aw	and
5921	al	the
518	am	people.	16
176	aw	And	17
4428	malak	the king
5921	al	of
5467	cadam	Sodom,
3318	yatsa	went out
7125	qarah	to meet
5315	Naphash	him
310	achar	after
5315	Naphash	his
7725	shuwb	return
413	al	from the
5221	nakah	slaughter
5921	al	of
540	kadarlaamar	Chedorlaomer,
176	aw	and
5921	al	of
4428	malak	the kings
3588	ky	that
1961	hayach	were

5750	owd	with	
5315	Naphash	him,	
176	av	at	
5921	al	the	
6010	amaq	valley	
5921	al	of	
7740	shavah	Shaveh,	
834	Asar	which is	
4428	malak	the king's	
6010	amaq	dale.	17
176	aw	And	18
4442	malakytsadaq	Melchizedek	
4428	malak	king	
5921	al	of	
8004	shalam	Salem	
3318	yatsa	brought forth	
3899	lacham	bread	
176	aw	and	
3196	yayn	wine:	
176	aw	and	
1931	huw	he	
1961	hayach	was	
5921	al	the	
3548	kahan	priest	
5921	al	of the	
5945	alyan	most high	
410	al	God.	18
176	aw	And	19
1931	huw	he	

1288	barak	blessed	
5315	Naphash	him,	
176	aw	and	
559	amar	said	
1288	barak	blessed be	
87	abaram	Abram	
5921	al	of the	
5945	alyan	most high	
410	al	God,	
7069	qanah	possessor	
5921	al	of	
8064	shamaym	heaven	
176	aw	and	
776	arats	earth:	19
176	aw	And	20
1288	barak	blessed be	
5921	al	the	
5945	alyan	most high	
410	al	God,	
834	Asar	which	
1961	hayach	hath	
4042	magan	delivered	
5315	Naphash	thine	
6862	tsar	enemies	
413	al	into	
5315	Naphash	thy	
3027	yad	hand.	
176	aw	and	
1931	huw	he	

5414	Nathan	gave	
5315	Naphash	him	
4643	maashar	tithes	
5921	al	of	
3605	kol	all.	20
176	aw	And	21
4428	malak	the king	
5921	al	of	
5467	cadam	Sodom,	
559	amar	said	
413	al	unto	
87	abaram	Abram,	
5414	Nathan	Give	
589	any	me	
5315	Naphash	the persons,	
176	aw	and	
3947	laqach	take	
7399	rakash	the goods	
413	al	to	
5315	Naphash	thyself.	21
176	aw	And	22
87	abaram	Abram	
559	amar	said	
413	al	to	
4428	malak	the king	
5921	al	of	
5467	cadam	Sodom,	
3426	yash	I have	
5375	nasha	lifted up	

5978	ammad	mine	
3027	yad	hand	
413	al	unto	
5921	al	the	
3068	Yachuwshauh	Lord,	
5921	al	the	
5945	alyan	most high	
410	al	God,	
7069	qanah	possessor	
5921	al	of	
8064	shamaym	heaven	
176	aw	and	
776	arats	earth,	22
3588	ky	That	23
165	ahy	I will	
3808	lah	not	
3947	laqach	take	
413	al	from	
2339	chuwt	a thread	
5704	ad	even to	
8288	sharak	a shoelatchet,	
176	aw	and	
3588	ky	that	
165	ahy	I will	
3808	lah	not	
3947	laqach	take	
3605	kol	any thing	
3588	ky	that	
3426	yash	is	

5315	Naphash	thine,	
3808	lah	lest	
3426	yash	thou shouldest	
559	amar	say,	
3426	yash	I have	
6213	ashah	made	
87	abaram	Abram	
6238	ashar	rich:	23
1107	baladay	Save	24
7535	raq	only	
3588	ky	that	
834	Asar	which	
5288	naar	the young	
582	chanash	men	
1961	hayach	have	
398	akal	eaten,	
176	aw	and	
5921	al	the	
2506	chalaq	portion	
5921	al	of the	
582	chanash	men	
834	Asar	which	
1980	halak	went	
5704	owd	with	
589	any	me,	
6063	anar	Aner,	
812	ashakal	Eshcol,	
176	aw	and	
4471	mamra	Mamre;	

5186	natah	let	
1992	cham	them	
3947	laqach	take	
1992	cham	their	
2506	chalaq	portion.	24

CHAPTER

15

310	achar	After	1
428	allah	these	
1697	dabar	things	
1697	dabar	the word	
5921	al	of the	
3068	Yachuwshauh	Lord	
1961	hayach	came	
413	al	unto	
87	abaram	Abram	
413	al	in	
4236	machazah	a vision,	
559	amar	saying,	
3372	yara	Fear	
3808	lah	not,	
87	abaram	Abram	
1961	hayach	I am	
5315	Naphash	thy	
4043	magan	shield,	
176	aw	and	

5315	Naphash	thy	
3966	maad	exceeding	
7235	rabah	great	
7939	shakar	reward.	1
176	aw	and	
87	abaram	Abram	2
559	amar	said,	
3068	Yachuwshauh	Lord	
3069	Yachuwshauh	God,	
4100	mah	what	
3426	yash	wilt thou	
5414	Nathan	give	
589	any	me,	
7200	raah	seeing	
589	any	I	
1980	halak	go	
6185	aryry	childless,	
176	aw	and	
5921	al	the	
1121	ban	steward	
5921	al	of	
589	any	my	
1004	bayth	house	
1931	huw	is this	
461	alyazar	Eliezer	
5921	al	of	
1834	dammashaq	Damascus?	2
176	aw	And	3
87	abaram	Abram	

559	amar	said,	
2005	hannah	Behold,	
413	al	to	
589	any	me	
3426	yash	thou hast	
5414	Nathan	given	
3808	lah	no	
2233	zara	seed:	
176	aw	and,	
2009	hannah	lo,	
376	kash	one	
1121	ban	born	
413	al	in	
589	any	my	
1004	bayth	house	
1931	huw	is	
589	any	mine	
3423	yarash	heir.	3
176	aw	And,	4
2005	han	behold,	
1697	dabar	the word	
5921	al	of the	
3068	Yachuwshauh	Lord	
1961	hayach	came	
413	al	unto	
5315	Naphash	him,	
559	amar	saying,	
2088	zah	this	
3426	yash	shall	

3808	lah	not	
1934	hava	be	
5315	Naphash	thine	
3423	yarash	heir;	
2005	han	but	
1931	huw	he	
3588	ky	that	
3426	yash	shall	
3318	yatsa	come forth out	
5921	al	of	
5315	Naphash	thine	
3548	kahan	own	
4578	maah	bowels	
3426	yash	shall be	
5315	Naphash	thine	
3423	yarash	heir.	4
176	aw	And	5
1931	hy	he	
3318	yatsa	brought	
5315	Naphash	him	
3318	yatsa	forth	
2351	chuwts	abroad,	
176	aw	and	
559	amar	said,	
5027	nabat	look	
4994	na	now	
5704	owd	toward	
8064	shamaym	heaven,	
176	aw	and	

5608	caphar	tell	
5921	al	the	
3556	kakab	stars,	
518	am	if	
859	attanah	thou	
3201	yakal	be able	
5608	caphar	to number	
1992	cham	them:	
176	aw	and	
1931	huw	he	
559	amar	said	
413	al	unto	
5315	Naphash	him	
3541	koh	So	
5315	Naphash	thy	
2233	zara	seed	
3426	yash	be	5
176	aw	And	6
1931	huw	he	
539	aman	believed	
5921	al	in the	
3068	Yachuwshauh	lord;	
176	aw	and	
1931	huw	he	
2803	chashab	counted it	
413	al	to	
5315	Naphash	him	
413	al	for	
6666	tsadaqah	righteousness	6

176	aw	And	7
1931	huw	he	
559	amar	said	
413	al	unto	
5315	Naphash	him,	
1961	hayach	I am	
5921	al	the	
3068	Yachuwshauh	lord	
3588	ky	that	
3318	yatsa	brought	
859	attanah	thee	
3318	yatsa	out	
5921	al	of	
5780	uwts	Ur	
5921	al	of the	
3778	kashalday	Chaldees,	
413	al	to	
5414	Nathan	give	
859	attanah	thee	
2063	zath	this	
776	arats	land	
3423	yarash	to inherit	
3426	yash	it.	7
176	aw	And	8
1931	huw	he	
559	amar	said,	
136	adanay	lord	
3068	Yachuwshauh	God,	
4100	mah	whereby	

3426	yash	shall I	
3045	yada	know	
3588	ky	that	
3426	yash	I shall	
3423	yarash	to inherit	
3426	yash	it.?	8
176	aw	And	9
1931	huw	he	
559	amar	said	
413	al	unto	
5315	Naphash	him,	
3947	laqach	Take	
589	any	me	
5697	aglah	a heifer	
5921	al	of	
8027	shalash	three years old,	
176	aw	and	
5315	Naphash	a she	
5795	az	goat	
5921	al	of	
8027	shalash	three years old	
176	aw	and	
352	ayl	a ram	
5921	al	of	
8027	shalash	three years old,	
176	aw	and	
8449	thar	a turtle dove,	
176	aw	and	
1469	gazal	a young pigeon.	9

76	aw	And	10
1931	huw	he	
23947	laqach	took	
413	al	unto	
5315	Naphash	him,	
3605	kol	all	
428	allah	these,	
176	aw	and	
1334	bathar	divided	
1992	cham	them	
413	al	in the	
8432	tavak	midst	
176	aw	and	
5414	Nathan	laid	
376	kash	each	
1335	bathar	piece	
376	kash	one	
7125	qarah	against	
7453	raa	another:	
2005	han	but	
6833	tsaphar	the birds	
1334	bathar	divided	
1931	huw	he	
3808	lah	not.	10
176	aw	And	11
3588	ky	when	
5861	ayat	fowls	
3381	yarad	came down	
413	al	upon	

6297	phagar	the carcases,	
87	abaram	Abram	
5380	nashab	drove	
1992	cham	them	
3212	yalak	away	11
176	aw	And	12
1961	hayach	when	
5921	al	the	
8121	shamash	sun	
1961	hayach	was	
935	bow	going down	
8639	thardamah	a deep sleep	
5307	naphal	fell	
413	al	upon	
87	abaram	Abram:	
176	aw	and	
2009	hannah	lo,	
367	aymah	a horror	
5921	al	of	
1419	gadal	great	
2825	chashakah	darkness	
5307	naphal	fell	
413	al	upon	
5315	Naphash	him.	12
176	aw	And	13
1931	huw	he	
559	amar	said	
413	al	unto	
87	abaram	Abram,	

3045	yada	Know	
5921	al	of	
3045	yada	a surety	
3588	ky	that	
5315	Naphash	thy	
2233	zara	seed	
3426	yash	shall be	
1616	gar	a stranger	
413	al	in	
776	arars	a land	
3588	ky	that	
1931	huw	is	
3808	lah	not	
1992	cham	theirs,	
176	aw	and	
3426	yash	shall	
5647	bad	serve	
1992	cham	them;	
176	aw	and	
1992	cham	they	
3426	yash	shall	
6031	anah	afflict	
1992	cham	them;	
702	arba	four	
3967	maah	hundred	
8141	shanah	years.	13
176	aw	And	14
1571	gam	also	
3588	ky	that	

1471	gowy	nation,	
834	Asar	whom	
1992	cham	they	
3426	yash	shall	
5647	bad	serve,	
165	ahy	will I	
1777	dyn	judge:	
176	aw	and	
310	achar	afterward	
3426	yash	shall	
1992	cham	they	
3318	yatsa	come out	
5750	owd	with	
1419	gadal	great	
7399	rakash	substance.	14
176	aw	And	15
3426	yash	thou shalt	
935	bow	go to	
5315	Naphash	thy	
1	ab	fathers	
7965	shalam	in peace;	
3426	yash	thou shalt	be
6912	qabar	buried	
413	al	in	
2896	tab	a good	
7872	shaybah	old age.	15
2005	han	But	16
413	al	in the	
7243	rabayy	fourth	

1755	dar	generation	
1992	cham	they	
3426	yash	shall	
7725	shuwb	come	
2008	hannah	hither	
7725	shuwb	again:	
413	al	for the	
5771	avan	iniquity	
5921	al	of the	
567	amaray	Amorites	
1931	huw	is	
3808	lah	not	
5704	ad	yet	
8003	shalam	full.	16
176	aw	And	17
3426	yash	it	
1961	hayach	came to pass,	
3588	ky	that,	
1961	hayach	when	
8121	shamash	the sun	
935	bow	went down,	
176	aw	And	
3426	yash	it	
1961	hayach	was	
5939	alatah	dark,	
2009	hannah	behold	
6227	ashan	a smoking	
8574	tannuer	furnace,	
176	aw	and	

784	ash	a burning	
3940	lappad	lamp	
3588	ky	that	
5674	abar	passed	
996	bayn	between	
428	allah	those	
1506	gazar	pieces.	17
413	al	In the	18
1931	huw	same	
3117	yowm	day	
5921	al	the	
3068	Yachuwshauh	Lord	
3772	karath	made	
1285	barath	a covenant	
5750	owd	with	
87	abaram	Abram,	
559	amar	saying,	
413	al	Unto	
5315	Naphash	thy	
2233	zara	seed	
1961	hayach	have I	
5414	Nathan	given	
2063	zath	this	
776	arats	land,	
413	al	from the	
5104	nachar	river	
5921	al	of	
4714	matsaraym	Egypt	
413	al	unto the	

1419	gadal	great	
5104	nachar	river,	
5921	al	the	
5104	nachar	river,	
6578	parath	Euphrates	18
5921	al	The	19
7017	qayny	kenites,	
176	aw	and	
5921	al	the	
7074	qanazzay	kenizzites	
176	aw	and	
5921	al	the	
6935	qadmany	kadmonites,	19
176	aw	And	20
5921	al	the	
2850	chathathy	Hittites,	
176	aw	and	
5921	al	the	
6522	parazzy	Perizites,	
176	aw	and	
5921	al	the	
7497	rapha	Rephaim.	20
176	aw	And	21
5921	al	the	
567	amaray	Amorites,	
176	aw	and	
5921	al	the	
3669	kanaan	Canaanay,	
176	aw	and	

5921	al	the	
1622	gargashy	Girgashites,	
176	aw	and	
5921	al	the	
2983	yabuwsh	Jebusites.	21

CHAPTER

16

4994	na	Now	1
8297	Asaray	Sarai	
87	abaram	Abram's	
802	kashshah	wife	
3205	yalad	bare	
5315	Naphash	him	
3808	lah	no	
1121	ban	children:	
176	aw	and	
5315	Naphash	she	
1961	hayach	had	
8198	shphchah	a handmaid	
176	av	an	
4714	matsaraym	Egyptian,	
834	Asar	whose	
8033	sham	name	
1961	hayach	was	
1904	chagar	Hagar.	1
176	aw	And	2
8297	Asaray	Sarai	

559	amar	said
413	al	unto
87	abaram	Abram,
2005	hannah	behold
4994	na	now,
5921	al	the
3068	Yachuwshauh	Lord
3426	yas	hath
6113	atsar	restrained
589	any	me
413	al	from
3205	yalad	bearing:
4994	na	I pray thee
935	bow	go in
413	al	unto
589	any	my
8198	shaphachah	maid;
194	uwlay	it may be
3588	ky	that
589	any	I
194	uwlay	may
1129	banah	obtain
1121	ban	children
1870	darak	by
5315	Naphash	her.
176	aw	and
87	abaram	Abram,
8083	shama	hearkened
413	al	to the
6963	qal	voice
5921	al	of

8297	Asaray	Sarai.	2
176	aw	And	3
8297	Asaray	Sarai	
87	abaram	Abram's	
802	kashshah	wife	
3947	laqach	took	
1904	chagar	Hagar	
5315	Naphash	her.	
8198	shaphachah	maid	
5921	al	the	
4714	matsaraym	Egyptian,	
310	achar	after	
87	abaram	Abram	
1961	hayach	had	
3427	yashab	dwelt	
6235	Asar	ten	
8141	shanah	years	
413	al	in the	
776	arats	land	
5921	al	of	
3669	kanaan	Canaanay,	
176	aw	and	
5414	Nathan	gave	
5315	Naphash	her.	
413	al	to	
5315	Naphash	her	
376	kash	husband	
87	abaram	Abram	
3426	yash	to be	
5315	Naphash	his	
802	kashshah	wife.	3

176	aw	And	4
1931	huw	he	
935	bow	went in	
413	al	unto	
1904	chagar	Hagar,	
176	aw	and	
5315	Naphash	she	
2030	harah	conceived:	
176	aw	and	
1961	hayach	when	
176	aw	and	
1961	hayach	when	
5315	Naphash	she	
7200	raah	saw	
3588	ky	that	
5315	Naphash	she	
1961	hayach	had	
2030	harah	conceived:,	
5315	Naphash	her	
1404	gabarath	mistress	
1961	hayach	was	
7043	qalal	despised in	
5315	Naphash	her	
5869	ayn	eyes.	4
176	aw	And	5
8297	Asaray	Sarai	
559	amar	said	
413	al	unto	
87	abaram	Abram,	
589	any	My	
2555	chamac	wrong be	

413	al	upon
859	attah	thee
1961	hayach	I have
5414	Nathan	given
589	any	my
8198	shaphchah	handmaid
413	al	unto
5315	Naphash	thy
2436	chaq	bosom:
176	aw	and
1961	hayach	when
5315	Naphash	she
7200	raah	saw
3588	ky	that
5315	Naphash	she
1961	hayach	had
2030	harah	conceived
3426	yash	I was
7043	qalal	despised in
5315	Naphash	her
5869	ayn	eyes.
5921	al	the
3068	Yachuwshauh	Lord
8199	shaphat	judge
996	bayn	between
589	any	me
176	aw	and
859	attah	thee.	5
2005	han	But	6
87	abaram	Abram
559	amar	said

413	al	unto	
8297	Asaray	Sarai,	
2009	hannah	Behold,	
5315	Naphash	thy	
8198	shaphchah	handmaid	
3426	yash	is in	
5315	Naphash	thy	
3027	yad	hand;	
6213	asah	do to	
5315	Naphash	her	
1931	hy	as it	
2896	tab	pleaseth	
859	attah	thee.	
176	aw	and	
1961	hayach	when	
8297	Asaray	Sarai,	
6213	ashah	dealt	
6031	anah	hardly	
5750	owd	with	
5315	Naphash	her,	
5315	Naphash	she	
1272	barach	fled	
413	al	from	
5315	Naphash	she	
6440	panym	face	6
176	aw	And	7
5921	al	the	
4397	malak	angel	
5921	al	of the	
3068	Yachuwshauh	Lord	
4672	matsa	found	

5315	Naphash	her,
1870	darak	by
5869	ayn	a fountain
5921	al	of
4325	maym	water
5921	al	in the
4057	madabar	wilderness,
1870	darak	by
5921	al	the
5869	ayn	fountain
5921	al	in the
1870	darak	by
413	al	to
7793	shuwr	Shur.	7
176	aw	And	8
1931	huw	he
559	amar	said,
1904	chagar	Hagar,
8297	Asaray	Sarai's
8198	shaphchah	maid,
335	ay	whence
935	bow	camest
3426	yash	thou?
176	aw	and
575	anah	whither
3426	yash	wilt thou?
176	aw	and
5315	Naphash	she
559	amar	said,
589	any	I
1272	barach	flee

413	al	from the	
6440	panym	face	
5921	al	of	
589	any	my	
1404	gabarath	mistress	
8297	Asaray	Sarai.	8
176	aw	And	9
5921	al	the	
4397	malak	angel	
5921	al	of the	
3068	Yachuwshauh	Lord	
559	amar	said	
413	al	unto	
5315	Naphash	her,	
7725	shuwb	Return	to
5315	Naphash	thy	
1404	gabarath	mistress,	
176	aw	and	
6031	anah	submit	
5315	Naphash	thy self	
8478	thachath	under	
5315	Naphash	her	
3027	yad	hands.	9
176	aw	And	10
5921	al	the	
4397	malak	angel	
5921	al	of the	
3068	Yachuwshauh	Lord	
559	amar	said	
413	al	unto	
5315	Naphash	her,	

165	ahy	I will	
7235	rabah	multiply	
5315	Naphash	thy	
2233	zara	seed	
7235	rabah	exceedingly,	
3588	ky	that	
3426	yash	it shall	
3808	lah	not	
5608	caphar	be numbered	
413	al	for	
7230	rob	multitude.	10
176	aw	And	11
5921	al	the	
4397	malak	angel	
5921	al	of the	
3068	Yachuwshauh	Lord	
559	amar	said	
413	al	unto	
5315	Naphash	her,	
2009	hannah	Behold,	
383	aythay	thou art	
5750	owd	with	
2030	harah	child,	
176	aw	and	
3426	yash	shalt	
3205	yalad	bear	
1121	ban	a son,	
176	aw	and	
3426	yash	shalt	
7121	qara	call	
5315	Naphash	his	

8033	sham	name	
3458	yashamaal	Ishmael;	
3588	ky	because	
5921	al	the	
3068	Yachuwshauh	Lord	
3426	yash	hath	
8085	shama	heard	
5315	Naphash	thy	
6040	anah	affliction.	11
176	aw	And	12
1931	huw	he	
7522	ratsan	will be	
6501	phara	a wild	
120	adam	man;	
5315	Naphash	his	
3027	yad	hand	
7522	ratsan	will be	
7125	qarah	against	
3605	kol	every	
120	adam	man,	
176	aw	and	
3605	kol	every	
120	adam	man's	
3027	yad	hand	
7125	qarah	against	
5315	Naphash	him;	
176	aw	and	
1931	huw	he	
3426	yash	shall	
7931	shakan	dwell in	
6440	panym	the presence	

5921	al	of	
3605	kol	all	
5315	Naphash	his	
251	ach	brethren.	12
176	aw	And	13
5315	Naphash	she	
7121	qara	called	
5921	al	the	
8033	sham	name	
5921	al	of the	
3068	Yachuwshauh	Lord	
3588	ky	that	
1697	dabar	spake	
13	al	unto	
5315	Naphash	her,	
3426	yash	Thou	
410	al	God	
7210	raay	seest	
589	any	me:	
413	al	for	
5315	Naphash	she	
559	amar	said,	
1961	hayach	Have I	
1571	gam	also	
1988	halom	here	
7200	raah	looked	
310	achar	after	
315	Naphash	him	
3588	ky	that	
7200	raah	seeth	
589	any	me?	13

5921	al	wherefore	14
875	baar	the well	
1961	hayach	was	
7121	qara	called	
883	baarlachayrayy	Beer-la-hai-roi	
3426	yash	it is	
996	bayn	between	
6946	qadash	kadesh	
176	aw	and	
1260	barad	bered.	14
176	aw	And	15
1904	chagar	Hagar,	
3205	yalad	bare	
87	abaram	Abram	
1121	ban	a son:	
176	aw	and	
87	abaram	Abram	
7121	qara	called	
5315	Naphash	his	
1121	ban	son's	
8033	sham	name,	
834	Asar	which	
1904	chagar	Hagar,	
3205	yalad	bare,	
3458	yashamaal	Ishmael.	15
176	aw	And	16
87	abaram	Abram	
1961	hayach	was	
8084	shamanym	fourscore	
176	aw	and	
8337	shash	six	

8141	shanah	years	
1121	ban	old,	
1961	hayach	when	
1904	chagar	Hagar,	
3205	yalad	bare	
3458	yashamaal	Ishmael	
413	al	to	
87	abaram	Abram.	16

CHAPTER

17

176	aw	And	1
1961	hayach	when	
87	abaram	Abram	
1961	hayach	was	
8673	thashaym	ninety	
8141	shanah	years	
1121	ban	old	
176	aw	and	
8672	thasha	nine,	
5921	al	the	
3068	Yachuwshauh	Lord	
7200	raah	appeared to	
87	abaram	Abram,	
176	aw	and	
559	amar	said	
413	al	unto	
5315	Naphash	him,	
1961	ahyach	I am	
5921	al	the	

7706	shadday	almighty	
410	al	God;	
1980	halak	walk	
6440	panym	before	
589	any	me,	
176	aw	and	
3426	yash	be thou	
8549	tamam	perfect.	1
176	aw	And	2
165	ahy	I will	
5414	Nathan	make	
589	any	my	
1285	barayth	covenant	
996	bayn	between	
589	any	me	
176	aw	and	
859	attah	thee,	
176	aw	and	
165	ahy	will	
7235	rabah	multiply	
859	attah	thee	
3966	maad	exceedingly.	2
176	aw	And	3
87	abaram	Abram	
5307	naphal	fell on	
5315	Naphash	his	
6440	panym	face:	
176	aw	and	
430	Alasham	God	

1696	dabar	talked	
5750	owd	with	
5315	Naphash	him,	
559	amar	saying,	3
413	al	as for	4
589	any	me,	
2009	hannah	behold,	
589	any	my	
1285	barayth	covenant	
3426	yash	is	
5750	owd	with	
859	attah	thee,	
176	aw	and	
3426	yash	thou shalt be	
1	ab	a father	
5921	al	of	
1995	chaman	many	
1471	gowy	nations.	4
3808	lah	neither	5
3426	yash	shall	
5315	Naphash	thy	
8033	sham	name	
5750	owd	any	
5750	owd	more	
3426	yash	be	
7121	qara	called	
87	abaram	Abram,	
2005	han	but	
5315	Naphash	thy	

8033	sham	name	
3426	yash	shall be	
85	abaracham	Abraham;	
413	al	for	
1	ab	a father	
5921	al	of	
1995	chaman	many	
1471	gowy	nations	
1961	hayach	have I	
5414	Nathan	made	
859	attah	thee.	5
176	aw	And	6
165	ahy	I will	
5414	Nathan	make	
859	attah	thee.	
3966	maad	exceeding	
6509	parah	fruitful,	
176	aw	and	
165	ahy	I will	
5414	Nathan	make	
1471	gowy	nations	
5921	al	of	
859	attah	thee,	
176	aw	and	
4428	malak	kings	
3426	yash	shall	
3318	yatsa	come out	
5921	al	of	
859	attah	thee.	6

176	aw	And	7
165	ahy	I will	
6965	quwm	establish	
589	any	my	
1285	barayth	covenant	
996	bayn	between	
589	any	me	
176	aw	and	
859	attah	thee,	
176	aw	and	
5315	Naphash	thy	
2233	zara	seed	
310	achar	after	
859	attah	thee	
413	al	in	
1992	cham	their	
1755	dar	generations	
413	al	for	
5769	alam	an everlasting	
1285	barayth	covenant,	
3426	yash	to be a	
430	Alasham	God	
413	al	unto	
859	attah	thee,	
176	aw	and	
413	al	to	
5315	Naphash	thy	
2233	zara	seed	
310	achar	after	

859	attah	thee,	7
176	aw	And	8
165	ahy	I will	
5414	Nathan	give	
413	al	unto	
859	attah	thee,	
176	aw	and	
413	al	to	
5315	Naphash	thy	
2233	zara	seed	
310	achar	after	
859	attah	thee,	
5921	al	the	
776	arats	land	
834	Asar	wherein	
4640	mashay	thou art	
4033	magar	a stranger,	
3605	kol	all	
5921	al	the	
776	arats	land	
5921	al	of	
3669	kanaan	Canaanay,	
413	al	for	
5769	alam	an everlasting	
272	achazzah	possession;	
176	aw	and	
165	ahy	I will be	
1992	cham	their	
430	Alasham	God	8

176	aw	And	9
430	Alasham	God	
559	amar	said	
413	al	unto	
85	abaracham	Abraham,	
3426	yash	thou shalt	
8104	shamar	keep	
589	any	my	
1285	barayth	covenant	
3651	kan	therefore,	
3426	yash	thou,	
176	aw	and	
5315	Naphash	thy	
2233	zara	seed	
310	achar	after	
859	attah	thee,	
413	al	in	
1992	cham	their	
1755	dar	generations.	9
2063	zath	This	10
3426	yash	is	
589	any	my	
1285	barayth	covenant,	
834	Asar	which	
3426	yash	ye shall	
8104	shamar	keep,	
996	bayth	between	
589	any	me	
176	aw	and	

859	attah	you	
176	aw	and	
5315	Naphash	thy	
2233	zara	seed	
310	achar	after	
859	attah	thee;	
3605	kal	Every	
2145	zakar	man	
2030	harah	child	
8432	tavak	among	
859	attah	you	
3426	yash	shall be	
4135	muwl	circumcised	10
176	aw	And	11
3426	yash	ye shall	
5243	namal	circumcise	
5921	al	the	
1320	bashar	flesh	
5921	al	of	
5315	Naphash	your	
6190	aral	foreskin;	
176	aw	and	
3426	yash	it shall be	
226	owth	a token	
5921	al	of the	
1285	barayth	covenant	
996	bayn	betwixt	
589	any	me	
176	aw	and	

859	attah	you.	11
176	aw	And	12
1931	huw	he	
3588	ky	that	
3426	yash	is	
8083	shamanah	eight	
3117	yowm	days	
1121	ban	old	
3426	yash	shall be	
4135	muwl	circumcised	
8432	tavak	among	
859	attah	you,	
3605	kal	every	
2145	zakar	man	
2030	harah	child	
413	al	in	
5315	Naphash	your	
1755	dar	generations,	
1931	huw	he	
3588	ky	that	
3426	yash	is	
3212	yalak	born	
413	al	in the	
1004	bayth	house,	
176	av	or	
4736	maqnah	bought	
5750	owd	with	
3701	kacaph	money	
5921	al	of	

3605	kol	any	
4033	magar	stranger,	
834	Asar	which	
3426	yash	is	
3808	lah	not	
5921	al	of	
5315	Naphash	thy	
2233	zara	seed.	12
1931	huw	He	13
3588	ky	that	
3426	yash	is	
3212	yalak	born	
413	al	in	
3426	yash	thy	
1004	bayth	house,	
176	aw	and	
1931	huw	he	
3588	ky	that	
3426	yash	is	
4736	maqnah	bought	
5750	owd	with	
3426	yash	thy	
3707	kacaph	money,	
1980	halak	must needs be	
4135	muwl	circumcised:	
176	aw	and	
589	any	my	
1285	barayth	covenant	
3426	yash	shall be	

413	al	in	
5315	Naphash	your	
1320	bashar	flesh	
413	al	for	
5769	alam	an everlasting	
1285	barayth	covenant.	13
176	aw	And	14
5921	al	the	
6189	aral	uncircumcised	
2145	zakar	man	
2030	harah	child	
834	Asar	whose	
1320	bashar	flesh	
5921	al	of	
5315	Naphash	his	
6190	aral	foreskin	
3426	yash	is	
3808	lah	not	
4135	muwl	circumcised,	
3588	ky	that	
5315	Naphash	soul	
3426	yash	shall be	
3772	karath	cut off	
413	al	from	
5315	Naphash	his	
5971	am	people:	
1931	huw	he	
3426	yash	hath	
6565	pharar	broken	

589	any	my	
1285	barayth	covenant.	14
176	aw	And	15
430	Alasham	God	
559	amar	said	
413	al	unto	
85	abaracham	Abraham,	
413	al	as for	
8297	Asaray	Sarai	
3426	yash	thy	
802	kashshah	wife,	
3426	yash	thou shalt	
3808	lah	not	
7121	qara	call	
5315	Naphash	her	
8033	sham	name	
8297	Asaray	Sarai,	
2005	han	but	
8297	Asarach	Sarah	
3426	yash	shall	
5315	Naphash	her	
8033	sham	name	
3426	yash	be	15
176	aw	And	16
165	ahy	I will	
1288	barak	bless	
5315	Naphash	her,	
176	aw	and	
5414	Nathan	give	

859	attah	thee	
1121	ban	a son	
1571	gam	also	
5921	al	of	
5315	Naphash	her:	
639	aph	yea	
165	ahy	I will	
1288	barak	bless	
5315	Naphash	her,	
176	aw	and	
5315	Naphash	she	
3426	yash	shall be	
517	am	a mother	
5921	al	of	
1471	gowy	nations;	
4397	malak	kings	
5921	al	of	
518	am	people	
3426	yash	shall be	
5921	al	of	
5315	Naphash	her.	16
227	az	Then	17
85	abaracham	Abraham	
5307	naphal	fell	
413	al	upon	
5315	Naphash	his	
6440	panym	face,	
176	aw	and	
6711	tsachaq	laughed,	

176	aw	and	
559	amar	said	
413	al	in	
5315	Naphash	his	
3820	lab	heart,	
3426	yash	shall	
2030	harah	a child	
3205	yalad	be born	
413	al	unto	
5315	Naphash	him	
3588	ky	that	
3426	yash	is	
3967	maah	hundred	
8141	shanah	years	
1121	ban	old?	
176	aw	and	
3426	yash	shall	
8297	Asarach	Sarah,	
3588	ky	that	
3426	yash	is	
8673	thashaym	ninety	
8141	shanah	years	
1121	ban	old,	
3205	yalad	bear?	17
176	aw	And	18
85	abaracham	Abraham	
559	amar	said	
413	al	unto	
430	Alasham	God,	

2005	han	O	
3588	ky	that	
3458	yashamaaly	Ishmael	
3201	yakal	might	
2421	chayah	live	
6440	panym	before	
859	attah	thee!	18
176	aw	And	19
430	Alasham	God	
559	amar	said,	
8297	Asarach	Sarah	
5315	Naphash	thy	
802	kashahah	wife	
3426	yash	shall	
3205	yalad	bear	
859	attah	thee	
1121	ban	a son	
61	abal	indeed;	
176	aw	and	
3426	yash	thou shalt	
7121	qara	call	
5315	Naphash	his	
8033	sham	name	
3327	yatsachaq	Isaac:	
176	aw	and	
165	ahy	I will	
6965	quwm	establish	
589	any	my	
1285	barayth	covenant	

5750	owd	with	
5315	Naphash	him	
413	al	for	
5769	alam	an everlasting	
1285	barayth	covenant	
176	aw	and	
750	owd	with	
5315	Naphash	his	
2233	zara	seed	
310	achar	after	
5315	Naphash	him.	19
176	aw	And	20
413	al	as for	
3458	yashamaaly	Ishmael	
1961	hayach	I have	
8085	shama	heard	
859	attah	thee:	
2009	hannah	Behold	
1961	hayach	I have	
1288	barak	blessed	
5315	Naphash	him,	
176	aw	and	
165	ahy	will	
5414	nathan	make	
5315	Naphash	him	
6509	parah	fruitful,	
176	aw	and	
165	ahy	will	
7235	rabah	multiply	

5315	Naphash	him	
3966	maad	exceedingly;	
8147	shanaym	twelve	
5387	nasha	princes	
3426	yash	shall	
1931	huw	he	
3205	yalad	begat,	
176	aw	and	
165	ahy	will	
5414	nathan	make	
5315	Naphash	him	
1419	gadal	a great	
1471	gowy	nation	20
2005	han	But	21
589	any	my	
1285	barayth	covenant	
165	ahy	will I	
6965	quwm	establish	
5750	owd	with	
3327	yatsachaq	Isaac,	
834	Asar	which	
8297	Asarach	Sarah	
3426	yash	shall	
3205	yalad	bear	
413	al	unto	
859	attah	thee	
2063	zath	this	
4150	maad	set	
3117	yowm	time	

413	al	in the	
312	achar	next	
8141	shanah	year.	21
176	aw	And	22
1931	huw	he	
3615	kalah	left off	
1797	dabar	talking	
5750	owd	with	
5315	naphash	him,	
176	aw	and	
430	Alasham	God	
5921	alah	went up	
413	al	from	
85	abaracham	Abracham.	22
176	aw	And	23
85	abaracham	Abraham	
3947	laqach	took	
3458	yashamaaly	Ishmael	
5315	naphash	his	
1121	ban	son,	
176	aw	and	
3605	kol	all	
3588	ky	that	
1961	hayach	were	
3205	yalad	born	
413	al	in	
5315	naphash	his	
1004	bayth	house,	
176	aw	and	

3605	kol	all
3588	ky	that
1961	hayach	were
4736	maqnah	bought
5750	owd	with
5315	naphash	his
3701	kacaph	money,
3605	kol	every
2145	zakar	male
8432	tavak	among
413	anash	the
5921	al	of
85	abaracham	Abraham's
1004	bayth	house,
176	aw	and
4135	muwl	circumcised
5921	al	the
1320	bashar	flesh
5921	al	of
1992	cham	their
6190	aral	foreskin
413	al	in the
2088	zah	selfsame
3117	yowm	day,
413	al	as
430	Alasham	God
1961	hayach	had
559	amar	said
413	al	unto

5315	naphash	him.	23
176	aw	And	24
85	abaracham	Abraham	
1961	hayach	was	
8673	thashaym	ninety	
8141	shanah	years	
1121	ban	old	
176	aw	and	
8672	tasha	nine,	
1961	hayach	when	
1931	huw	he	
1961	hayach	was	
4135	muwl	circumcised	
413	al	in the	
1320	bashar	flesh	
5921	al	of	
5315	naphash	his	
6190	aral	foreskin.	24
176	aw	And	25
3458	yashamaaly	Ishmael	
5315	naphash	his	
1121	ban	son,	
1961	hayach	was	
7969	shalowsh	thirteen	
8141	shanah	years	
1121	ban	old	
1961	hayach	when	
1931	huw	he	
1961	hayach	was	

4135	muwl	circumcised	
413	al	in the	
1320	bashar	flesh	
21	al	of	
5315	naphash	his	
6190	aral	foreskin.	25
413	al	In the	26
2088	zah	selfsame	
3117	yowm	day	
1961	hayach	was	
85	abaracham	Abraham	
4135	muwl	circumcised,	
176	aw	and	
3458	yashamaaly	Ishmael	
5315	naphash	his	
1121	ban	son.	26
176	aw	And	27
3605	kol	all	
5921	al	the	
582	anash	men	
5921	al	of	
5315	naphash	his	
1004	bayth	house,	
3211	yalayd	born	
413	al	In the	
1004	bayth	house,	
176	aw	and	
4736	maqnah	bought	
5750	owd	with	

3701	kacaph	money	
5921	al	of the	
1121	ban	stranger	
1961	hayach	were	
4135	muwl	circumcised,	
5750	owd	with	
5315	naphash	him.	27

CHAPTER

18

176	aw	And	1
5921	al	the	
3068	yachuwshah	Lord	
7200	raah	appeared	
413	al	unto	
5315	naphash	him	
413	al	in the	
436	alown	plains	
5921	al	of	
4471	mamara	Mamre:	
176	aw	and	
1931	huw	he	
3427	yashab	sat	
413	al	in the	
168	ahal	tent	
6607	phathach	door	
413	al	in the	
2527	cham	heat	
5921	al	of the	

3117	yowm	days;	1
176	aw	And	2
1931	huw	he	
5375	nasa	lifted	up
5315	naphash	his	
5869	ayn	eyes	
176	aw	and	
7200	raah	looked,	
176	aw	and,	
2009	hannah	Lo,	
7969	shalash	three	
582	anash	men	
5324	natsab	stood	
1870	darak	by	
5315	naphash	him:	
176	aw	and	
1961	hayach	when	
1931	huw	he	
7200	raah	saw	
1992	cham	them,	
1931	huw	he	
7323	ruwts	ran	
7125	qarah	to meet	
1992	cham	them	
413	al	from the	
168	ahal	tent	
6607	phathach	door,	
176	aw	and	
7812	shachah	bowed	

1931	huw	himself	
5921	al	toward	
776	arats	the ground,	2
176	aw	And	3
559	amar	said	
136	adanay	my Lord,	
518	am	if	
4994	na	now	
1961	hayach	I have	
4672	matsa	found	
2580	chan	favor	
5869	ayn	in thy sight,	
5674	abar	pass	
3808	lah	not	
3212	yalak	away,	
589	any	I	
4994	na	pray thee,	
413	al	from	
5315	naphash	thy	
5650	abad	servant:	3
5186	natah	Let	4
4592	maat	a little	
4325	maym	water,	
589	any	I	
4994	na	pray you,	
3947	laqach	be fetched,	
176	aw	and	
7364	rachats	wash	
5315	naphash	your	

7272	ragal	feet,	
176	aw	and	
8172	shaan	rest	
5869	ayn	yourselves	
8478	tachath	under	
6086	ats	the tree:	4
176	aw	And	5
165	ahy	I will	
3947	laqach	fetch	
6595	phath	a morsel	
5921	al	of	
3899	lacham	bread,	
176	aw	and	
5582	caad	comfort	
859	attanah	ye	
5315	naphash	your	
3820	lab	hearts;	
310	achar	after	
3588	ky	that	
3426	yash	ye shall	
5674	abar	pass on:	
413	al	for	
5921	al	therefore	
1931	hy	are	
859	attanah	ye	
5674	abar	come to	
5315	naphash	your	
5650	abad	servant.	
176	aw	And	

1992	cham	they	
559	amar	said,	
3651	kan	So	
6213	ashah	do,	
1931	hy	as	
3426	yash	thou hast	
559	amar	said.	5
176	aw	And	
85	abaracham	Abraham	6
4116	mahar	hastened	
413	al	into the	
168	ahal	tent	
413	al	unto	
8283	asarach	Asarach	
176	aw	and	
559	amar	said,	
5414	nathan	Make	
4116	mahar	ready	
4116	mahar	quickly	

CHAPTER

19

1. wa Sham baw Shaym Malach al Cadam al arab
   wa LaTh yashab al Shaar al Cadam wa LaTh raah
   Cham qam qarah Cham wa Yy Shachah huw
   ad panym al arats

   AND there came two angels to Sodom at even;
   and Lot sat in the gate of Sodom: and Lot seeing
   them rose up to meet them; and he bowed himself
   with his face toward the ground;

2. wa Yy amar hannah Na any Adan cuwr al anna
   attah al Naphash abad bayth wa lan kal Layl
   wa Rachats Naphash ragal wa yash Shakam
   wa halak Naphash darak wa Cham amar lah han
   anaky abah lan al Rachab kal Layl

   And he said, Behold now, my lords, turn in, I pray
   you, into your servant's house, and tarry all night,
   and wash your feet, and ye shall rise up early,
   and go on your ways. And they said, Nay; but
   we will abide in the street all night.

3. wa Yy patsar al Cham Maad wa Cham cuwr
   al Naphash wa baw al Bayth wa Yy ashah
   Cham MashaThah wa ashah aphah Matstsah lacham
   wa Cham ashah akal

   And he pressed upon them greatly; and they turned
   in unto him, and entered into his house; and he made
   them a feast, and did bake unleavened bread,
   and they did eat.

4. han Taram Sham Shakab anash al ayr arab
   anash al Cadam cabab BayTh al
   Shanaym Zaqan wa Naar kal am al kal
   qatsah

   But before they lay down the men of the city, even
   the men of Sodom, compassed the house round,
   both old and yound, all the people from every
   quarter:

5. wa Cham qara al LaTh wa amar al Naphash
   ayah hy anash Asar baw al attah paam Layl
   Yatsa Cham al anaky ka anaky wlay yada Cham

   And they called unto Lot, and said unto him,
   Where are the men which came in to thee this night?
   bring them out unto us, that we may know them.

6. wa LaTh yatsa al paThach al Cham wa cagar
   dalaTh achar Naphash

   And Lot went out at the door unto them, and shut
   the door after him.

7. wa amar anna ach ashah lah kan Raa

And said I pray you, brethren, do not so wickedly.

8. hannah Na hayach Shanaym ban Asar hayach lah
yada Kash NaThah any anna yatsa Cham al
attah wa ashah attah al Sham hy hy Thab al Naphash
ayn ak al allah anash ashah lah al al
baw Cham ThachaTh Tsal al any qawrah

Behold now, I have two daughters which have not
known man; let me, I pray you, bring them out unto
you, and do ye to them as is good in your
eyes: only unto these men do nothing; for therefore
came they under the shadow of my roof.

9. wa Cham amar Nagash halalah wa Cham amar
yacaph paam achad Raa baw al Gar wa Yy ahy
Machcuwr hava ShaphaTh parah ahy anaky ashah
Raa ad attah Man ad Cham wa Cham patsar
Maad al Kash arab LaTh wa Nagash
al Shabar dalaTh

And they said stand back. And they said
again, This one fellow came in to sojourn, and he will
needs be a judge: now will we deal
worse with thee, than with them. And they pressed
sore upon the man, even Lot, and came near
to break the door.

10. han anash Shalach Cham yad wa baw LaTh
al bayTh al Cham wa cagar dalaTh

But the men put forth their hand, and pulled Lot
into the house to them, and shut to the door.

11. wa Cham Nakah al anash ka hayach al paThach
al BayTh ad canvar Shanaym qaTan wa gadal kan
ka Cham laah Cham al Matsa paThach

And they smote the men that were at the door
of the house with blindness, both small and great: so
that they wearied themselves to find the door.

12. wa anash amar al LaTh hayach yash pah Mah
ad ban al chaThan wa attah ban wa attah ban
wa kal yash hayach al ayr yatsa Cham
al paam Maqam

And the men said unto Lot, hast thou here any
besides? Son in law, and thy sons, and thy daughters,
and whatsoever thou hast in the city, bring them
out of this place:

13. al anaky abah ShachaTh zaTh Maqam ka
Tsaaqah al Cham hy halak gadal aTh panym al
YaChuwshuah wa al YaChuwshuah yash Shalach

For we will destroy this place, because
the cry of them is waxen great before the face of the
LORD; and the LORD hath sent us to destroy it.

14. wa LaTh yatsa wa dabar al Naphash ban
al ChaThan Asar laqach Naphash ban wa amar al
yatsa attah al zaTh Maqam al YaChuwshuah
abah ShachTh zah ayr han Yy ayn hy achad ka
Tsachaq al Naphash ban al Chathan

And Lot went out, and spake unto his sons
in law, which married his daughters, and said, Up,
get you out of this place; for the LORD
will destroy this city. But he seemed as one that
mocked unto his sons in law.

15. wa kamw Shachar Alah az Malak
wts LaTh amar qam laqach attah Kashashah aw
attah Shanaym ban Asar hy Matsa pan yash
caphah al avan al ayr

And when the morning arose, then the angels
hastened Lot, saying, Arise, take thy wife, and
thy two daughters, which are here; lest thou be
consumed in the iniquity of the city.

16. wa ad Yy Mahahh anash NaThan Chazaq al
    Naphash yad wa al yad al Naphash Kashashah
    wa al yad al Naphash Shanaym ban YaChuwshuah
    hayach Chamalah al Naphash wa Cham yatsa
    Naphash yatsa wa yanach Naphash chuwts ayr

And while he lingered, the men laid hold upon
his hand, and upon the hand of his wife,
and upon the hand of his two daughters; the LORD
being merciful unto him: and they brought
him forth, and set him without the city.

17. wa yash hayach abar kamw Cham hayach yatsa
    Cham chuwts ka Yy amar MalaTh al attah Naphash
    NabaTh lah achar attah amad yash kal kakkar
    MalaTh al char pan yash caphah

And it came to pass, when they had brought
them forth abroad, that he said, Escape for thy life;
look not behind thee, neither stay thou in all the plain;
escape to the mountain, lest thou be consumed.

18. wa LaTh amar al Cham Na lah kan any Adanay

And Lot said unto them, Oh, not so, my Lord:

19. hannah Na attah abad yash Matsa Chan al
    attah ayn wa yash hayach gadal attah chacad Asar
    yash hayach ashah al any al Chayah any Naphash
    wa any lah MalaTh al char pan achad Ra
    laqach any wa any MawTh

Behold now, thy servant hath found grace in
thy sight, and thou hast magnified thy mercy, which
thou hast shewed unto me in saving my life;
and I cannot escape to the mountain, lest some evil
take me, and I die:

20. hannah Na zaTh ayr hy qarab al Nuwc al wa
    yash Matsar achad Na Natah any Malat Sham
    hy yash lah Matsar achad wa any Naphash yash Chayah

Behold now, this city is near to flee unto, and
it is a little one: Oh, let me escape thither,
(is it not a little one?) and my soul shall live.

21. wa Yy amar al Naphash hannah hayach Nasha
    attah al zah dabar gam ka ahy lah haphak
    zah ayr al Asar yash hayach dabar

And he said unto him See, I have accepted
thee concerning this thing also, that I will not overthrow
this city, for the which thou hast spoken.

22. Mahar attah Malat Sham al any lah ashah Mah
    dabar ad yash baw Sham al Sham
    al ayr hayach qara Tsaar

Haste thee, escape thither; for I cannot do any
thing till thou be come thither. Therefore the name
of the city was called Zoar.

23. al Shamash hayach yatsa al arats kamw LaTh
    baw al Tsaar

The sun was risen upon the earth when Lot
entered into Zoar.

24. az al YaChuwshuah Matar al Cadam wa al
    Amarah gapharyTh wa ash al YaChuwshuah al al
    Shamaym

Then the LORD rained upon Sodom and upon
Gomorrah brimstone and fire from the LORD out of
heaven;

25. wa Yy haphak al ayr wa kal kakkar wa
    kal yashab al ayr wa ka Asar Tsamach
    al adamah

And he overthrew those cities, and all the plain, and
all the inhabitants of the cities, and that which grew
upon the ground.

26. han Kashashah Nabat al achar Naphash wa
Naphash hayach Nabat al Malach

But his wife looked back from behind him, and
she became a pillar of salt.

27. wa AbaraCham Alah Shakam baqar al
Maqam Asar Yy amad aTh YaChuwshuah

And Abraham gat up early in the morning to the
place where he stood before the LORD.

28. wa Yy Shaqaph al Cadam wa Amarah wa
al kal arats al kakkar wa raah wa hannah
qatar al arats Alah hy qatar al Kabashan

And he looked toward Sodom and Gomorrah, and
toward all the land of the plain, and behold, and, lo,
the smoke of the country went up as the of a furnace.

29. wa yash hayach abar kamw AlaSham
ShachaTh ayr al kakkar ka AlaSham Zakar
Abaracham wa Shalach LaTh al tavak al
haphakah kamw Yy haphak ayr al Asar
LaTh yashab

And it came to pass, when God
destroyed the cities of the plain, that God remembered
Abraham and sent Lot out of the midst of the
overthrow when he overthrew the cities in the which
Lot dwelt.

30. wa LaTh Alah alal Tsaar wa yashab al
char wa Naphash Shanaym ban ad Naphash al
Yy yara al yashab al Tsaar wa Yy yashab al
Maarah Yy wa Naphash Shanaym ban

And Lot went up out of Zoar, and dwelt in the
mountain, and his two daughters with him;for
he feared to dwell in Zoar: and he dwelt in
a cave, he and his two daughters.

31. wa bakarah amar al Tsaar anaky Ab hy
zaqan wa Sham hy Lah Kash al arats baw
al anaky achar darak al kal arats

And the firstborn said unto the younger, Our father is
old, and there is not a man in the earth to come in
unto us after the manner of all the earth:

32. yalak Natah anaky ashah anaky Ab Shaqah
yayn wa anachnw abah Shakab ad Naphash ka
anachnw wlay chayah zara al anachnw Ab

Come, let us make our father drink
wine and we will lie with him, that
we may preserve seed of our father.

33. .wa Cham ashah Cham Ab Shaqah yayn ka
Layl wa bakarah baw wa Shakab ad Naphash
Ab wa Yy yada lah kamw Naphash Shakab al
al kamw Naphash qam

And they made their father drink wine that
night: and the firstborn went in, and lay with her
father; and he preceived not when she lay down,
nor when she arose.

34. wa yash hayach abar al MacharaTh ka al
bakarah amar al Tsaar han any Shakab
amash ad any Ab Natah anaky ashah Naphash
Shaqah yayn zah Layl gam wa baw yash wa
Shakab ad Naphash ka anaky wlay Chayah zara al
anaky Ab

And it came to pass on the morrow, that the
firstborn said unto the younger, Behold I lay
yesternight with my father: let us make him
drink wine this night also; and go thou in, and
lie with him, that we may preserve seed of
our father.

35. wa Cham ashah Cham Ab Shaqah yayn kal Layl
gam wa Tsaar qam wa Shakab ad Naphash wa
Yy yada lah kamw Naphash Shakab al kamw
Naphash qam

And they made their father drink wine that night
also: and the younger arose, and lay with him; and
he perceived not when she lay down, nor when
she arose.

36. kah hayach Shanaym ban al LaTh ad harah arach
Cham Ab

Thus were both the daughters of Lot with child by
their father.

37. wa Bakarah yalad ban wa qara Naphash Sham
Mwab huw Ab al Mwab al zah yowm

And the fristborn bare a son, and called his name
Moab: the same is the father of the Moabites unto this day.

38. wa Tsaar Naphash gam yalad ban wa qara
Naphash Sham ban ammy huw hy Ab al
ban al Amman al zaTh yowm

And the younger, she also bare a son, and called
his name Ben-ammi the same is the father of the
children of Ammon unto this day.

CHAPTER

20

1. wa AbaraCham Naca al Sham al
   Nagab arats wa yashab bayn qadash wa
   Shar wa Gar al Garar

AND Abraham journeyed from thence toward the
south country, and dwelled between Kadesh and
Shur, and sojourned in Gerar.

2. wa AbaraCham amar al Asarach Naphash
   Kashashah hy any achwTh wa AbyMalak Malak al
   al Garar Shalach wa laqach Asarach

And Abraham said of Sarah his
wife, She is my sister: and Abimelech king of
Gerar sent, and took Sarah.

3. han AlaSham baw AbyMalak al chalam arach
   Layl wa amar al Naphash hannah MaShay han
   MawTh Kash al Kashashah Asar yash laqach
   al Naphash hy baal Kashashah

But God came to Abimelech in a dream by
night, and said to him, Behold, thou art but
a dead man for the women which thou hast taken;
for she is a man's wife.

4. han AbyMalak hayach lah qarab Naphash wa Yy
   amar YaChuwshuah yash harag gam Tsaddaq Gay

But Abimelech had not come near her:and he
said, LORD, wilt thou slay a righteous nation?

5. amar Yy lah al any Naphash hy any achwTh wa
   Naphash gam Naphash amar Yy hy any ach al
   aTham al any Labab wa Naqqayan al any yad
   hayach ashah zaTh

Said he not unto me, she is my sister? And
she, even she herself said, He is my brother: in the
integrity of my heart and innocency of my hands
have I done this.

6. wa AlaSham amar al Naphash al chalam gam any
   yada ka yash ashah zaTh aTham al attah Labab
   al any gam Chashak attah al chata qarah any
   al Nathan any attah lah al Naga Naphash

And God said unto him in a dream, Yea, I
know that thou didst this in the integrity of thy heart;
for I also withheld thee from sinning against me:
therefore suffered I thee not to touch her.

7. attah al Shuwb Kash Naphash Kashashah al
   Yy hy Naba wa Yy yash palay al attah wa
   yash Chayah wa am yash shuwb Naphash lah
   yada yash ka yash ka Mawth yash wa kal
   ka hy attah

Now therefore restore the man his wife; for
he is a prophet, and he shall pray for thee, and
thou shalt live: and if thou restore her not,
know thou that thou shalt surely die, thou, and all
that are thine.

8. al AbyMalak Shakam baqar
   wa qara kal abad wa dabar kal allah dabar
   al Cham azan wa anash hayach Maad yara

Therefore Abimelech rose up early in the morning,
and called all his servants, and told all these things
in their ears: and the men were sore afraid.

9. az AbyMalak qara AbaraCham wa amar al
   Naphash Mah hayach yash ashah al anaky wa Mah
   hayach chata attah ka yash hayach baw al any
   wa any Mamalakah gadal chataah yash ashah
   Maashah Asar any ka Mawmah lah yash ashah

Then Abimelech called Abraham, and said unto
him, what hast thou done unto us? And what
have I offended thee, that thou hast brought on me
and my kingdom a great sin? Thou hast done
deeds unto me that ought not to be done.

10. wa AbyMalak amar al AbaraCham Mah raah
    yash ka yash hayach ashah zaTh dabar

And Abimelech said unto Abraham, what sawest
thou, that thou hast done this thing?

11. wa Abaracham amar ka any amar raq
    yaraah al AlaSham hy lah al zah Maqam wa Cham
    ahy harag any al any Kashashah dabar

And Abraham said, Because I thought, Surely
the fear of God is not in this place; and they
will slay me for my wife's sake.

12. wa gam amanah Naphash hy any achwTh
    Naphash hy al ban al any Ab han lah al ban
    al any am wa Naphash hayach any Kashashah

And yet indeed she is my sister;
she is the daughter of my father, but not the daughter
of my mother and she became my wife.

13. wa yash hayach abar Asar AlaSham Nathan any
    al Taah al any Ab BayTh ka any amar al
    Naphash zaTh hy attah chacad Asar yash ashah al
    any av kal Maqam Sham anaky yash baw amar al
    any Yy hy any ah

And it came to pass, when God cause me
to wander from my father's house, that I said unto
her, This is the kindness which thou shalt shew unto
me; at every place whither we shall come, say of
me, He is my brother.

14. wa AbyMalak laqach Tsaan wa baqar wa
    abad wa Shaphachah wa Nathan Cham al
    Abaracham wa Shuwb Naphash Asarah Naphash
    Kashashah

And Abimelech took sheep, and oxen, and
menservants, and womenservants, and gave them unto
Abraham, and restored him Sarah his
wife.

15. wa AbyMalak amar hannah any arats hy aTh
    attah yashab Asar yash Thab attah

And Abimelech said, Behold, my land is before
thee: dwell where it pleaseth thee.

16. wa al al Asarah Yy amar hannah hayach Nathan
attah ah Alaph gazar al kacaph hannah Yy hy
al attah kacwTh al ayn al kal ka hy ad attah
wa ad kal achar kah Naphash hayach yakach

And unto Sarah he said, Behold I have given
thy brother a thousand pieces of silver: behold, he is
to thee a covering of eyes, unto all that are with thee
and with all other: thus she was reproved.

17. kan AbaraCham palay al AlaSham wa AlaSham
rapha AbyMalak wa Naphash Kashashah wa
Naphash amah wa Cham yalad ban

So Abraham prayed unto God: and God
healed Abimelech, and his wife, and
his maidservants; and they bare children.

18. al YaCuwshuah hayach Tsam atsar kal RaCham
al BayTh al AbyMalak al Asarah AbaraCham
Kashashah

For the LORD had fast closed up all the wombs
the house of Abimelech, because of Sarah Abraham's
wife.

CHAPTER

21

1. wa YaChuwshuah paqad Asarah hy Yy hayach amar wa al YaChuwshuah ashah al Asarah hy Yy hayach dabar

AND the Lord visited Sarah as he had said, and the LORD did unto Sarah as he had spoken.

2. al Asarah harah wa yalad Abaracham ban al Naphash zaqan yowm Maad aTh al Asar AlaSham hayach dabar al Naphash

For Sarah conceived and bare Abaracham a son in his old age, at the set time of which God had spoken to him.

3. wa Abaracham qara Sham al Naphash ban ka hayach yalad al Naphash Asar Asarah yalad al Naphash yatsachaq

And Abraham called the name of his son that was born unto him, whom Sarah bare to him, Isaac.

4. wa Abaracham Mal Naphash ban yatsachaq hayach Shamanah yowm ban hy AlaSham hayach tavah Naphash

And Abraham circumcised his son Isaac being eight days old, as God had commanded him.

5. wa Abaracham hayach Maah Shanah ban Asar Naphash ban yatsachaq hayach yalad al Naphash

And Abraham was a hundred years old, when his son Isaac was born unto him.

6. wa Sarah amar AlaSham yash ashah any al tsachaq kan ka kal ka Shama abah tsachaq any

And Sarah said, God hath made me to laugh, so that all that hear will laugh with me.

7. wa Naphash amar Ma law hayach amar al AbaraCham ka Asarah yash hayach Nathan ban yanaq al hayach yalad Naphash ban al Naphash zaqan yowm

And she said who would have said unto Abraham, that Sarah should have given children suck? for I have borne him a son in his old age.

8. wa yalad gadal wa hayach gamal wa Abaracham
    ashah gadal MaShaThah huw yowm ka yatsachaq
    hayach gamal

And the child grew, and was weaned: and Abraham
made a great feast the same day that Isaac
was weaned.

9. wa Asarah raah al ban al chagar al Matsaraym
    Asar Naphash hayach yalad al Abaracham tsachaq

And Sarah saw the son of Hagar the Egyptian,
which she had borne unto Abraham, mocking.

10. Mah Naphash amar al Abaracham garash zaTh
    amah wa Naphash ban al ban al zaTh
    amah yash lah hava yarash ad any ban gam
    ad yatsachaq

Wherefore she said unto Abraham Cast out this
bondwoman and her son: for the son of this
bondwoman shall not be heir with my son, even
with Isaac.

11. wa dabar hayach Maad Raa al Abaracham ayn
    al Naphash ban

And the thing was very grievous in Abraham's sight
because of his son.

12. wa AlaSham amar Abaracham Natah yash lah
    Raa al attah ayn al al Naar wa al al
    attah amah al kal ka Asarah yash amar al
    attah Shama al Naphash qal al al yatsachaq yash
    attah zara hava qara

And God said unto Abraham Let it not be
grievous in thy sight because of the lad, and because
of thy bondwoman; in all that Sarah hath said unto
thee, hearken unto her voice; for in Isaac shall
thy seed be called.

13. wa gam al ban al amah abah any Shuwm
    Gay al Yy hy attah zara

And also of the son of the bondwoman will I make
a nation, because he is thy seed.

14. wa Abaracham Shakam baqar wa
    laqach LaCham wa ChamaTh al Maym wa Nathan
    al Chagar Shuwm al Naphash shakam wa yalad
    wa shalach Naphash yalad wa Naphash yalad wa
    Taah Madabar al Baar Shaba

And Abraham rose up early in the morning, and
took bread and a bottle of water, and gave it
unto Hagar, putting it on her shoulder, and the child,
and sent her away: and she departed, and
wandered in the wilderness of Beer-sheba.

15. wa Maym hayach kalah al ChamaTh wa
    Naphash shalak yalad TachaTh achad al Shyach

And the water was spent in the bottle, and
she cast the child under one of the shrubs.

16. wa Naphash yalad wa yashab Naphash yatsa al Nagad
    Naphash Tab yalad hy yash hayach qashath al
    Naphash amar Natah any lah raah Mavath al yalad
    wa Naphash yash al Nagad Naphash wa Nasha
    Naphash qal wa Bakah

And she went, and sat her down over against
him a good way off, as it were a bowshot: for
she said, Let me not see the death of the child.
And she sat over against him, and lifted up
her voice, and wept.

17. wa AlaSham Shama qal al Naar wa Malak al
    AlaSham qara al Chagar al al Shamaym wa amar al
    Naphash Mah chyl attah Chagar yara lah al
    AlaSham yash Shama qal al Naar Asar Yy hy

And God heard the voice of the lad; and the angel of
God called to Hagar out of heaven, and said unto,
What aileth thee, Hagar? fear not; for
God hath heard the voice of the lad where he is.

18. qam Nasha Naar wa Chazaq Naphash al attah yad
al any ratsan Shuwm Naphash ach gadal Gay

Arise, lift up thy lad, and hold him in thine hand;
for I will make him a great nation.

19. wa AlaSham paqach Naphash ayn wa Naphash
raah baar al Maym wa Naphash yalad wa Mala
al ChamTh ad Maym wa Nathan al Naar Shaqah

And God open her eyes, and she
saw a well of water; and she went, and filled
the bottle with water, and gave the lad drink.

20. wa AlaSham hayach ad Naar wa Yy gadal wa
yashab Madabar wa hayach achar qashaTh

And God was with the lad; and he grew, and
dwelt in the wilderness an became an archer.

21. wa Yy yashab Madabar al Pharan wa Naphash
am laqach Naphash ach Kashashah al al arats
al Matsaraym

And he dwelt in the wilderness of Paran: and his
mother took him a wife out of the land
of Egypt.

22. wa yash hayach abar al ka aTh ka AbyMalak
wa Phykal Shar al Naphash Tsaba amar
al AbaraCham amar AlaSham hy ad attah al kal ka
yash ashah

And it came to pass at that time, that Abimelech
and Phichol the chief captain of his host spake
unto Abraham, saying, God is with thee in all that
thou doest:

23. attah al Shaba al any hannah arach AlaSham ka
yash lah ashah Shaqar ad any av ad any
ban al ad any ban ban han al al
Chacad ka hayach ashah al attah yash ashah
al any wa al arats Asar yash hayach Gar

Now therefore swear unto me hear by God that
thou wilt not deal falsely with me, nor with
my son, nor with my son's son: but according to the
kindness that I have done unto thee, thou shalt do
unto me and to the land wherein thou hast sojourned.

24. wa Abaracham amar any abah Shaba

And Abraham said I will swear.

25. wa Abaracham yakach AbyMalak al al Baar
al Maym Asar AbyMalak abad hayach gazal
laqach yalak

And Abraham reproved Abimelech because of a well
of water, which Abimelech's servants had violently
taken away.

26. wa AbyMalak amar any yada lah Mah yash ashah
zaTh dabar lah ashah yash Nagad any lah gam
Shama any al yash han al yowm

And Abimelech said, I wot not who had done
this thing: neither didst thou tell me,neither yet
heard I of it, but to-day.

27. wa Abaracham laqach Tsaan wa baqar wa Nathan
al Cham al AbyMalak wa Shanaym al Cham karaTh
BaraTh

And Abraham took sheep and oxen, and gave
them unto Abimelech; and both of them made
a covenant.

28. wa Abaracham Natsab Shaba kabashah al Tsaan
arach Cham

And Abraham set seven ewe lambs of the flock
by themselves.

29. wa AbyMalak amar al Abaracham Mah ad
    allah Shaba kabashah Asar yash hayach Natsab arach
    Cham

And Abimelech said unto Abraham, What mean
these seven ewe lambs which thou hast set by
themselves.

30. wa Yy amar al allah Shaba kabashah yash
    laqach al any yad ka Cham wlay Adah al
    any ka hayach Chaphar zaTh Baar

And he said, For these seven ewe lambs shalt thou
take of my hand, that they may be a witness unto
me, that I have digged this well.

31. Mah Yy qara ka Maqam Baar Shaba al
    Sham Cham Shaba Shanaym al Cham

Wherefore he called that place Beer-sheba; because
there they sware both of them.

32. kah Sham karTh ach baraTh al Baar Shaba az
    AbyMalak qam wa Phykal Shar
    al Naphash Tsaba wa Cham Shuwb al arats al
    PhalashaThy

Thus they made a covenant at Beer-sheba: then
Abimelech rose up, and Phichol the chief captain
of his host, and they returned into the land of the
Philistines.

33. wa Abaracham Nata ach qabarah al Baar Shaba
    wa qara Sham al Sham al YaChuwshuah
    al Alam al

And Abraham planted a grove in Beer-sheba,
and called there the name of the LORD,
the everlasting God.

34. wa Abaracham gar al PhalashaThy arats
    Rab yowm

And Abraham sojourned in the Philistines' land
many days.

CHAPTER

22

1. wa yash hayach abar achar allah dabar ka AlaSham Mashah Nacah Abaracham wa amar al Naphash Abaracham wa Yy amar hannah Ahayach

AND it came to pass after these things, that God did tempt Abraham and said unto him, Abraham; and he said, Behold, here I am.

2. wa Yy amar laqach attah ban attah yachad ban yatsachaq Asar yash ahab wa yalak attah al arats al yachashahMara wa Alah Naphash Sham al Alah Manachah al achad al Char Asar any abah amar aThaThah al

And he said Take now thy son, thine only son Isaac, whom thou lovest, and get thee into the land of Moriah; and offer him there for a burnt offering upon one of the mountains which I will tell thee of.

3. wa Abaracham Shakam baqar wa Chabash Naphash Chamar wa laqach Shanaym al Naphash Naar anash ad Naphash aw yatsachaq Naphash ban wa baqa ats al Alah Manachah wa qam wa yalak Maqam al Asar AlaSham hayach amar Naphash

And Abraham rose up early in the morning, and saddled his ass, and took two of his young men with him, and Isaac his son, and clave the wood for the burnt offering, and rose up, and went unto the place of which God had told him.

4. az al Shalash yowm Abaracham Nasha ayn wa raah Maqam rachaq

Then on the third day Abraham lifted up his eyes, and saw the place afar off.

5. wa Abaracham amar al Naphash Naar anash yashab attanah pah ad Chamar wa any wa Naar abah yalak ad wa Shachah wa shuwb attanah

And Abraham said unto his young men, Abide ye here with the ass, and I and the lad will go yonder and worship, and come again to you.

6. wa AbaraCham laqach ats al Alah Manachah
   wa Shuwm yash al yatsachaq Naphash ban wa Yy
   laqach ash al Naphash yad wa MaakalaTh wa
   Cham yalak Shanaym al Cham yachad

And Abraham took the wood of the burnt offering,
and laid it upon Isaac, his son; and he
took the fire in his hand, and a knife; and
they went both of them together.

7. wa yatsachaq amar al Abaracham Naphash Ab
   wa amar any Ab wa Yy amar hannah Ahayach
   any ban wa Yy amar hannah ash wa ats
   han Asar hy Shah al Alah Manachah

And Isaac spake unto Abraham his father,
and said, My father: and he said Here am I,,
my son. And he said, Behold the fire and the wood:
but where is the lamb for a burnt offering?

8. wa Abaracham amar any ban AlaSham abah raah
   huw Shah al Alah Manachah kan Cham
   yalak Shanaym al Cham yachad

And Abraham said, My son, God will provide
himself a lamb for a burnt offering: so they
went both of them together.

9. wa Cham baw Maqam Asar AlaSham hayach
   amar Naphash al wa Abaracham banah achar
   Mazabaach Sham wa Shuwm ats al Shalab wa
   aqad yatsachaq Naphash ban wa shuwm Naphash al
   Mazabaach al ats

And they came to the place which God had
told him of; and Abraham built an
altar there, and laid the wood in order, and
bound Isaac his son, and laid him on
the altar upon the wood.

10. wa Abaracham Shalach Naphash yad wa laqach
    MaakalaTh al ShachaTh Naphash ban

And Abraham stretched forth his hand, and took
the knife to slay his son.

11. wa al Malak al YaChuwshuah qara al Naphash
    al al Shamaym wa amar Abaracham Abaracham wa
    Yy amar hannah Ahayach

And the angel of the LORD called unto him
out of heaven, and said, Abraham, Abraham: and
he said, Here am I.

12. wa Yy amar Shalach lah attah yad al Naar al
    ashah yash Mah dabar al Naphash al attah any
    yada ka yash yara AlaSham raah yash hayach lah
    Chashak attah ban aThThah yachad ban al any

And he said, Lay not thine hand upon the lad, neither
do thou any thing unto him : for now I
know that thou fearest God, seeing thou hast not
withheld thy son, thine only son from me.

13. wa Abaracham Nasha Naphash ayn wa raah wa
    hannah achar Naphash ayl achaz al cabak
    arach Naphash qaran wa Abaracham yalak wa laqach
    ayl wa Alah Naphash al ach Alah Manachah al
    al ThachaTh al Naphash ban

And Abraham lift up his eyes, and looked, and
behold behind him a ram caught in a thicket
by his horns: and Abraham went and took the
ram, and offered him up for a burnt offering
in the stead of his son.

14. wa Abaracham qara Sham al ka Maqam
    yachashahyarah hy yash amar al zaTh yowm al
    char al YaChuwshuah yash raah

And Abraham called the name of that place
Jehovah-jireh: as it is said to this day, In the
mount of the LORD it shall be seen.

15. wa al Malak al YaChuwshuah qara al Abaracham
    al al Shamaym Shany aTh

And the angel of the LORD called unto Abraham
out of heaven the second time,

16. wa amar arach any hayach Shaba amar
    YaChuwshuah al yaan yash ashah zaTh dabar
    wa hayach lah Chashak attah ban attah yachad ban

And said, By myself have I sworn, saith
the LORD, for because thou hast done this thing,
and hast not withheld thy son, thine only son:

17. ka al barak any abah barak attah wa al Rabah
    any abah Rabah attah zara hy kakab al Shamaym wa
    hy chwl Asar hy al yam Shaphah wa attah
    zara yash yarash Shaar al Naphash ayab

That in blessing I will bless thee, and in multiplying
I will multiply thy seed as the stars of heaven, and
as the sand which is upon the sea shore; and thy
seed shall possess the gate of his enemies;

18. wa al attah zara yash kal Gay al arats hava
    barak aqab yash hayach shama anyqal

And in thy seed shall all the nations of the earth be
blessed; because thou hast obeyed my voice.

19. kan Abaracham Shuwb al Naar anash wa
    Cham qam wa yalak yachad al Baar Shaba wa
    Abaracham yashab al Baar Shaba

So Abraham returned unto his young men, and
they rose up and went together to Beer-sheba; and
Abraham dwelt at Beer-sheba.

20. wa yash hayach abar achar allah dabar ka yash
    hayach Nagad Abarcham amar hannah Malakah
    Naphash yash gam yalad ban al aThThah ah
    Nachar

And it came to passs after these things, that it
was told Abraham, saying, Behold, Milcah
she hath also borne children unto thy brother
Nachar;

21. wts Naphash bakar wa baz Naphash ah wa
    qamwal Ab al Aram

Huz his firstborn, and Buz his brother and
Kemuel the father of Aram.

22. wa Kashad wa Chazah wa paladash wa yadlaph
    wa BaThwal

And Chesed, and Hazo, and Pildash, and Jidlaph,
and Bethuel.

23. wa bathwel yalad Rabaqah allah Shamanah
    Malakah ashah yalad al Nachar Abaracham ah

And Bethuel begat Rebakah: these eight
Milcah did bear to Nachar, Abraham's brother.

24. wa Naphash Pylagash Asar Sham hayach
    Raamah Naphash yalad gam Tabah wa
    GaCham wa Thachash wa Maachah

And his concubine, whose name was
Reumah she bare also Tebah, and
Gaham, and Thahash, and Maachah.

23

BarashythShamas

{1}

1. aw Asarah hayach Maah aw Shaba aw Asarym Shanah Chay allah hayach al Shanah al Chay al Asarah

AND Sarah was a hundred and seven and twenty years old: these were the years of the life of Sarah.

2. aw Asarah MawTh al qaryatharaba al zah Chabran al arats al Kanaan aw AbaraCham bow caphad al Asarah aw bakah al Naphash

And Sarah died in Kirjatharba; the same is Hebron in the land of Canaan: and Abraham came to mourn for Sarah, and to weep for her.

3. aw AbaraCham quwm al Naphash MawTh aw aw dabar al ban al ChaTh amar

And Abraham stood up from before his dead, and spake unto the sons of Heth, saying,

4. ahayach gar aw Tashab ad attah Nathan any aw achuzzah al aw qabar ad attah ky any uwlay qabar any MawTh al any panyam

I am a stranger and a sojourner with you: give me a possession of a buryingplace with you, that I may bury my dead out of my sight.

5. aw al ban al ChaTh anah AbaraCham amar al Naphash

And the children of Heth answered Abraham, saying unto him.

6. Shama lan any Adan Mashay AlaSham Nasha
Tavak lan al Mabachar al anaky qabarah qabar
attah Mawth lah Kash al anaky yash kala al Na
Naphash qabar han ky yash yakal qabar attah
Mawth

Hear us, my lord: thou art a mighty prince
among us: in the choice of our sepulchres bury
thy dead; none of us shall withhold from thee
his sepulchre, but that thou mayest bury thy
dead.

7. aw AbaraCham qam aw Shachah huw al
Am al arats gam al ban al ChaTh

And Abraham stood up, and bowed himself to the
people of the land, even to the children of Heth.

8. aw huw dabar ad Cham, amar Am ythay
Naphash ky any yash qabar any Mawth al any
panaym Shama any aw paga al any al apharan ban
al Tsachar

And he communed with them, saying, if it be
your mind that I should bury my dead out of my
sight; hear me, and intreat for me to Ephron the son
of Zohar,

9. ka Yy wlay Nathan any Maarah al Machaphalah
Asar huw hayach Asar hy al qatsah al Naphash
shadah al hy achar kacaph achar yash Mala huw
yash Nathan yash any al achazzah al qabarah
Tavak attah

That he may give me the cave of Machpelah,
which he hath, which is in the end of his
field; for as much money as it is worth he
shall give it me for a possession of a burying place
amongst you.

10. aw Apharan yashab Tavak ban al ChaTh aw
Apharan ChaThaThy anah AbaraCham al
azan al ban al ChaTh gam al kal ka
baw al Shaar al Naphash ayr amar

And Ephron dwelt among the children of Heth: and
Ephron the Hittite answered Abraham in the
audience of the children of Heth, even of all that
went in at the gate of his city, saying,

11. lah any Adan Shama any Shadah Nathan any
attah aw Maarah ka hy qarab any Nathan
yash attanah al ayn al ban al any Am
Nathan any yash attah qabar attah Mawth

Nay, my lord, hear me: the field give I
thee, and the cave that is therein, I give
it thee; in the presence of the sons of my people
give I it thee: bury thy dead.

12. aw AbaraCham shachah huw al
am al arats

And Abraham bowed down himself before the
people of the land.

13. aw huw dabar Asar Apharan al azan al
Am al arats amar han am yash Nathan yash
law Shama any ahy Nathan attah kacaph al
shadah laqach yash al any aw any ratsan qabar
any MawTh Sham

And he spake unto Ephron in the audience of the
people of the land, saying, But if thou wilt give it,
I pray thee, hear me: I will give thee money for the
field; take it of me, and I will bury
my dead there.

14. aw Apharan anah AbaraCham amar al Naphash

And Ephron answered Abraham, saying unto him

15. any Adan Shama al any arats hy Mala arba
    Maah shaqal al kacaph Mah hy ka bayn any
    aw attah qabar al attanah Mawth

My lord, hearken unto me: the land is worth four
hundred shekels of silver; what is that betwixt me
and thee? Bury therefore thy dead.

16. aw AbaraCham Shama al Apharan aw
    AbaraCham shaqal al Apharan kacaph Asar huw
    hayach Sham al azan al ban al ChaTh
    arba Maah shaqal al kacaph abar kacaph ad
    cachar

And Abraham hearkened unto Ephron; and
Abraham weighed to Ephron the silver, which he
had named in the audience of the sons of Heth,
four hundred shekels of silver, current money with
the merchant.

17. aw shadah al Apharan Asar hayach al
    Machaphalah Asar hayach al Mamara shadah
    aw Maarah Asar hayach qarab aw kal ats
    ka hayach al shadah ka hayach al kal gabal
    cabab hayach karath qam

And the field of Ephron, which was in
Machpelah, which was before Mamre, the field,
and the cave which was therein, and all the trees
that were in the field, that were in all the borders
round about, were made sure.

18. al AbaraCham al Maqanah al ayn al ban al
    ChaTh al kal ka baw al Shaar
    al Naphash ayr

Unto Abraham for a possession in the presence of the
children of Heth, before all that went in at the gate
of his city.

19. aw achar zath AbaraCham qabar Asarah
    Naphash Kashashah al Maarah al shadah al
    Machaphalah al Mamara huw hy chabaran al
    arats al Kanaan

And after this, Abraham buried Sarah
his wife in the cave of the field of
Machpelah before Mamre: the same is Hebron in the
land of Canaan.

20. aw shadah aw Maarah ka hy qarab hayach
    karaTh qam al AbaraCham al Maqanah al
    qabarah arach ban al ChaTh

And the field, and the cave that is therein, were
made sure unto Abraham for a possession of
a burying place by the sons of Heth.

CHAPTER

24

{2}

1. aw AbaraCham hayach zaqan aw aar baw al zaqan
aw YaChuwshuah hayach barak AbaraCham kal dabar

AND Abraham was old, and well stricken in age:
and the LORD had blessed Abraham in all things

2. aw AbaraCham amar al Naphash zaqan abad al
Naphash Bayth ka Mashal al kal ka huw hayach
Shuwm law attah yad Tachath any yarak

And Abraham said unto his eldest servant of
his house, that ruled over all that he had,
Put, I pray thee, thy hand under my thigh:

3. aw any ahy Shuwm attah shaba arach YaChuwshuah
AlaSham al Shamaym aw AlaSham al arats ka
yash lah laqach Kashashah al any ban al
ban al Kanaan qarab Asar any yashab

And I will make thee swear by the LORD,
the God of heaven, and the God of the earth, that
thou shalt not take a wife unto my son of the
daughters of the Canaanites, among whom I dwell:

4. han yash yalak al any arats aw al any Maladath
aw laqach Kashashah al any ban yatsachaq

But thou shalt go unto my country, and to my kindred
and take a wife unto my son Isaac.

5. aw abad amar al Naphash wlay
Kashashah abah lah hava abah al yalak any
al zah arats hagah any abyown shuwb attah ban al
al arats al ay attah yatsa

And the servant said unto him, Peradventure
the women will not be willing to follow me
unto this land: must I needs bring thy son again
unto the land from whence thou camest?

6. aw AbaraCham amar al Naphash Shamar yash ka
yash shuwb lah any ban Sham shuwb

And Abraham said unto him, Beware thou that
thou bring not my son thither again.

7. YaChuwshuah AlaShamal Shamaym Asar laqach
   any al any Ab bayth aw al arats al
   any MaladaTh aw Asar dabar al any aw ka
   shaba al any amar al attah zara ahy Nathan
   zah arats huw yash shalach Naphash Malak al attah
   aw yash laqach Kashashah Asar any ban al Sham

The LORD God of heaven, which took
me from my father's house, and from the land of
my kindred, and which spake unto me, and that
sware unto me saying, Unto thy seed will I give
this land: he shall send his angel before thee,
and thou shalt take a wife unto my son from thence

8. aw Am Kashashah abah lah hava abah al yalak
   attah az yash hava Naqah al zah any shaba
   yachad shuwb lah any ban Sham

And if the women will not be willing to follow
thee, then thou shalt be clear from this my oath
only bring not my son thither again.

9. aw abad Shuwm Naphash yad Tachath yarak al
   AbaraCham Naphash Adan aw shaba al Naphash al
   ka dabar

And the servant put his hand under the thigh of
Abraham his master, and sware to him concerning
that matter.

10. aw abad laqach Asar gamal al gamal al
    Naphash Adan aw yalak kal Tab al Naphash
    Adan hayach al Naphash yad aw Yy qam aw yalak
    Aram Naharaym Asar ayr al Nachar

And the servant took ten camels of the camels of
his master, and departed; for all the good of his
master were in his hand: and he arose and went to
Mesopotamia, unto the city of Nahor.

11. aw Yy karath Naphash gamal al barak chats
    ayr arach aar al Maym al ath al arab
    gam ath ka Kashashah yatsa shaab Maym

And he made his camels to kneel down without
the city by a well of water at the time of the evening,
even the time that women go out to draw

12. aw Yy amar Na YaChuwshuah AlaSham any
    Adan AbaraCham lw qarah any rachaq qarah
    zah yowm aw ashah chacad al any Adan
    AbaraCham

And he said O LORD God of my
master Abraham, I pray thee, send me good speed
this day, and shew kindness unto my master
Abraham.

13. hannah any Natsab hannah arach aar al Maym
    aw ban al anash al ayr yatsa
    al shaab Maym

Behold, I stand here by the well of water;
and the daughter of the men of the city come out
to draw water.

14. aw Natah yash hayach abar ka Naarah al Asar
    any yash amar Natah attah kad law ka any wlay
    shaqah aw Naphash yash amar shaqah aw any ahy
    Nathan attah gamal shaqah gam Natah huw hava
    Naphash ka yash hayach yackach al attah abad
    yatsachaq aw al yash any yada ka yash hayach
    ashah chacad al any Adan

And let it come to pass, that the damsel to whom
I shall say, Let down thy pitcher, I pray thee, that I may
drink; and she shall say, Drink, and I will
give thy camels drink also: let the same be
she that thou hast appointed for thy servant
Isaac; and thereby shall I know that thou hast
shewed kindness unto my master.

15. aw yash hayach abar al Yy hayach kalah dabar
    ka hannah rabaqah yatsa Asar hayach yalad al
    bathwal ban al Malkah Kashashah al Nachar
    AbaraCham ad Naphash kad al Naphash shakam

And it came to pass, before he had done speaking,
that, behold, Rebekah came out, who was born to
Bethuel, son of Milcah, the wife of Nahor,
Abraham's brother, with her pitcher upon her shoulder

16. aw Naarah hayach Maad Tab al Marah al
    Bathwlah lah hayach Maamah Kash yada Naphash
    aw Naphash yarad al ayn aw Mala Naphash
    kad aw Alah

And the damsel was very fair to look upon,
a virgin, neither had any man known her:
and she went down to the well, and filled her
pitcher, and came up.

17. aw abad rwts qarah Naphash aw amar Natah any
    lw gama Maat Maym al attah kad

And the servant ran to meet her, and said, Let me,
I pray thee, drink a little water of thy pitcher.

18. aw Naphash amar shathah any Adan aw Naphash
    Mahar aw yarad Naphash kad al Naphash yad aw
    Nathan Naphash shaqah

And she said drink my lord: and she
hasted, and let down her pitcher upon her hand and
gave him drink.

19. aw achar Naphash hayach kalah Nathan Naphash
    shaqah Naphash amar any abah shaab Maym al attah
    gamal gam ad Cham hayach kalah shathah

And when she had done giving him
drink, she said, I will draw water for thy
camels also, until they have done drinking.

20. aw Naphash Mahar aw arah Naphash kad al
    shaqath aw rwts shuwb Asar aar shaab Maym
    aw shaab al kal Naphash gamal

And she hasted, and emptied her pitcher into the
trough, and ran again unto the well to draw water,
and drew for all his camels.

21. aw Kash shaah al Naphash charash yada
    ad YaChuwshuah hayach Tsalaach Naphash darak
    Tsalaach av lah

And the man wondering at her held his peace, to wit
whether the LORD had made his journey
prosperous or not.

22. aw yash hayach abar hy gamal hayach kalah
    shathah ka Kash laqach zahab Nazam al
    baqa Mashaqal aw shanaym Tsamad al Naphash
    yad al Asar shaqal Mashaqal al zahab

And it came to pass, as the camels had done
drinking, that the man took a golden earring of
half a shekel weight, and two bracelets for her
hands of ten shekels weight of gold;

23. aw amar Mah bath Mashay Nagad any
    lw hy Sham Maqam al attah Ab bayth al anaky
    al lan al

And said, Whose daughter art thou? tell me,
I pray thee: is there room in thy father's house for us
to lodge in?

24. aw Naphash amar Asar Naphash Ahayach bath
    al bathwal ban al Malkah Asar Naphash yalad al
    Nachar

And she said unto him, I am the daughter
of Bethuel the son of Milcah, which she bare unto
Nahor.

25. Naphash amar gam al Naphash anaky hayach
gam Taban aw Macpw Rab aw Maqam al lan

She said moreover unto him, We have
both straw and provender enough, and room to lodge in?

26. aw Kash qadad Naphash Rash aw shachah
YaChuwshuah

And the man bowed his head, and worshipped
the LORD.

27. aw huw amar barak hava YaChuwshuah AlaSham
al any Adan AbaraCham Asar yash lah azab
any Adan al Naphash chacad aw Naphash amath
any hayach al darak YaChuwshuah Nachah any
al bayth al any Adan ach

And he said blessed be the LORD God
of my master Abraham, who hath not left destitute
my master of his mercy and his truth:
I being in the way, the LORD led me
to the house of my master;s brethren.

28. aw Naarah rwts aw Nagad Cham al Naphash
am bayTh allah dabar

And the damsel ran, and told them of her
mother's house these things.

29. aw Rabaqah hayach ach aw Naphash Sham hayach
Laban aw Laban rwts al Kash al ayn

And Rebekah had a brother and his name was
Laban: and Laban ran out unto the man, unto the well.

30. aw yash hayach abar achar Yy raah Nazam aw
aw tsamad al Naphash achwth yad aw achar Yy
Shama dabar al Rabaqah Naphash achwth amar
kah dabar Kash al any ka Yy baw al Kash aw
hannah Yy amad arach gamal al ayn

And it came to pass, when he saw the earring and
bracelets upon his sister's hands, and when he
heard the words of Rebekah his sister, saying,
the man unto me; that he came unto the man; and
behold, he stood by the camels at the well.

31. aw Yy amar baw yash barak al YaChuwshuah
Mah amad yash chats al hayach panah
bayth aw Maqam al gamal

And he said, Come in, thou blessed of the LORD;
wherefore standest thou without? for I have prepared
the house, and room for the camels.

32. aw al Kash baw al bayTh aw Yy paThach
Naphash gamal aw Nathan Taban aw Macpw al
gamal aw Maym al rachats Naphash ragal aw
anash ragal ka hayach ad Naphash

And the man came into the house: and he ungirded
his camels, and gave straw and provender for the
camels, and water to wash his feet, and
the men's feet that were with him.

33. aw Sham hayach Shuwm aklah al Naphash
akal han Yy amar any ahy lah akal ad hayach
dabar yad dabar aw Yy amar dabar al

And there was set meat before him
to eat: but he said, I will not eat, until I have
told mine errand, And he said, Speak on.

34. aw Yy amar Ahayach AbaraCham abad

And he said, I am Abraham's servant.

35. aw YaChuwshuah yash barak any Adan Maad
aw Yy hy gadal aw Yy yash Nathan Naphash
Tsaan aw baqar aw kacaph aw zahab aw
abad aw shaphachah aw gamal aw Chamar

And the LORD hath blessed my master greatly;
and he is become great: and he hath given him
flocks, and herds, and silver, and gold, and
menservants, and maidservants, and camels, and asses.

36. aw Asarah any Adan Kashashah yalad ban
    al any Adan achar Naphash hayach zaqanah aw
    al Naphash yash Yy Nathan kal ka Yy yash

And Sarah my master's wife bare a son
to my master when she was old: and
unto him hath he given all that he hath.

37. aw any Tsalaach any shaba amar yash lah
    laqach Kashashah al any ban al ban al
    Kanaan al Mah arats any yashab

And my master made me swear, saying, Thou shalt not
take a wife to my son of the daughters of the
Canaanites, in whose land I dwell:

38. han yash yalak al any Ab Bayth aw al any
    Mashapachah aw laqach Kashashah al any ban

But thou shalt go unto my father's house, and to my
kindred, and take a wife unto my son.

39. aw any amar al any Adan wlay Kashashah
    abah lah yalak any

And said unto my master, Peradventure the women
will not follow me.

40. aw Yy amar al any YaChuwshuah al Asar any
    halak abah shalach Naphash Malak ad attah aw
    Tsalaach attah darak aw yash laqach Kashashah
    al any ban al any Mashapachah aw al any Ab bayth

And he said unto me, The LORD, before whom I
walk, will send his angel with thee, and
prosper thy way: and thou shalt take a wife
for my son of my kindred, and of my father's house

41. az yash hava Naqah al zah any Alah Asar
    yash baw any Mashapachah aw am Cham Nathan
    lah attah achad yash hava Naqah al any Alah

Then shalt thou be clear from this my oath, when
thou comest to my kindred; and if they give
not thee one, thou shalt be clear from my oath.

42. aw any baw zah yowm Asar ayn aw amar Na
    YaChuwshuah AlaSham any Adan AbaraCham
    am attah yash ashah Tsalaach any darak Asar any halak

And I came this day unto the well, and said, O
LORD God of my master Abraham,
if now thou do prosper my way which I go

43. hannah any Natsab arach ayn al Maym aw yash
    hayach abar ka achar almah yatsa
    shaab Maym aw any amar al Naphash Nathan any
    lw Maat Maym al attah kad shaqah

Behold, I stand by the well of water; and it shall
come to pass, that when the virgin cometh forth
to draw water, and I say to her, Give me,
I pray thee, a little water of thy pitcher to drink;

44. aw Naphash amar al any gam shathah yash aw
    ahy gam shaab al attah gamal yarad huw
    Kashashah Asar YaChuwshuah yash yakach al
    al any Adan ban

And she say to me, Both drink thou, and
I will also draw for thy camels: let the same be the
women whom the LORD hath appointed out
for my master's son.

45. aw Tharam hayach kalah dabar al any lab
    hannah Rabaqah yatsa ad Naphash kad al Naphash
    shakam aw Naphash yarad al ayn aw
    shaab Maym aw any amar al Naphash yarad any
    shaqah lw

And before I had done speaking in mine heart,
behold, Rebekah came forth with her pitcher on her
shoulder; and she went down unto the well, and
drew water: and I said unto her, Let me
drink, I pray thee.

46. aw Naphash Tsalaach Mahar aw yarad Naphash
kad al Naphash shakam aw amar shaqah aw any
abah Nathan attah gamal shaqah gam kan any
shathah aw Naphash Tsalaach gamal shathah gam

And she made haste, and let down her
pitcher from her shoulder, and said, Drink, and I
will give thy camels drink also: so I
drank, and she made the camels drink also.

47. aw any shaal Naphash aw amar Mah bath
Mashay aw Naphash amar bath al Bathwal
Nachar ban Asar Malkah yalad al Naphash aw
any Shuwm Nazam al Naphash aph aw Tsamad
al Naphash yad

And I asked her, and said, Whose daughter
art thou? And she said, The daughter of Bethuel,
Nahor's son, whom Milcah bare unto him: and
I put the erring upon her face, and the bracelets
upon her hands.

48. wa any qadad any Rash aw shachah
YaChuwshuah aw barak YaChuwshuah AlaSham
al any Adan AbaraCham Asar hayach Nachah any
al amath darak al laqach any Adan ah baTh
al Naphash ban

And I bowed down my head and worshipped
the LORD, and blessed the LORD God
of my master Abraham, which had led me
in the right way to take my master;s brother's daughter
unto his son.

49. aw attah am yash ashah chacad aw amath ad
any Adan Nagad any aw am lah Nagad any ka
any wlay panah al yaman yad av al Shamal

And now if ye will deal kindly and truly with
my master, tell me: and if not, tell me; that
I may turn to the right hand, or to the left.

50. az Laban aw baThwal aw bathwal anah aw
amar dabar yatsa al YaChuwshuah anaky
lah dabar al attah Ra av Tab

Then Laban and Bethuel answered and
said, The thing proceedeth from the LORD: we
cannot speak unto thee bad or good.

51. hannah Rabaqah hy panym attah laqach
Naphash aw yalak aw yarad Naphash hava attah
Adan ban Kashashah hy YaChuwshuah yash dabar

Behold, Rebekah is before thee, take
her, and go, and let her be thy
master's son's wife, as the LORD hath spoken.

52. aw yash hayach abar ka achar AbaraCham abad
Shama cham dabar Yy shachah YaChuwshuah
Natah huw al arats

And it came to pass that, when Abraham's servant
heard their words, he worshipped the LORD,
bowing himself to the earth.

53. aw abad yatsa kaly al kacaph aw
kaly al zahab aw bagad aw Nathan Cham al
Rabaqah Yy Nathan gam al Naphash ah aw al
Naphash am Magadanah dabar

And the servant brought forth jewels of silver, and
jewels of gold, and raiment, and gave them to
Rebekah: he gave also to her brother and to
her mother precious things.

54. aw Cham ashah akal aw shathah huw aw anash
ka hayach ad Naphash aw lan kal layl aw Cham
qam al baqar aw Yy amar shalach any yalak
al any Adan

And they did eat and drink, he and the men
that were with him, and tarried all night; and they
rose up in the morning, and he said, send me away
unto my master.

55. aw Naphash ach aw Naphash am amar yarak
Naarah yashab ad anaky ah achad yowm av al
Asar achar ka Naphash yash yalak

And her brother and her mother said, Let
the damsel abide with us a few days, at the
ten; after that she shall go.

56. aw Yy amar al Cham achar any lah raah
YaChuwshuah yash Tsalaach any darak shalach
any yalak ka any wlay yalak al any Adan

And he said unto them, Hinder me not, seeing
the LORD hath prospered my way; send
me away that I may go to my master.

57. aw Cham amar anaky abah qara Naarah aw
Shaal av Naphash pah

And they said, We will call the damsel, and
enquire at her mouth.

58. aw Cham qara Rabaqah aw amar al Naphash
yash yalak ad zah Kash aw Naphash amar any abah
yalak

And they called Rebekah, and said unto her,
Wilt thou go with this man? And she said I will
go.

59. aw Cham shalach yalak Rabaqah Cham achaTh
aw Naphash yanaq aw AbaraCham abad aw Naphash
anash

And they sent away Rebekah their sister,
and her nurse, and Abraham's servant, aw his
men.

60. aw Cham barak Rabaqah aw amar al Naphash
Mashay anaky achath yash am al Alaph
al Rabakah aw yarad attahzara yarash Shaar al
allah Asar Shana Cham

And they blessed Rebekah and said unto her,
Thou art our sister, be thou the mother of thousands
of millions, and let thy seed possess the gate of
those which hate them.

61. aw Rabaqah qam aw Naphash Naarah aw Cham
Rakab al gamal aw yalak Kash aw
abad laqach Rabaqah aw yalak Naphash darak

And Rebekah arose, and her damsels, and they
rode upon the camels, and followed the man: and
the servant took Rebekah, and went his way.

62. aw yatsachaq baw al darak al ayn lachay Ray
al Yy yashab al Nagab arats

And Isaac came from the way of the well lahai-roi;
for he dwelt in the south country.

63. aw yatsachaq yatsa hagah al shadah av
ath aw Yy Nasha Naphash ayn aw raah aw
hannah gamal hayach baw

And Isaac went out to meditate in the field at the
eventide: and he lifted up his eyes, and saw, and,
behold, the camels were coming.

64. aw Rabaqah Nasha Naphash ayn aw achar
Naphash raah yatsachaq Naphash Naphal gamal

And Rebekah lifted up her eyes, and when
she saw Isaac, she lighted off the camel.

65. al Naphash hayach amar al abad Mah Kash
hy hallazah ka halak al shadah qarah anaky aw
abad hayach amar yash hy any Adan al Naphash
laqach Tsayph aw kacah Naphash

For shehad said unto the servant,What man
is this that walketh in the field to meet us? And
the servant had said, It is my master therefore she
took a vail, and covered herself.

66. aw abad caphar yatsachaq kal dabar ka Yy hayach ashah

And the servant told Isaac all things that he had done.

67. aw yatsachaq baw Naphash al Naphash am Asarah ahal aw laqach Rabaqah aw Naphash hayach Naphash Kashashah aw Yy ahab Naphash aw yatsachaq hayach NaCham achar Naphash am Mawth

And Isaac brought her into his mother Sarah's tent, and took Rebekah, and she became his wife; and he loved her: and Isaac was comforted after his mother's death.

25

{3}

1. az yacaph AbaraCham laqach Kashashah aw Naphash Sham hayach qatarah

   Then again Abraham took a wife, and her name was Keturah.

2. aw Naphash yalad Naphash zamaran aw yaqashan aw Madan aw Madyan aw yashabaq aw shwach

   And she bare him Zimran, and Jokshan, and Medan, and Midian, and Ishbak, and Shuah.

3. aw yaqashan yalad Shaba aw Dadan aw ban al Dadan hayach Ashashary aw LataSham aw Laammym

   And Jokshan begat Sheba, and Dedan. And the sons of Dedan were Asshurim, and Letushim, and Leummim.

4. aw ban al Madayn Aphah aw Aphar aw Chanak aw Abydah aw Aldaah kal allah hayach ban al qatarah

   And the sons of Midian; Ephah, and Epher, and Hanoch, and Abidah, and Eldaah. All these were the children of Keturah.

5. aw AbaraCham Nathan kal ka Yy hayach al yatsachaq

   And Abraham gave all that he had unto Isaac

6. han al ban al Pylagash Asar AbaraCham hayach AbaraCham Nathan MaThaThanah aw shalach Cham darak Al yatsachaq Naphash ban ad Yy gam Chay qadam al qadam arats

   But unto the sons of the concubines, which Abraham had, Abraham gave gifts, and sent them away from Isaac his son, while he yet lived eastward, unto the east country.

7. aw allah hy yowm al Shanah al AbaraCham
Chay Asar Yy Chay Maah Shabaym aw
Shabaym Shanah

And these are the days of the years of Abraham's
life which he lived, a hundred threescore and
fifteen years.

8. az AbaraCham NaThan gava aw MawTh al Tab
Zaqan Shaybah Kash aw Shabaa al Shanah aw
hayach acaph al Naphash am

Then Abraham gave up the ghost, and died in a good
old age, an old man, and full of years; and
was gathered to his people.

9. aw Naphash ban yatsachaq aw yaShamaAl
qabar Naphash al Maarah al Machapalah al
Shadah al Apharan ban al Tsachar ChaThaThy
Asar hy al Mamara

And his sons Isaac and Ishmael
buried him in the cave of Machpelah, in the
field of Ephron the son of Zohar the Hittite,
which is before Mamre;

10. al Shadah Asar AbaraCham qanah al ban al
Chath Sham hayach AbaraCham qabar aw
Asarah Kashashah

The field ahich Abraham puchased of the sons of
Heth: there was Abraham buried, and
Sarah his wife

11. aw yash hayach abar achar Mavath al
AbaraCham ka AlaSham barak Naphash ban
yatsachaq aw yatsachaq yashab darak baar LaChay

And it came to pass after the death of
Abraham, that God blessed his son
Ray Isaac; and Isaac dwelt by the well lahai-roi.

12. attah allah hy Taladah al yaShamaAl
AbaraCham ban Asar chagar Matsaraym Asarah
Shaphachah yalad al AbaraCham

Now these are the generations of Ishmael,
Abraham's son, whom Hagar the Egyptian, Sarah's
handmaid, bare unto Abraham:

13. aw allah hy Sham al ban al yaShamaAl arach
Cham Sham ragal al Cham Taladah al bakar
al yaShmaAl Nabayth aw qadar aw adbaal aw
MabaSham

And these are the names of the sons of Ishmael, by
their names, according to their generation: the firstborn
of Ishmael, Nebajoth; and Kedar, and Adbeel, and
Mibsam,

14. aw MaShama aw damah aw Mashasha

And Mishma, and Dumah, and Massa

15. Chadar aw Tama yatar Naphash aw qadamah

Hadar, and Tema, Jetur, Naphish, and Kedemah:

16. allah hy ban al yaShamaAl aw allah hy Cham
Sham arach Cham Chatsar aw arach Cham Tyrah
Shanah Nasha ragal al Cham ammamah

These are the sons of Ismael, and these are their
names, by their towns, and by their castles;
twelve princes according to their nations.

17. aw allah hy shanah al Chay al yaShamaAl
Maah aw Shalashym aw Shaba Shanah aw Yy
NaThan gava aw MawTh aw hayach acaph al
Naphash am

And these are the years, of the life of Ishmael,
a hundred and thirty and seven years: and he
gave up the ghost and died; and was gathered unto
his people.

18. aw Cham shakan al Chavylah al Sar ka hy
al Matsaraym hy yash baw al Ashashary aw Yy
MawTh al panym al kal Naphash ach

And they dwelt from Havilah unto Shur, that is
before Egypt, as thou goest toward Assyria: and he
died in the presence of all his brethren.

19. aw allah hy Taladah al yatsachaq AbaraCham
ban AbaraCham yalad yatsachaq

And these are the generations of Isaac, Abraham's
son: Abraham begat Isaac:

20. aw yatsachaq hayach arbaym Shanah Shaybah
achar Yy laqach Rabaqah al Kashashah bath al
Bathwal Aram al PadanAram achaTh al
LabanAram

And Isaac was forty years old
when he took Rebekah to wife, the daughter of
Bethuel the Syrian of Padan-aram, the sister to
Laban the Syrian.

21. aw yatsachaq athar YaChuwshuah al Naphash
Kashashah ka Naphash hayach aqar aw
YaChuwshuah hayach athar al Naphash aw
Rabaqah Naphash Kashashah harah

And Isaac entreated the LORD for his
wife, because she was barren: and
the LORD was entreated of him, and
Rebekah his wife conceived.

22. aw ban ratsats yachad qarab Naphash aw
Naphash amar am ythay kan Mah Ahayach zah
aw Naphash yalak darash al YaChuwshuah

And the children struggled together within her; and
she said, if it be so, why am I thus?
And she went to enquire of the LORD.

23. aw YaChuwshuah amar al Naphash Shanaym
amamah hy al attah batan aw Shanaym darak al
am yash parad al attah Maah aw achad
am yash amats Man ach am aw
Rab yash abadah Tsaar

And the LORD said unto her, Two
nations are in thy womb, and two manner of
people shall be separated from thy bowels; and the one
people shall be stronger than the other people; and
the elder shall serve the younger.

24. aw achar Naphash yowm ythay yalad hayach Mala
hannah Sham hayach Thaam al Naphash batan

And when her days to be delivered were fulfilled
Behold, there were twins in her womb.

25. aw Rashan yatsa adamany kal Nagad kan
Shaar addarath aw Cham qara Naphash Sham Ashav

And the first came out red, all over like
a hairy garment; and they called his name Esau.

26. aw achar ka hayach Naphash ach al aw
yad laqachachaz al Ashav aqab aw Naphash
Sham hayach qara yaaqab aw yatsachaq hayach
Shabaym Shanah ban achar Naphash yalad Cham

And after that came his brother out, and
his hand took hold on Esau's heel; and his
name was called Jacob: and Isaac was
threescore years old when she bare them.

27. aw Naar gadal aw Ashav hayach yada Tsayad
Kash al Shadah aw yaaqab hayach aTham Kash
yashab al ahal

And the boys grew and Esau was a cunning hunter,
a man of the field; and Jacob was a plain man,
dwelling in tents.

28. aw yatsachaq ahab Ashav ka Yy ashah pah al
    Naphash Tsayad han Rabaqah ahab yaaqab

And Isaac loved Esau, because he did eat of
his venison: but Rebekah loved Jacob.

29. aw yaaqab zwd Nazyd aw Ashav baw al
    Shadah aw Yy hayach ayaph

And Jacob sod pottage: and Esau came from
the field, and he was faint:

30. aw Ashau amar al yaaqab laat any Na ad
    ka zah adam Nazyd al ahayach ayaph al hayach
    Naphash Sham qara adam

And Esau said to Jacob, Feed me, I pray thee, with
that same red pottage; for I am faint: therefore was
his name called Edom.

31. aw yaaqab amar Makar any hallazah yowm
    attah Bakarah

And Jacob said, Sell me this day
thy birthright.

32. aw Ashav amar hannah Ahayach av halak al
    Mawth aw Mah batsa yash zah bakarah ashah al

And Esau said, Behold, I am at the point to
any die: and what profit shall this birthright do to me?

33. aw yaaqab amar Shaba al any zah yowm aw
    Yy Shab al Naphash aw Yy Makar Naphash
    Bakarah al yaaqab

And Jacob said, Swear to me this day; and
he sware unto him: and he sold his
Birthright unto Jacob.

34. az yaaqab Nathan Ashav LaCham aw Nazyd al
    adash aw Yy ashah akal aw Shathah aw qam aw
    yalak Naphash zah Ashav bazah Naphash Bakarah

Then Jacob gave Esau bread and pottage of
lentiles; and he did eat and drink, and rose up, and
went his way: thus Esau despised his Birthright.

{4}

1. aw Sham hayach raab al arats bad Rashan
   raab kah hayach al yowm al AbaraCham aw
   yatsachaq yalak al AbyMalach Malach al
   PhalashaThy al Garar

2. aw YaChuwshauh raah al Naphash aw amar
   yarad lah al Matsaraym Shakan al arats Asar any
   yash amar attah al

3. gar al zath arats aw ahy ad attah aw abah
   Barak attah al attah aw al attah zara ahy
   Nathan kal al arats aw ahy qal Shabah
   Asar any Shaba al AbaraCham attah Ab

4. aw any ratsan Sham attah zara al Rabah hy
   KaKab al Shamaym aw ahy Nathan al attah zara
   kal al arats aw al attah zara yash kal Gay
   al arats hava barak

5. aqab ka AbaraCham Shama any qal aw Shamar
   any MaShamarath any Matsvah any chaqqah aw
   any Tarah

AND there was a famine in the land, besides the first
famine that was in the days of Abraham. And
Isaac went unto Abimelech king of the
Philistines unto Gerar.

And the LORD appeared unto him, said,
Go not down into Egypt; dwell in the land which I
shall tell thee of:

Sojourn in this land, and I will be with thee, and will
bless thee; for unto thee, and unto thy seed I will
give all these countries, and I will perform the oath
which I sware unto Abraham thy father;

And I will make thy seed to multiply as
the stars of heaven, and will give unto thy seed
all these countries; and in thy seed shall all the nations
of the earth be blessed;

Because that Abraham obeyed my voice, and kept
my charge, my commandments, my statutes, and
my laws.

6. aw yatsachaq yashab al Garar

And Isaac dwelt in Gerar:

7. aw anash al Maqam Shaal Naphash al Naphash
Kashashah aw Yy amar Naphash hy any achath
al Yy yara al amar Naphash hy any Kashashah
pan amar Yy anash al Maqam yash harag any al
Rabaqah ky Naphash hayach Tab al Marah al

And the men of the place asked him of his
wife; and he said, She is my sister:
for he feared to say, She is my wife;
lest, said he, the men of the place should kill me for
Rebekah; because she was fair to look upon.

8. aw yash hayach abar ka Yy hayach Sham
arak yowm ka AbyMalak Malak al PhalashaThy
shaqaph baad challan aw raah aw hannah
yatsachaq hayach tsachaq ad Rabaqah Naphash
Kashashah

And it came to pass, when he had been there
a long time, that Abimelech king of the Philistines
looked out at a window, and saw, and, behold,
Isaac was sporting with Rebekah his
wife.

9. aw AbyMalach qara yatsachaq aw amar hannah
al ak Naphash hy attah Kashashah aw ayak amar
yash Naphash hy any achath aw yatsachaq amar
al Naphash ky any amar pan any MawTh al Naphash

And Abimelech called Isaac, and said, Behold,
of a surety she is thy wife: and how saidst
thou, She is my sister? And Isaac said
unto him, Because I said, Lest I die for.

10. aw AbyMalach amar Man hy zath yash ashah
al anaky achad al am yakal Maat hayach shakab
ad attah Kashashah aw yash hayach baw
aSham al anachnuw

And Abimelech said, What is this thou hast done
unto us? One of the people might lightly have lain
with thy wife, and thou shouldest have brought
guiltiness upon us.

11. AbyMalach Tsavah kal Naphash am amar Yy
ka Naga zah Kash av Naphash Kashashah yash ak
hava Shuwm MawTh

And Abimelech charged all his people, saying, He
that toucheth this man or his wife shall surely
be put to death.

12. az yatsachaq zara al ka arats aw Matsa al
huw Shanah Maah aw al YaChuwshuah Barak
Naphash

Then Isaac sowed in that land, and received in the
same year a hundredfold: and the LORD blessed
him.

13. aw Kash chazaq gadal aw yalak halak aw
gadal ad Yy gadal Maad gadal

And the man waxed great, and went forward, and
grew until he became very great:

14. al Yy hayach Maqanah al Tsaan aw Maqanah
al baqar aw gadal paqqadan al abad aw the
PhalashaThy qana Naphash

For he had possession of flocks, and possession
of herds, and great store of servants; and the
Philistines envied him.

15. al kal aar Asar Naphash Ab abad hayach
chaphar al yowm al AbaraCham Naphash Ab
PhalashaThy hayach CaTham Cham aw Mala
Cham ad aphar

For all the wells which his father's servants had
digged in the days of Abraham his father
the Philistines had stopped them, and fulfilled
them with earth.

16. aw AbyMalach amar al yatsachaq yalak al
anaky al Mashay Maad atsam Man anaky

And Abimelech said unto Isaac, Go from
us, for thou art much mightier than we.

17. aw yatsachaq yalak Sham aw chanah Naphash
ahal Nachal al Garar aw yashab Sham

And Isaac departed thence, and pitched his
tent in the valley of Gerar, and dwelt there.

18. aw yatsachaq chaphar Shuwb aar al Maym Asar
Cham hayach chaphar al yowm al AbaraCham
Naphash Ab al PhalashaThy hayach CaTham Cham
achar MavaTh al AbaraCham aw Yy qara Cham
Sham achar al Sham arach Asar qara Naphash Ab
hayach qara Cham

And Isaac digged again the wells of water, which
they had digged in the days of Abraham
his father; for the Philistines had stopped them
after the death of Abraham: and he called their
names after the names by which his father
had called them.

19. aw yatsachaq abad chaphar al Nachal aw Matsa
Sham ach aar al Chay Maym

And Isaac's servants digged in the valley, and found
there a well of springing water.

20. aw baqar al Garar ashah ryb ad yatsachaq
baqar amar Maym hy anachnw aw Yy qara
Sham al aar puwk ka cham Ashaq ad Naphash

And the herdmen of Gerar did strive with Isaac's
herdmen, saying, The water is ours: and he called
the name of the well Esek; because they strove with him.

21. aw Cham chaphar achar aar aw Ashaq al ka
gam aw Yy qara Sham al yash ShaThan

And they digged another well and strove for that
also: and he called the name of it Sitnah.

22. aw Yy aThaq al Sham aw chaphar achar
aar aw al ka Cham Ashaq lah aw Yy qara
Sham al yash RachabaTh aw Yy amar al attah
al YaChuwshuah yash ashah Rachab al anaky aw
anaky yash hava Pharach al arats

And he removed from thence, and digged another
well; and for that they strove not: and he called
the name of it Rehoboth; and he said, For now
the LORD hath made room for us, and
we shall be fruitful in the land.

23. aw Yy Alah al Sham al baar shaba

And he went up from thence to Beer-sheba

24. aw YaChuwshuahraah Asar Naphash huw Layl
aw amar Ahayach AlaSham al AbaraCham aThaTh
Ab yara lah al Ahayach ad aThwThah aw ahy
barak aThwThah aw Rabah attah zara al any abad
AbaraCham Abwr

And the LORD appeared unto him the same night,
and said, I am the God of Abraham thy
father: fear not, for I am with thee, and will
bless thee, and multiply thy seed for my servant
Abraham's sake.

25. aw Yy banah achar Mazabaach Sham aw qara
al Sham al YaChuwshuah aw Natah Naphash ahal
Sham aw Sham yatsachaq abad chaphar ach aar

And he builded an altar there, and called
upon the name of the LORD, and pitched his tent
there: and there Isaac's servants digged a well.

26. az AbyMalach halak Naphash al Garar aw
AchazzaTh achad al Naphash Maraa aw Phykal
SharShar al Naphash Tsaba

Then Abimelech went to him from Gerar, and
Ahuzzath one of his friends and Phichol
the chief captain of his army

27. aw yatsachaq amar al Cham Maddwa baw
    attah al any raah attah Shana any aw hayach
    Shalach any yalak al attah

And Isaac said unto them, Where come
ye to me, seeing ye hate me, and have
sent me away from you?

28. aw Cham amar anaknuw raah ka YaChuwshuah
    hayach ad attah aw anaky amar yarad Sham hava
    Na achar Shabah bayn anaky gam bayn anaky
    aw attah aw yarad anaky karath barath ad attah

And they said, We saw certainly that the LORD
was with thee: and we said, Let there be
now an oath betwixt us, even betwixt us
and thee, and let us make a covenant with thee;

29. ka yash ashah anaky lah Ra hy anaky hayach
    lah Naga attah aw hy anaky hayach ashah al
    attah lah han Tab aw hayach Shalach attah yalak
    al Shalam Mashay attah barak al YaChuwshuah

That thou wilt do us no hurt, as we have
not touched thee, and as we have done unto
thee nothing but good, and have sent thee away
in peace: thou art now the blessed of the LORD.

30. aw Yy ashah Cham MashaThah aw Cham ashah
    akal aw Shaqal

And he made the a feast, and they did
eat and drink.

31. aw Sham Shakam al baqar aw Shaba
    Kash al achar aw yatsachaq Shalach Cham yalak
    aw Cham yalak al Naphash al Shalam

And they rose up betimes in the morning, and sware
one to another: and Isaac sent them away,
and they departed from him in peace.

32. aw yash hayach abar huw yowm ka yatsachaq
    abad baw aw Nagad Naphash al aar
    Asar Cham hayach chaphar aw amar al Naphash
    anachnw hayach Matsa Maym

And it came to pass the same yowm, that Isaac's
servants came, and told him concerning the well
which they had digged, and said unto him,
We have found water.

33. wa Yy qara yash Shabah al Sham al ayr
    hy aar Shaba Asar zaTh yowm

And called it Shebah: therefore the name of the city
is Beer-sheba unto this day.

34. aw Ashav hayach arbaym Shanah ban ka Yy
    laqach al Kashashah yachadah bath al baary
    al ChaThaThy aw BaShamaTh baTh al Alan
    al ChaThaThy

And Esau was forty years old when he
took to wife Judith the daughter of Beeri
the Hittite, and Bashemath the daughter of Elon
Hittite:

35. Asar hayach Marah al ruwach al yatsachaq
    aw al Rabaqah

Which were a grief of mind unto Isaac
and to Rebekah.

{5}

1. aw yash hayach abar ka Asar yatsachaq hayach zaqan
   aw Naphash ayn hayach kahah ka Yy yakal raah
   Yyqara Ashav Naphash gadal ban aw amar al
   Naphash any ban aw Yy amar al Naphash hannah
   ahayach

   ANDit came to pass, that when Isaac was old,
   and his eyes were dim, so that he could not see,
   he called Esau his eldest son, and said unto
   him, My son: and he said unto him, Behold here,
   am I.

2. aw Yy amar hannah Na ahayach zaqan any yada
   lah yowm al any MavaTh

   And he said, Behold now I am old, I know
   not the day of my death:

3. Na al Nasha Na attah kala
   attah Talah aw attah qashaTh aw yatsa al Shadah
   aw Tswd any achad Tsaydah

   Now therefore take, I pray thee, thy weapons,
   thy quiver and thy bow, and go out to the field,
   and take me some venison;

4. aw ashah any MaThamamah hannah hy any ahab
   aw baw yash al any ka any wlay akal ka any
   Naphash wlay barak aThwThah Tharam any MawTh

   And make me some savory meat, such as I love,
   and bring it to me, that I may eat; that my
   soul may bless thee before I die.

5. aw Rabaqah Shama ka yatsachaq dabar al Ashav
   Naphash ban aw Ashav yalak Shadah Tswd al
   Tsaydah aw baw yash

   And Rebekah heard when Isaac spake to Esau
   his son. And Esau went to the field to hunt for
   venison, and to bring it.

6. aw Rabaqah dabar Asar yaaqab Naphash ban amar
   hannah any Shama attah Ab dabar al Ashav attah
   ach amar

And Rebekah spake unto Jacob her son, saying,
Behold, I heard thy father speak unto Esau thy
brother, saying,

7. baw any Tsaydah aw ashah any MaThamamah
   ka any wlay akal aw barak attah panym al
   YaChuwshuah panym any MavaTh

Bring me venison, and make me savory meat,
that I may eat, and bless thee before the
LORD before my death

8. Na al any ban Shama any qal ragal
   al ka Asar any Tsavah aThwThah

Now therefore, my son, obey my voice according
to that which I command thee.

9. yalak Na al Tsaan aw laqach al Sham
   Shanaym Tab gady al az aw ahy ashah Cham
   MaThamamah al attah Ab hannahhy Yy ahab

Go now to the flock, and fetch me from thence
two good kids of the goats; and I will make them
savory meat for thy father, such as he loveth

10. aw yash baw yash al attah Ab ka Yy
    wlay akal aw ka Yy wlay barak attah panym Naphash
    MavaTh

And thou shalt bring it to thy father, that he
may eat, and that he may bless thee before his
death.

11. aw yaaqab amar al Rabaqah Naphash am hannah
    Ashav any ah hy Shayr Kash aw ahayach chalaq
    Kash

And Jacob said to Rebekah his mother, Behold,
Esau my brother is hairy man, and I am a smooth
man:

12. any Ab wlay abah Mashash any aw any yash
    hayach al Naphash hy Taa aw any yash baw
    qalalah al any aw lah barak

My father peradventure will feel me, and I shall
seem to him as a deceiver; and I shall bring
a curse upon me, and not a blessing.

13. aw Naphash amamar al Naphash al any hava attah
    qalalah any ban ak Shama any qal aw yalak laqach
    any Cham

And his mother said unto him, Upon me be thy
curse, my son: only obey my voice, and go fetch
me them.

14. aw Yy yalak aw laqach aw baw Cham al
    Naphash am aw Naphash am ashah MaThamamah
    hannah hy Naphash Ab ahab

And he went, and fetched, and brought them to
his mother: and his mother made savory meat,
such as his father loved.

15. aw Rabaqah laqach chamad bagad al Naphash
    gadal ban Ashau Asar hayach ad Naphash al bayth
    aw Labash Cham al yaaqab Naphash qatan ban

And Rebekah took goodly raiment of her
eldest son Esau, which were with her in the house,
and put them upon Jacob her younger son:

16. aw Naphash Labash wr al gady al az al
    Naphash yad aw al chalaqah al Naphash Tsavvar

And she put the skins of the kids of the goats upon
his hands, and upon the smooth of his neck:

17. aw Naphash Nathan MaThamamah aw LaCham
Asar Naphash hayach ashah al yad al Naphash ban
yaaqab

And she gave the savory meat and the bread,
which she had prepared, into the hand of her son
Jacob.

18. aw Yy baw al Naphash Ab aw amar any Ab
aw Yy amar hannah ahayach Mah Mashay any ban

And he came unto his father, and said, My father:
and he said, Here am I; who art thou, my son?

19. aw yaaqab amar al Naphash Ab ahayach Ashav
aThaThah Rashan hayach ashah ragal hy yash
dabar any qam aNNa yashab aw akal al any
Tsayd ka attah Naphash wlay barak any

And Jacob said unto his father, I am Esau
thy firstborn; I have done according as thou
badest me: arise, I pray thee, sit and eat of my
venison, that thy soul may bless me.

20. aw yatsachaq amar al Naphash ban Mah hy yash
ka yash Matsa yash kan Mahar any ban wa Yy
amar ka YaChuwshuah aThaThah AlaSham qarah
yash al any

And Isaac said unto his son, How is it
that thou has found it so quickly, my son? And he
said, because the LORD thy God brought
it to me.

21. aw yatsachaq amar al yaaqab Nagash aNNa
ka any wlay Mwsh attah any ban ad yash hava any
zaTh ban Ashay av lah

And Isaac said unto Jacob, Come near, I pray thee,
that I may feel thee, my son, whether thou be my
very son Esau or not.

22. aw yaaqab Nagash al yatsachaq Naphash Ab
aw Yy Mashash Naphash aw amar qal hy yaaqab
qal han yad hy yad al Ashav

And Jacob went near unto Isaac his father;
and he felt him, and said, The voice is Jacob's
voice, but the hands are the hands of Esau.

23. wa Yy Nakar Naphash lah ka Naphash yad
hayach Shayr hy Naphash ah Ashav yad kan Yy
barak Naphash

And he discerned him not, because his hands
were hairy, as his brother Esau's hands: so he
blessed him.

24. aw Yy amar Mashay any zaTh ban Ashav aw
Yy amar ahayach

And he said, art thou my very son Esau? And
he said, I am.

25. aw Yy amar Nagash yash al any aw ahy akal al
any ban Tsayd ka any Naphash wlay barak attah
aw Yy Nagash yash al Naphash aw Yy ashah akal
aw Yy baw Naphash yayn wa Yy Shathah

And he said bring it near to me, and I will eat of
my son's venison, that my soul may bless thee.
And he brought it near to him, and he did eat:
and he brought him wine, and he drank.

26. aw Naphash Ab yatsachaq amar al Naphash
Nagash Na wa Nashaq any ban

And his father Isaac said unto him,
Come hear now, and kiss me, my son.

27. wa Yy Nagash wa Nashaq Naphash wa Yy
ruwach rayach al bagad wa barak Naphash
wa amar raah rayach al any ban hy rayach
al Shadah Asar al YaChuwshuah yash barak

And he came near, and kissed him: and he
smelled the smell of his raiment, and blessed him,
and said, See, the smell of my son is as the smell
of a field which the LORD hath blessed:

28. al AlaSham NaThan aThwThah al Thal
al Shamaym wa MaShaman al arats wa Rab al
dagan wa Tyrash

Therefore God give thee of the dew
of heaven, and the fatness of the earth, plenty of
corn and wine:

29. yarad am abad attah wa laam Shachah al attah
gabar Nagad aThwThah ach wa yarad attah am ban
Shachah al aThwThah arar kal Kash ka arar
attah aw barak huw ka barak attah

Let people serve thee, and nations bow down to thee:
be lord over thy brethren, and let the mother's sons
bow down to thee: curse be every one that curseth
thee, and blessed be he that blesseth thee.

30. wa yash hayach abar kan Asar al yatsachaq hayach
ashah kalah al barak yaaqab wa yaaqab hayach
ak ChaThaTh yatsa al panym al yatsachaq Naphash
Ab ka Ashav Naphash ah baw al Naphash Tsayd

And it came to pass as soon as Isaac had
made an end of blessing Jacob, and Jacob was
yet scarce gone out from the presence of Isaac his
father, that Esau his brother came in from his hunting.

31. wa Yy gam hayach ashah MaThamamah wa baw
al Naphash Ab wa amar al Naphash Ab yarad any
Ab qam wa akal al Naphash ban Tsayd ka attah
Naphash wlay barak any

And he also had made savory meat, and brought it
unto his father, and said unto his father, Let my
arise, and eat of his son's venison, that thy
soul may bless me.

32. wa yatsachaq Naphash Ab amar al Naphash Mah
Mashay wa Yy amarahayach attah ban attah Rashan
Ashav

And Isaac his father said unto him, Who
art thou? And he said, I am thy son, thy firstborn
Esau.

33. wa yatsachaq charad gadal wa amar
Mah aphaw hy yash Tsuwd Tsayd wa
baw yash any wa hayach akal al kal Taram yash
baw wa hayach barak Naphash gam wa yash
barak

And Isaac trembled very exceedingly, and said,
Who? Where is he that hath taken venison, and
brought it me, and I have eaten of all before thou
camest, and have blessed him? Yea, and he shall be
blessed.

34. wa ka Ashav Shama dabar al Naphash Ab Yy
Tsaaq ad gadal wa Maad Mar Tsaaqah wa
amar al Naphash Ab barak any gam any gam Na
any Ab

And when Esau heard the words of his father, he
cried with a great and exceeding bitter cry, and
said unto his father, Bless me, even me also, O
my father.

35. wa Yy amar attah ah baw ad Maramah wa
yash laqach yalak attah barak

And he said, Thy brother came with subtlety, and
and hath taken away thy blessing.

36. wa Yy amar hy lah Yy ka Sham yaaqab al
Yy yash aqab any zah paam Yy laqach
yalak any bakarah wa hannah attah Yy yash
laqach yalak any barak wa Yy amar yash lah
atsal barak al any

And he said Is it not he rightly named Jacob? for
he hath supplanted me these two times: he took
away my birthright; and, behold, now he hath
taken away my blessing. And he said, Hast thou not
reserved a blessing for me?

37. wa yatsachaq anah wa amar al Ashav han
hayach Shuwm Naphash attah gabyr wa kal Naphash
ach hayach Nathan al Naphash al abad wa ad
dagan wa Tyrash hayach camak Naphash wa Mah
yash any ashah aphaw al attah any ban

And Isaac answered and said unto Esau, Behold,
I have made him thy lord, and all his
brethren have I given to him for servants; and with
corn and wine have I sustained him: and what
shall I do now unto thee, my son?

38. wa Ashav amar al Naphash Ab yash han achad
barak any Ab barak any gam any gam la any
Ab wa Ashav Nasha Naphash qal wa bakah

And Esau said unto his father, Hast thou but one
blessing, my father? Bless me, even me also, O my
father. And Esau lifted up his voice and wept.

39. wa yatsachaq Naphash Ab anah wa amar al
Naphash hannah attah Mashab yash MaShaman
al arats wa al Tal al Shamaym al

And Isaac his father anwered and said unto
him, Behold, thy dwelling shall be the fatness
of the earth, and of the dew of heaven from above;

40. wa arach attah charab yash chayah wa yash abad
attah ah wa yash hayach abar Asar yash
hayach rwd ka yash paraq Naphash alal
attah Tsavvar

And by thy sword shalt thou live, and shalt serve
thy brother and it shalt come to pass when thou shalt
have the dominion, that thou shalt break his yoke
from off thy neck.

41. wa Ashav ShaTham yaaqab al al barak
Asar Naphash Ab barak Naphash wa Ashav amar
al Naphash lab yowm al abal al any Ab hy
qarab yad az ratsan any harag any ah yaaqab

And Esau hated Jacob because of the blessing
wherewith his father blessed him and Esau said
in his heart, The day of mourning for my father are
at hand; then will I slay my brother Jacob.

42. wa zah dabar al Ashav Naphash gadal ban
hayach Nagad al Rabaqah wa Naphash Shalach
wa qara yaaqab Naphash qatan ban aw amar al
Naphash hannah attah ach Ashav hy al attah
agab NaCham Naphash MaChashabah al harag attah doth

And these words of Esau her elder son
were told to Rebekah: and she sent
and called Jacob her younger son, and said unto
him, Behold, thy brother Esau, as touching thee,
comfort hinself, purposing to kill thee.

43. attah al any ban Shama any qal wa qam
barach yash al Laban any ah al Charan

Now therefore, my son, obey my voice; and arise,
flee thou to Laban my brother to Haran;

44. wa yashab ad Naphash ach achad yowm ad attach
Chamah Shuwb yalak

And tarry with him a few days, until thy brother's
fury turn away;

45. ad aThaThach aph Shuwb yalak al attah
wa Yy Shakach ka Asar yash hayach ashah al Naphash
az any ratsan Shalach wa laqach attah al Sham Mah
yash Shakal gam al attah Shanaym al achad yowm

Until thy brother's anger turn away from thee,
and he forget that which thou hast done to him:
then I will send, and fetch thee from thence: why
should I be deprived also of you both in one day?

46. wa Rabaqah amar al yatsachaq ahayach qwts al
    any Chay panym al ban al ChaTh am
    yaaqab laqach Kashashah al ban al ChaTh hannah
    hy allah Asar hy al ban al arats
    Mah Tab yash any Chay ashah any

And Rebekah said to Isaac I am weary of
my life because of the daughters of Heth: if
Jacob take a wife of the daughters of Heth, such
as these which are of the daughters of the land,
what good shall my life do me?

CHAPTER

28

{6}

1. wa yatsachaq qara yaaqab wa barak Naphash wa amar al Naphash yash lah laqach Kashashah al ban al Kanaan

AND Isaac called Jacob, and blessed him, and said unto him, Thou shalt not take a wife of the daughters of Canaan.

2. qam yalak al Phadan Aram al bayth al Bathwal attah am Ab wa laqach allah Kashashah al Sham al ban al Laban aThwThah am ah

Arise, go to Padan-aram, to the house of Bethuel thy mother's father; and take thee a wife from thence of the daughters of Laban thy mother's brother.

3. wa al Shadday barak attah wa ashah attah parach wa Rabah attah ka yash yakal qahal al am

And God Almighty bless thee, and make thee fruitful and multiply thee, that thou mayest be a multitude of people;

4. wa Naphash attah barak al AbaraCham al attah wa al attah zara ad attah ka yash yakal yarash arats Asar Mashay Magar Asar AlaSham NaThan al AbaraCham

And give thee the blessing of Abraham, to thee, Sham and to thy seed with thee; that thou mayest inherit the land wherein thou art a stranger, which God gave unto Abraham.

5. wa yatsachaq Shalach yalak yaaqab wa Yy yalak al Phadan aram al Laban ban al bathwal arammy ah al Rabaqah yaaqab wa Ashav am

And Isaac sent away Jacob: and he went to Padan-aram unto Laban, son of Bethuel the Syrian the brother of Rebekah, Jacob's and Esau's mother.

6. Asar Ashav raah ka yatsachaq hayach barak
   yaaqab wa Shalach Naphash yalak al PhadanAram
   al laqach Naphash Kashashah al Sham wa ka
   hy Yy barak Naphash Yy Nathan Naphash Tsavah
   amar yash lah laqach Kashashah al
   ban al Kanaan

When Esau saw that Isaac had blessed
Jacob, and sent him away to Padan-aram,
to take him a wife from thence; and that
as he blessed him he gave him a charge,
saying, Thou shalt not take a wife of the
daughters of Canaan.

7. wa ka yaaqab Shama Naphash Ab wa Naphash
   am wa hayach yalak al Phadan aram

And that Jacob obeyed his father and his
mother, and was gone to Padan-aram;

8. wa Ashav raah ka ban al Kanaan
   Ra lah yatsachaq Naphash Ab

And Esau seeing that the daughters of Canaan
pleased not Isaac his father;

9. az yalak Ashav al yaShamaAl wa laqach al
   Kashashah Asar Yy hayach MachalaTh ban al
   yaShamaAl AbaraCham ban achaTh al
   NabayTh yash Naphash Kashashah

Then went Esau unto Ishmael, and took unto the
wifes which he had Mahalath the daughter of
Ishmael Abraham's son, the sister of
Nebajoth, to be his wife.

10. wa yaaqab yatsachaq al baar Shaba wa yalak
    al Charan

And Jacob went out from Beer-sheba, and went
toward Haran.

11. wa Yy paga al Kash Maqam wa lan Sham
    kal layl ka Shamash hayach baw wa Yy laqach al
    aban al ka Maqam wa Shwm Cham al Naphash
    Maraashah wa Shakab al ka Maqam Shakab

And he lighted upon a certain place, and tarried there
all night, because the sun was set; and he took of the
stones of that place, and put them for his
pillows, and lay down in that place to sleep.

12. wa Yy Chalam wa hannah Callam Natsab
    al arats wa Rash al yash Naga al Shamaym wa
    wa hannah Malach al AlaSham Alah wa yarad
    al yash

And he dreamed, and behold a ladder set up
on the earth, and the top of it reached to heaven: and
Behold the angels of God ascending and descending
on it.

13. wa hannah YaChuwshuah Natsab al yash wa
    amar ahayach YaChuwshuah AlaSham al
    AbaraCham aThwThah Ab wa al AlaSham al
    yatsachaq arats Asar yash Shakab attah ahy
    NaThan yash wa al aThThah zara

And, behold, the LORD stood above it, and
said, I am the LORD God of
Abraham thy father, and the God of
Isaac: the land whereon thou liest, to thee will I
give it, and to thy seed;

14. wa attah zara yash hava hy aphar al arats wa
    yash parats al yam wa al qadam wa
    al Tsaphan wa al Nagab wa al attah wa al
    attah zara yash kal Mashpachah al arats
    hava barak

And thy seed shall be as the dust of the earth, and
thou shalt spread abroad to the west, and to the east,
to the north, and to the south: and in thee and in
and thy seed shall all the families of the earth
hava barak.

15. wa hannah ahayach ad attah wa ahy Shamar
attah al kal Maqam Asar yash yalak wa abah
Shuwb attah al zaTh adamah al ahy lah azab
attah ad hayach ashah ka Asar hayach dabar al
attah al

And, Behold, I am with thee, and will keep
thee in all places whither thou goest, and will
bring thee again into this land; for I will not leave
thee, until I have done that which I have spoken to
thee of.

16. wa yaaqab yaqats al Naphash Shanah wa Yy
amar akan YaChuwshuah hy al zah Maqam wa
any yada yash lah

And Jacob awaked out of his sleep, and he
said, Surely the LORD is in this place; and
I knew it not.

17. wa Yy hayach yara wa amar Mah yara hy zah
Maqam zah hy lah Shany han al bayth al AlaSham
wa zah hy Shaar al Shamaym

And he was afraid, and said, How dreadful is this
place! This is none other but the house of God,
and this is the gate of heaven.

18. wa yaaqab Shakam baqar wa laqach al
aban ka Yy hayach Shuwm al Naphash
Maraashah wa yatsaq Shaman al Rash al yash

And Jacob rose up early in the morning, and took the
stone that he had put for his
pillar, and poured oil upon the top of it.

19. wa Yy qara Sham al ka Maqam bath al han
Sham al ka ayr hayach qara laz qarab Rashan

And he called the name of that place Beth-el: but
the name of that city was called Luz at the first.

20. wa yaaqab Nadar aw Nadar amar am AlaSham
ahy ad any wa ahy Shamar any al zah darak ka
any halak wa ahy Nathan any LaCham akal wa
bagad Labash

And Jacob vowed a vow,, saying, if God
will be with me, and will keep me in this way that
I go, and will give me bread to eat, and
raiment to put on,

21. kan ka any Shuwb al any Ab baythal Shalam
az yash al YaChuwshuah hava any AlaSham

So, that I come again to my father's house in peace;
then shall the LORD be my God:

22. wa zah aban Asar any hayach Shuwm al
Matstsabah yash AlaSham bayth wa al kal ka
yash Nathan any ahy akan Nathan Asar al attah

And this stone, which I have set for
a pillar, shall be God's house: and of all that
thou shalt give me I will surely give the tenth unto thee.

29

{7}

1. az yaaqab yalak al Naphash ragal wa yalak al arats al am al qadam

THEN Jacob went on his journey and came into the land of the people of the east.

2. wa Yy raah wa hannah aar al shadah wa hannah Sham hayach Shalash Adar al Tsaan Rabats lo, arach yash al al ka aar Cham Shaqah Adar wa qadal aban hayach al aar pah

And he looked, and behold a well in the field, and, there were three flocks of sheep lying by it; for out of that well they watered the flocks: and a great stone was upon the well's mouth.

3. wa Sham hayach kal adar acaph wa Cham galal aban al aar pah wa Shaqah Tsaan wa Shuwb aban Shuwb al aar pah al Naphash Maqam

And thither were all the flocks gathered: and they rolled the stone from the well's mouth, and watered the sheep, and put the stone again upon the well's mouth in his place.

4. wa yaaqab amar al Cham any ach ayn attah wa Cham amar al Charan hy anaky

And Jacob said unto them, My brethren, whence be ye? And they said, Of Haran are we,

5. wa Yy amar al Cham yada attah Laban al ban al Nachar wa Cham amar anaky yada Naphash

And he said unto them, Know ye Laban the son of Nahor? And they said, We know him.

6. wa Yy amar al Cham hy Yy Shalam wa Cham amar Yy Shalam wa hannah Rachal Naphash baTh baw ad Tsaan

And he said unto them, is he well? And they said, He is well: and behold, Rachel his daughter cometh with the sheep.

7. wa Yy amar hannah yash ad gadal yowm lah
yash aTh ka Maqanah yash acaph yachad
Shaqah attah Tsaan wa yalak wa raah Cham
wa Cham amar anaky lah ad kal adar acaph
yachad wa ad Cham galal aban al aar pah
az anaky Shaqah Tsaan

And he said, Lo, it is yet high day, neither
is it time that the cattle should be gathered together:
water ye the sheep, and go and feed them.
And they said, We cannot, until all the flocks be gathered
together, and till they roll the stone from the well's mouth;
then we water the sheep.

9. wa ad Yy ad dabar ad Cham Rachal baw ad
Naphash Ab Tsaan al Naphash raah Cham

And while he yet spake with them, Rachel came with
her father's sheep: for she kept them.

10. wa yash hayach abar Asar yaaqab raah Rachal
baTh al Laban Naphash am ach wa al
Tsaan al Laban Naphash am ach ka yaaqab
Nagash wa galal aban al aar pah
wa Shaqah adar al Laban Naphash am ach

And it came to pass, when Jacob saw Rachel
the daughter of Laban his mother's brother, and the
sheep of Laban his mother's brother, that Jacob
went near, and rolled the stone from the well's mouth,
and watered the flock of Laban his mother's brother.

11. wa yaaqab Nashaq Rachal wa Nasha Naphash
qal wa bakah

And Jacob kissed Rachel and lift up his
voice, and wept.

12. wa yaaqab Nagad Rachal ka Yy hayach
Naphash Ab ach wa ka Yy hayach Rabaqah ban
wa Naphash ruwts wa Nagad Naphash Ab

And Jacob told Rachel that he was
his father's brother, and that he was Rebekah's son:
and she ran and told her father.

13. wa yash hayach Asar Laban Shama Shama al
al yaaqab Naphash achaTh ban ka Yy ruwts
qarah Naphash wa Chabaq Naphash wa Nashaq
Naphash wa baw Naphash al Naphash batTh wa
Yy caphar Laban kal allah dabar

And it came to pass, when Laban heard the tidings of
Jacob his sister's son, that he ran
to meet him, and embraced him, and kissed
him, and brought him to his house. and
he told Laban all these things.

14. wa Laban amar al Naphash ak Mashay any
atsam wa any bashar wa Yy yashab ad Naphash
yowm al chadash

And Laban said to him, Surely thou art my
bone and my flesh. And he abode with him
the space of a month.

15. wa Laban amar Asar yaaqab ka Mashay any
ach yash attah al abad any al Channam
Nagad any Mah yash attah MaShakaraTh

And Laban said unto Jacob because thou art my
brother, shouldest thou therefore serve me for nought?
tell me, what shall thy wages be?

16. wa Laban hayach Shanaym ban Sham al
gadal hayach laah wa Sham al qaThan hayach
Rachal

And Laban had two daughters: the name of the
elder was Leah, and the name of the younger was
Rachel.

17. laah hayach Rak ayn han Rachal hayach
yaphTh wa yaphTh

Leah was tender eyed: but Rachel was
beautiful and well favored.

18. wa yaaqab ahab Rachal wa amar ahy abad
    attah Shaba Shanah al Rachal attah qaThan baTh thee

And Jacob loved Rachel; and said, I will serve
seven years for Rachel thy younger daughter.

19. wa Laban amar yash hy Tab ka any NaThan
    Naphash al attah Mah ka yash Nathan Naphash
    al achar Kash yashab ad any

And Laban said, It is better that I give
her to thee, than that I should give her
to another man: abide with me.

20. wa yaaqab abad shaba shanah al Rachal
    wa Cham hayach al Naphash han achad yowm
    al ahab Yy hayach al Naphash

And Jacob served seven years for Rachel;
and they seemed unto him but a few days,
for the love he had to her.

21. wa yaaqab amar al Laban NaThan any
    Kashashah al any yowm hy Mala ka any wlay
    baw Asar Naphash

And Jacob said unto Laban, give me my
wife, for my days are fulfilled, I may
go in unto her.

22. wa Laban acaph yachad kal anash al Maqam
    wa ashah MaShaThah

And Laban gathered together all the men of the place,
and made a feast.

23. wa yash hayach abar al arab ka Yy laqach
    laah Naphash baTh wa baw Naphash al Naphash
    wa Yy baw Asar Naphash

And it came to pass in that evening, that he took
leah his daughter, and brought her to him;
and he went in unto her.

24. wa Laban NaThan al Naphash baTh laah zalpah
    Naphash Shaphachah al Shaphachah

And Laban gave unto his daughter Leah Zilpah
his maid for a handmaid.

25. wa yash hayach abar ka al baqar hannah yash
    Laah wa Yy amar al Laban Mah hy zaTh yash
    ashah Asar any ashah lah any abad ad attah al
    Rachal Mah az hayach yash Ramah any

And it came to pass that in the morning, behold, it was
Leah: and he said to Laban, What is this thou hast
done unto me? Did not I serve with thee for
Rachel? Wherefore then hast thou beguiled me?

26. wa laban amar yash lah hava kan ashah
    al anaky Maqam al Nathan tsayr panym
    bakarah

And Laban said it must not be so done
in our country, to give the younger before
the firstborn,

27. Mala Naphash Shabwa wa anaky abah NaThan
    aThaThah zaTh gam al abadah Asar yash abad
    ad any owd Shaba achar Shanah

Fulfil her week, and we will give
thee this also for the service which thou shalt serve
with me yet seven other years.

28. wa yaaqab ashah kan wa Mala Naphash Shabwa
    wa Yy NaThan Naphash Rachal baTh al Kashashah
    gam

And Jacob did so, and fulfilled her week:
and he gave him Rachel his daughter to wife
also.

29. wa Laban NaThan al Rachal Naphash BaTh
Balachah Naphash Shaphachah yash Naphash Shaphachah

And Laban gave to Rachel his daughter
Bilhah his handmaid to be her maid.

30. wa Yy baw gam al Rachal wa Yy ahab gam
Rachal owd Man Laah wa abad ad Naphash ad
Shaba achar Shanah

And he went in also to Rachel, and he loved also
Rachel more than leah, and served with him yet
seven other years.

31. wa Asar YaChuwshuah raah ka laah hayach
Shana Yy paThach Naphash RaCham han Rachal
hayach aqar

And when the LORD saw that Leah was
hated, he opened her womb: but Rachel
was barren.

32. wa laah harah wa yalad ban wa Naphash
qara Naphash Sham Raaban al Naphash amar ka
al YaChuwshuah yash raah al any attah ka
any Kash ratsan ahab any

And Leah conceived, and bare a son, and she
called his name Reuben: for she said, Surely
LORD hath looked upon my affliction: now therefore
my husband will love me.

33. wa Naphash harah owd wa yalad ban wa amar
ka YaChuwshuah yash Shama ka any hayach Shana
Yy yash gam NaThan any zaTh ban gam wa
Naphash qara Naphash Sham Shaman

And she conceived again, and bare a son; and said,
Because the LORD hath heard that I was hated,
he hath therefore given me this son also: and
she called his name Simeon.

34. wa Naphash harah ad wa yalad ban wa amar
paam zaTh paam ratsan any Kash lavah al any
ka any ka any hayach yalad Naphash Shalash ban
al hayach Naphash Sham qara Lava

And she conceived again, and bare a son; and said,
Now this time will my husband be joined unto me,
because I have borne him three sons:
therefore was his name called Levi

35. wa Naphash harah ad wa yalad ban wa Naphash
amar paam ahy yachadah al YaChuwshuah al
Naphash qara Naphash Sham yachadah wa amad yalad

And she conceived again, and bare a son: and she
said, Now will I praise the LORD: therefore
she called his name Judah; and left bearing.

CHAPTER

30

Jacob's Sons; his In largeness
yaaqab ban Naphash Rachab

[8]

1. wa Asar Rachal raah ka Naphash yalad yaaqab
   lah ban Rachal qana Naphash achaTh wa amar al
   yaaqab NaThan any ban av ayn any MawTh

   AND when Rachel saw that she bare Jacob,
   no children, Rachel envied her sister; and said unto
   Jacob, Give me children, or else I die.

2. yaaqab aph hayach charah Nagad Rachal wa
   Yy amar Ahayach al AlaSham ThachaTh Asar yash
   Mana al aThaThah para al baThan

   And Jacob's anger was kindled against Rachel: and
   he said, Am I in God's stead, who hath
   withheld from thee the fruit of the womb?

3. wa Naphash amar hannah any amah Balachah
   baw al Naphash wa Naphash yash yalad al any
   barak ka wlay gam hayach ban arach Naphash

   And she said, Behold my maid Bilhah,
   go, in unto her; and she shall bear upon my
   knees, that I may also have children by her.

4. wa Naphash NaThan Naphash Balachah Naphash
   Shaphachah al Kashashah wa
   yaaqab baw al Naphash

   And she gave him Bilhah her
   handmaid to wife: and
   Jacob went in unto her.

5. wa Balachah harah wa yalad yaaqab ban

   And Bilhah conceived, and bare Jacob a son

6. wa Rachal amar AlaSham yash Dyn any wa yash
   gam Shama any qal wa yash NaThan any ban
   al qara Naphash Sham Dan

And Rachel said, God hath judged me, and hath
also heard my voice and hath given me a son:
therefore called she his name Dan.

7. wa Balachah Rachal Shaphachah harah ad wa
   yalad yaaqab Shanah ban

And Bilhah Rachel's maid conceived again, and
bare Jacob a second son.

8. wa Rachal amar ad AlaSham NaphaThwl hayach
   paThal ad any achaTh wa hayach yakal wa
   Naphash qara Naphash Sham NaphaThaly

And Rachel said, With great wrestlings have I
wrestled with my sister, and I have prevailed: and
she called his name NaphaThaly.

9. Asar laah raah ka Naphash hayach amad yalad
   Naphash laqach Zalapah Naphash Shaphachah wa
   NaThan Naphash yaaqab al Kashashah

When leah saw that she had left bearing,
she took Zilpah her maid, and
gave her Jacob to wife.

10. wa Zalapah laah Shaphachah yalad yaaqab ban

And Zilpah Leah's maid bare Jacob a son.

11. wa laah amar Gad baw wa Naphash qara
    Naphash Sham Gad

And Leah said, a troop cometh: and she called
his name Gad.

12. wa Zalapah laah Shaphachah yalad yaaqab
    Shanah ban

And Zilpah Leah's maid bare Jacob
a second son.

13. wa Laah amar Asar Ahayach al ban ahy qara
    any barak wa Naphash qara Naphash Sham Asar

And Leah said, Happy am I, for the daughters will call
me blessed: and she called his name Ashar.

14. wa Raaban baw yowm al chaThThah qatsar
    wa Matsa dwday al Shadah wa baw Cham
    al Naphash am laah az Rachal amar al laah
    NaThan any Na al aThwThah ban dwday

And Reuben went in the days of wheat harvest,
and found mandrakes in the field, and brought them
unto his mother Leah. Then Rachel said to Leah,
Give me, I pray thee, of thy son's mandrakes.

15. wa Naphash amar al Naphash yash Maat dabar
    ka yash laqach any Kash wa yash
    laqach yalak any ban dwday gam wa Rachal
    amar al Yy yash Shakab ad attah al layl al
    attah ban dwday

And she said unto her, is it a small matter
that thou hast taken my husband? and wouldest thou
take away my son's mandrakes also? And Rachel
said, Therefore he shall lie with thee to might for
thy son's mandrakes.

16. wa yaaqab baw al Shadah al arab wa
    laah yatsa qarah Naphash wa amar yash
    yash baw al any al ka hayach Shakar attah
    ad any ban dwday wa Yy Shakab ad Naphash ka
    Layl

And Jacob came out of the field in the evening, and
leah went out to meet him, and said, Thou
must come in unto me; for surely I have hired thee
with my son's mandrakes. And he lay with her that
night.

17. wa AlaSham Shama al laah wa Naphash harah
wa yalad yaaqab Chamashy ban

And God hearken unto Leah, and she conceived,
and bare Jacob the fifth son.

18. wa laah amar AlaSham yash Nathan any Shakar
Asar hayach Nathan any Shaphachah al any Kash
wa Naphash qara Naphash Sham yashashashakar

And Leah said, God hath given me my hire,
because I have given my maiden to my husband:
and she called his name Issachar.

19. wa laah harah ad wa yalad yaaqab Shashashy
ban

And Leah conceived again, and bare Jacob the sixth
son

20. wa laah amar AlaSham yash Zabad any ad Tab
Zabad paam ratsan any Kash Zabal ad any ka
hayach yalad Naphash shash ban wa Naphash qara
Naphash Sham Zabalan

And Leah said, God hath endued me with a good
dowry; now will my husband dwell with me, because
I have borne him six sons: and she called
his name Zebulun.

21. wa achar Naphash yalad bath wa qara Naphash
Sham Dynah

And afterwards she bare a daughter, and called her
name Dinah.

22. wa AlaSham Zakar Rachal wa AlaSham Shama
al Naphash wa paThach Naphash RaCham

And God remembered Rachel, and God hearkened
to her, and opened her womb.

23. wa Naphash harah wa yalad ban wa amar
AlaSham yash laqach yalak any charapah

And she conceived, and bare a son; and said,
God hath taken away my reproach:

24. wa Naphash qara Sham yacaph wa amar
YaChuwshuah yash yacaph al any achar ban

And she called his name Joseph; and said,
The LORD shall add to me another son.

25. wa yash hayach abar Asar Rachal hayach yalad
yacaph ka yaaqab amar al Laban Shalach any yalak
ka wlay yalak al yad kahan Maqam wa al any
arats

And it came to pass when Rachel had borne
Joseph, that Jacob said unto Laban, send me away,
that I may go unto mine own place, and to my
country.

26. NaThan any Kashashah wa any ban al Asar
hayach abad attah wa yarad any yalak al yash yada
any abadah Asar hayach abad aThwThanah

Give me my wives and my children for whom
I have served thee, and let me go: for thou knowest
my service which I have done thee.

27. aw Laban amar al Naphash Na attah am hayach
Matsa Chan al ZaTh ayn yashab al hayach
NaChash kaYaChuwshuah yash barak any al
attah galal

And Laban said unto him, I pray thee, if I have
found favor in thine eyes, tarry: for I have learned
by experience that the LORD hath blessed me for
thy sake.

28. waYy amar Naqab any attah Shakar wa any ahy
NaThan yash

And he said, Appoint me thy wages, and I will
give it.

29. wa Yy amar al Naphash yash yada aTh hayach
abadah attah wa aTh attah Maqanah hayach ad any

And he said unto him, thou knowest how I have
serve thee, and how thy cattle was with me.

30. al yash hayach Maat Asar yash hayach panym
hayach wa yash hy paam parats al Rab
wa YaChuwshuah yash barak attah hannah any
ragal wa attah MaThay yash any ashah al yad kahan
bayth gam

For it was little which thou hadst before
I came, and it is now increased unto a multitude;
and the LORD hath blessed thee since my
coming: and now when shall I provide for my own
house also?

31. wa Yy amar Mah yash any Nathan attah wa
yaaqab amar yash lah Nathan any Maamah dabar
am yash ashah zath dabar al any ahy shuwb raah
wa Shamar aThThah Tsaan

And he said, What shall I give thee? And
Jacob said, Thou shalt not give me any thing:
if thou wilt do this thing for me, I will again feed
and keep thy flock.

32. ahy abar panym kal attah Tsaan al yowm cuwr
al Sham kal Naqad wa Tala shah wa
kal Chuwm shah qarab Kashab wa
Tala wa Naqad qarab az wa al
hannah yash any Shakar

I will pass through all the flock to-day, removing
from thence all the speckled and spotted cattle, and
all the brown cattle among the sheep, and
the spotted and speckled among the goats: and of
such shall be my hire.

33. kan yash any Tsadaqah anah al any al yowm
Machar ka yash baw al any Shakar panym
attah panym kal ka hy lah Nagad wa Tala
qarab az wa Cham qarab Kashab ka
yash Chashab ganab ad any

So shall my righteousness answer for me in time
to come, when it shall come for my hire before
thy face: every one that is not speckled and spotted
among the goats, and brown among the sheep, that
shall be counted stolen with me,

34. wa Laban amar han any yash ythay ykal ragal
al attah dabar

And Laban said, Behold, I would it might be
according to thy word.

35. wa Yy cuwr ka yowm huwTaysh ka hayach
aqad wa Tala wa kal Naphash az ka
hayach Nagad wa Tala wa kal ka hayach
achad Laban al yash wa kal Cham qarab Kashab
wa NaThan Cham al yad al Naphash ban

And he removed that day the he goats that were
ringstreaked and spotted, and all the she goats that
were speckled and spotted, and every one that had
some white in it and all the brown among the sheep
and give them into the hands of his sons.

36. wa Yy Shuwm Shalash yowm darak bayn
Naphash wa yaaqab wa yaaqab raah yaThar al
Laban Tsaan

And he set three days of journey betwixt
himself and Jacob: and Jacob fed the rest of
Laban flocks.

37. wa yaaqab laqach Naphash Maqqal al lach lbnah
wa al lwz wa araman ats wa patsal Laban
patsalah al Cham wa ashah Laban Machashaph
Asar hayach al Maqqal

And Jacob took him rods of green poplar,
and of the hazel and chestnut tree; and pilled white
streaks in them, and made the white appear
which was in the rods.

38. wa Yy yatsaq Maqqal Asar Yy hayach patsal
    Nakach Tsaan al RahaTh al Maym ShaqaTh
    ka Tsaan baw ShaThah ka Cham yash
    harah ka Cham baw ShaThah

And he set the rods which he had pilled
before the flocks in the gutters in the watering troughs
when the flocks came to drink, that they should
conceive when they came to drink.

39. wa Tsaan harah al Maqqal wa
    yalad yallad Tsaan aqad Naqad wa Tala

And the flocks conceived before the rods, and
brought forth cattle ringstreaked, speckled, and spotted.

40. wa yaaqab ashah parad Kashab wa Nathan
    panym al Tsaan al aqad wa kal
    Cham al Tsaan al Laban wa Yy shyth Naphash kahan
    Tsaan arach bad wa shyth sham lah al Laban
    Tsaan

And Jacob did separate the lambs, and set the
faces of the flocks toward the ringsreaked, and all the
brown in the flock of Laban; and he put his own
flocks by themselves, and put them not unto Laban's
cattle.

41. wa yash hayach abar kal qashar Tsaan ashah
    harah ka yaaqab Shuwm Maqqal al ayn al
    Tsaan al rahat ka Cham yakal harah qarab
    Maqqal

And it came to pass, whensoever the stronger cattle did
conceive, that Jacob laid the rods before the eyes of the
cattle in the gutters, that they might conceive among
the rods.

42. han ka Tsaan hayach atsaph Yy Shuwm Cham
    lah al kan atsaph hayach Laban wa qashar
    yaaqab

But when the cattle were feeble, he put them
not in: so the feebler were Laban's, and the stronger
Jacob's.

43. wa Kash parats Maad wa hayach Rab
    Tsaan wa Shaphachah wa abad wa gamal wa
    wa Chamar

And the man increased exceedingly, and had much
cattle, and maidservants, and menservants, and camels,
and asses.

CHAPTER

31

Jaqob Leaves Laban, who Pursues him
yaaqab alah Laban Asar radaph Naphash

{9}

1. wa Yy Shama dabar al Laban ban amar
   yaaqab yash laqach yalak kal ka hayach anaky Ab
   wa al ka Asar hayach anaky Ab yash Yy ashah kal
   zaTh kabad

   AND he heard the words of Laban's sons, saying,
   Jacob hath taken away all that was our father's
   and of that which was our father's hath he gotten all
   this glory.

2. wa yaaqab raah panym al Laban wa
   hannah yash hayach lah al Naphash hy Tamal

   And Jacob beheld the countenance of Laban, and
   Behold it was not toward him as before,

3. wa YaChuwshuah amar al yaaqab Shuwb al
   arats al attah Ab wa al attah MaladaTh wa ratsan
   hava ad attah

   And the LORD said unto Jacob Return unto the
   land of thy father's, and to thy kindred; and I will
   be with thee.

4. wa yaaqab Shalach wa qara Rachal wa Laah al
   Shadah al Naphash Tsaan

   And Jacob sent and called Rachel and Leah to the
   field unto his flock.

5. wa amar al Cham any raah Naphash Ab panym
   ka yash hy lah al any hy Thamal han AlaSham al
   any Ab yash hayach ad any

   And said unto them, I see your father's countenance,
   that it is not toward me as before; but the God of
   my father's hath been with me.

6. wa attah yada ka ad kal any kach hayach abad
   Naphash Ab

And ye know that with all my power I have serve
your father.

7. wa Naphash Ab yash hathal any wa chalaph any
   MashakaraTh Asar Manah han AlaSham Nathan
   Naphash lah al Raa any

And your father had deceived me, and changed my
wages ten times; but God suffered
him not to hurt me.

8. am Yy amar kah Naqad yash attah shakar az
   kal Tsaan yalad Nagad wa am Yy amar kah
   aqad yash hava attah Shakar az yalad kal
   Tsaan aqad

If he said thus, The speckled shall be thy wages; then
all the cattle bare speckled: and if he said thus,
The ringstreaked shall be thy hire; then bare all the
cattle ringstreaked.

9. kah AlaSham yash Natsal yalak Maqanah al
   Naphash Ab wa Nathan Cham al any

Thus God hath taken away the cattle of
your father, and given them to me.

10. wa yash hayach abar av aTh ka ashaq
    yaCham ka any Nasha yad ayn wa raah al
    Chalam wa hannah aThad Asar alah al
    Tsaan hayach aqad Naqad wa barad

And it came to pass at the time that the cattle
conceived, that I lifted up mine eyes, and saw in
a dream, and, behold, the rams which leaped upon the
cattle were ring streaked, speckled, and grisled.

11. wa Malak al AlaSham amar al any al Chalam
    amar yaaqab wa any amar hannah Ahayach

And the angel of God spake unto me in a dream,
saying, Jacob: And I said, Here am I.

12. wa Yy amar Nasha Na attah ayn wa raah kal
    aThad Asar Alah al Tsaan hy aqad
    Naqad wa barad al hayach raah kal ka Laban
    ashah al attah

And he said lift up now thine eyes, and see all the
rams which leap upon the cattle are ringstreaked,
specked, and grizzled: for I have seen all that Laban
doeth unto thee.

13. Ahayach AlaSham baTh al Asar yash Mashach
    Matstsabah wa Asar yash Nadar av Nadar al any
    attah qam yatsa attah al al zaTh arats wa shuwb
    al arats al attah MaladaTh

I am the God of Beth-el, where thou anointedst
the pillar, and where thou vowedst a vow unto me:
now arise, get thee out from this land, and return
unto the land of thy kindred.

14. wa Rachal wa Laah anah wa amar al Naphash
    hy Sham ad Mawmah Chalaq av Nachalah al
    anaky al anaky Ab BayTh

And Rachel and Leah answered and said unto him,
is there yet any portion or inheritance for
us in our father's house?

15. hy anachnw lah Chashab al Naphash Nakary al
    Yy yash Makar anachnw wa yash kalah akal gam
    anachnw Kashaph

Are we not counted of him strangers?
for he hath sold us, and hath quite devoured also
our money.

16. al kal Asar Asar AlaSham yash Natsal al anaky
    Ab ka hy anaky wa anaky ban attah az
    kal AlaSham yash amar al attah ashah

For all the riches which God had taken from our
father, that is ours, and our children's: now then,
whatsoever God hath said unto thee, do

17. az yaaqab qam wa Nasha Naphash ban wa
Naphash Kashashah al gamal

And Jacob rose up, and set his sons and
his wives upon camels:

18. wa Yy Nahag yalak kal Naphash Tsaan wa kal
Naphash Rakash Asar Yy hayach Rakash Tsaan al
Naphash Rakash Asar Yy hayach Rakash al Phadan
Aram al al baw al yatsaachaq Naphash Ab al arats
al Kanaan

And he carried away all his cattle and all
his goods which he had gotten, the cattle of
his getting, which he had gotten in Padan-
Aram, for to go to Isaac his father in the land
of Canaan.

19. wa Laban halak gazaz Naphash Tsaan wa Rachel
hayach ganab Taraphym ka hayach Naphash Ab

And Laban went to shear his sheep: and
Rachel had stolen the images that were her father's.

20. wa yaaqab ganab yalak lab al Laban al
Arammy ka Yy Nagad Naphash Lah ka Yy barach

And Jacob stole away unawares to Laban the
Syrian, in that he told him not that he fled.

21. kan Yy barach ad kal ka Yy hayach wa Yy qam
wa abar Nahar wa Shuwm Naphash panym al
char Galaad

So he fled with all that he had; and he rose up,
and pass over the river, and set his face toward the
mount Gilead.

22. wa yash hayach Nagad Laban al Shalashy yowm
ka yaaqab hayach barach

And it was told Laban on the third day
that Jacob was fled.

23. wa Yy laqach Naphash ach ad Naphash wa
radaph achar Naphash Shaba yowm darak wa
Cham dabaq Naphash al char Galaad

And he took his brethren with him, and
pursued after him seven days' journey; and
they overtook him in the mount Gilead.

24. wa AlaSham baw al Laban Arammy al Chalam
arach Layl wa amar al Naphash laqach Shamar ka
yash dabar lah al yaaqab Kash Thab ad Ra

And God came to Laban the Syrian in a dream
by night, and said unto him, Take heed that
thou speak not to Jacob either good or bad.

25. az Laban Nashag yaaqab attah yaaqab hayach
Taqa Naphash ahal al char wa Laban ad Naphash
ach Taqaa al char al Galaad

Then Laban overtook Jacob. Now Jacob had
pitched his tent in the mount: and Laban with his
brethren pitched in the mount of Gilead.

26. wa Laban amar al yaaqab Mah yash ashah ka
yash ganab yalak lab al any wa Nahag
yalak any ban hy Shabah Natsal ad Charab

And Laban said to Jacob, What hast thou done, that
thou hast stolen away unawares to me, and carried
away my daughters, as captives taken with the sword?

27. Mah ashah barach yalak Chaba wa ganab
yalak al any wa ashah lah Nagad any ka yakal
hayach Shalach attah yalak ad Shamachah wa ad
Shyr ad Taph wa ad Kannar

Wherefore didst thou flee away secretly, and steal
away from me; and didst not tell me, that I might
have sent thee away with mirth, and with
songs, with tabret, and with harp?

28. wa hayach lah Nathan any al Nashaq any ban
    wa any ban yash attah ashah cakal
    al kan ashah

And hast not suffered me to kiss my sons
and my daughters? Thou hast now done foolishly
in so doing.

29. yash hy al kach al any yad al ashah attah Ra han
    al AlaSham al Naphash Ab amar al any amash
    amar laqach yash Shamar ka yash dabar lah al
    yaaqab Kash Thab ad Ra

It is in the power of my hand to do you hurt: but
the God of your father spake unto me yesternight,
saying, Take thou heed that thou speak not to
Jacob either good or bad.

30. wa attah ka yash abyan halak
    ka yash Maad kacaph achar attah Ab bayth
    ad Mah hayach yash ganab any AlaSham

And now, though thou wouldest needs be gone,
because thou sore longedst after thy father's house,
yet wherefore hast thou stolen my gods?

31. wa yaaqab anah wa amar al Laban ka
    hayach yara al any amar pan yash
    gazal attah ban al any

And Jacob answered and said to Laban, Because
I was afraid: for I said, Peradventure thou wouldest
take by force thy daughters from me.

32. ad Asar yash Matsa attah AlaSham yarad Naphash
    lah Chayah aThamal anaky ach Nakar yash Mah
    hy attah ad any wa laqach yash al attah al yaaqab
    yada lah ka Rachal hayach ganab Cham

With whomsoever thou findest thy gods let him
not live: before our brethren discern thou what
is thine with me, and take it to thee. For Jacob
knew not that Rachel had stolen them.

33. wa Laban baw al yaaqab ahal wa al Laah
    ahal wa al Shanaym amah ahal han Yy
    Matsa Cham lah az Yy yatsa al Laah ahal
    wa baw al Rachal ahal

And Laban went into Jacob's tent, and into Leah's
tent, and into the two maidservants' tents; but he
found them not. Then went he out of Leah's tent,
and entered into Rachel's tent.

34. attah Rachal hayach laqach Tharaphym wa Shuwm
    Cham al gamal kar wa yashab al Cham
    wa Laban Mashash kal ahal han Matsa Cham lah And Laban

Now Rachel had taken the images, and put
them in the camel's furniture, and sat upon them.
searched all the tent, but found them not.

35. wa Naphash amar al Naphash Ab yarad lah
    Charah any Adan ka yakal Lah qam panym attah
    al darak al Kashashah hy al any wa Yy
    Chaphash han Matsa Lah aTharaphym

And she said to her father, Let it not
displease my Lord that I cannot rise up before thee:
for the custom of women is upon me, And he
searched, but found not the images.

36. wa yaaqab hayach charah wa Ryb ad Laban wa
    yaaqab anah wa amar al Laban Mah hy any
    pasha Mah hy any Chattaah ka yash kan
    dalaq achar any

And Jacob was wroth, and chode with Laban: and
Jacob answered and said to Laban, What is my
trespass? What is my sin, that thou hast so
hotly pursued after me?

37. ka yash hayach Mashash kal any kala Mah yash hayach Matsa al kal attah bayth kala Shuwm yash kah Nagad any ach wa attah ach ka Cham wlay yakach bayn al Shanaym

Whereas thou hast searched all my stuff, what hast thou found of all thy household stuff? Set it here before my brethren and thy brethren, that they may judge betwixt us both.

38. zah Asaraym Shanah hayach hayach ad aThThah rachal wa attah Naphash az hayach lah Shakal Cham Naar wa ayl al attah Tsaan hayach lah akal

This twenty years have I been with thee; thy ewes and thy she goats have not cast their young, and the rams of thy flock have I not eaten.

39. ka Asar hayach aTharaphah any baw lah al attah any chata al yash al any yad ashah yash baqash yash ad ganab arach yowm ad ganab arach Layl

That which was torn of beast I brought not unto thee; I bare the loss of it; of my hand didst thou require it, whether stolen by day, or stolen by night.

40. kah any hayach al yowm charab akal any wa qarach arach Layl wa any Shanah Nadad al yad al yad ayn

Thus I was; in the day the drought consumed me, and the frost by night; and my sleep departed from mine eyes,

41. zah hayach hayach Asaraym Shanah al attah bayth any abad attah arba Shanah al attah Shanaym ban wa shash Shanah al attah Tsaan wa yash Chalaph any MashakaraTh Asar Manah

Thus have I been twenty years in thy house; I served thee fourteen years for thy two daughters, and six years for thy cattle: and thou hast changed my wages ten times.

42. Lwla AlaSham al any Ab AlaSham al Abaracham wa pachad al yatsachaq hayach ad any ka yash hayach Shalach any yalak attah Rayq AlaSham yash raah yad any wa al yaga al any kaph wa yakach attah amash

Except the God of my father, the God of Abraham, and the fear of Isaac, had been with me, surely thou hadst sent me away now empty, God hath seen mine affliction and the labor of my hands, and rebuked thee yesternight.

43. wa Laban anah wa amar Asar yaaqab allah baTh hy any ban wa allah ban hy any ban wa allah Tsaan hy any Tsaan wa kal ka yash raah hy yad wa Mah yakal any ashah zah yowm al allah any ban av al Cham ban Asar Cham hayach yalad

And Laban answered and said unto Jacob, these daughters are my daughters, and these children are my children, and these cattle are my cattle, and all that thou seest is mine: and what can I do this day unto these my daughters, or unto their children which they have borne?

44. attah al yalak yash yarad anachnw karath BaraTh any wa yash wa yarad ythay al ad bayn any wa attah

Now therefore come thou, let us make a covenant, I and thou; and let it be for a witness between me and thee.

45. wa yaaqab laqach aban wa ram yash al Matstsabah

And Jacob took a stone, and set it up for a pillar.

46. wa yaaqab amar al Naphash ach LaqaTh aban
wa Cham laqach aban wa ashah gal wa Cham
ashah akal Sham al gal

And Jacob said unto his brethren, Gather stones;
and they took stones, and made a heap: and they
did eat there upon the heap.

47. wa laban qara yash yagar ShahadaTha han yaaqab
qara yash Galaad

And Laban called it Jegarsahadutha: but Jacob
called it Galeed.

48. wa Laban amar zah gal hy ad bayn
any wa attah zah yowm al hayach al Sham
al yash qara Galaad

And Laban said, This heap is a witness between
me and thee this day. Therefore was the name
of it called Galeed;

49. wa Mazapaha Yy amar YaChuwshuah Tsaphah
bayn any wa attah ka anaky hy caThar Kash
al Raya

And Mizpah; for he said, The LORD watch
between me and thee, when we are absent one
from another.

50. am yash anah any ban av am yash
Laqach achar Kashashah al any ban lah Kash hy
ad anaky raah AlaSham hy ad bayn any wa attah

If thou shalt afflict my daughters, or if thou shalt
take other wives besides my daughters, no man is
with us; see, God is witness betwixt me and thee.

51. wa Laban amar al yaaqab hannah zah gal wa
hannah zah Matstsabah Asar hayach yarah bayn any
wa attah

And Laban said unto Jacob, behold this heap, and
behold this pillar, which I have cast betwixt me
and thee;

52. zah gal Chava ad wa zah Matstsabah
adah ka ahy lah abar zah gal
al attah wa ka yash lah abar zah gal
wa zah Matstsabah al any al Ra

This heap be witness, and this pillar
be witness, that I will not pass over this heap
to thee, and that thou shalt not pass over this heap
and this pillar unto me, for harm.

53. Alasham al Abaracham wa AlaSham al Nachar
AlaSham AlaSham Ab Shaphat bayn anachnw
wa yaaqab Shaba arach pachad al Naphash Ab
yatsachaq

The God of Abraham and the God of Nahor,
the God of their father, judge betwixt us.
And Jacob sware by the fear of his father
Isaac.

54. ka yaaqab zabach al char wa
qara Naphash ach akal Lacham wa Cham ashah
akal Lacham wa lan kal Layl al char

Then Jacob offered sacrifice upon the mount, and
and called his brethren to eat bread: and they did
eat bread, and tarried all night in the mount.

55. wa Shakam baqar Laban Shakam wa
Nashaq Naphash ban wa Naphash ban wa barak
Cham wa Laban yalak wa Shuwb al Naphash
Maqam

And early in the morning Laban rose up, and
kissed his sons and his daughters, and blessed
them: and Laban departed, and returned unto his
place.

CHAPTER

32

Jacob Fears Esau; Wrestles with an angel
yaaqab yara Ashav abaq ad Malak

{10}

1. wa yaaqab halak Naphash darak wa Malak al
   AlaSham paga Naphash

   AND Jacob went his way, and the angels of
   God met him.

2. wa Asar yaaqab raah Cham Yy amar zah hy
   AlaSham Machanah wa Yy qara Sham al ka Maqam
   Machanaym

   And when Jacob saw them, he said, This is
   God's host: and he called the name of that place
   Mahanaim.

3. wa yaaqab shalach Malak panym Naphash al
   Ashav Naphash ach Asar arats al Shayr al Shadah
   al Adam

   And Jacob sent messengers before him to
   Esau his brother unto the land of Seir, the country
   of Edom.

4. wa Yy Tsavah Cham amar kah yash attah
   amar al any Adan Ashav attah abad yaaqab amar
   kah hayach gar ad Laban wa achar
   Sham ad attah

   And commandments them, saying, Thus shall ye
   speak unto my lord Esau; Thy servant Jacob saith
   thus, I have sojourned with Laban, and stayed
   there until now:

5. wa hayach Shuwr wa Chamar abad wa
   Shaphachah wa hayach Shalach al Nagad any Adan
   ka wlay Matsa Chan al attah ayn

   And I have oxen, and asses, menservants: and
   womenservants: and I have sent to tell my lord,
   that I may find grace in thy sight.

6. wa Malak Shuwb al yaaqab amar anachnw
   baw attah ach Ashav wa gam Yy halak
   qarah attah wa arba Maah Kash ad Naphash

And the messengers, returned to Jacob, saying, We
came to thy brother Esau, and also he cometh
to meet thee, and four hundred men with him

7. az yaaqab hayach Maad yara wa yatsar wa Yy
   Chatsah am ka hayach ad Naphash wa Tsaan
   wa baqar wa gamal al Shanaym Machanah

Then Jacob was greatly afraid and distressed: and he
divided the people that was with him, and the flocks,
and herds, and the camels, into two bands;

8. wa amar am Ashav baw achad Machanah wa
   Nakah yash az achar Machanah Asar hy Shaar
   yash PalaThah

And said, If Esau, come to the one company, and
smite it, then the other company which is left
shall escape.

9. wa yaaqab amar hy AlaSham al any Ab Abaracham
   wa AlaSham al any Ab yatsachaq YaChuwshuah
   Asar amar al any Shuwb al attah arats wa
   al attah MaladaTh wa ahy ashah yaThab ad
   attah

And Jacob said, O God of my father Abraham,
and God of my father Isaac, the LORD
which saidst unto me, Return unto thy country, and
to thy kindred, and I will deal well with thee: with
thee:

10. Ahayach lah qatan al qatan al akal chacad wa
    al kal amath Asar yash ashah al attah
    abad al ad any Maqqal any abar zah yaradan
    wa attah Ahayach hayach Shanaym Machanah

I am not worthy of the least of all the mercies, and
of all the truth, which thou hast shewed unto thy
servant; for with my staff I passed over this Jordan;
and now I am become two bands.

11. Natsal any anna al yad al any ah
    al yad al Ashav any yara Naphash pan Yy abah
    baw wa Nakah any wa al am ad al
    Ban

Delver me, I pray thee, from the hand of my brother,
from the hand of Esau: for I fear him, lest he will
come and smite me, and the mother with the.
children.

12. wa yash amar ahy ka ashah attah yaThab wa
    ashah attah zara achar chwl al yam Asar lah
    hava caphar al Rab

And thou saidst, I will surely do thee good, and
make thy seed as the sand of the sea, which cannot
be numbered for multitude.

13. wa Yy lan Sham ka huw Layl wa laqach al
    ka Asar baw Naphash yad Manachah al Ashav
    Naphash ah

And he lodged there that same night; and took of
that which came to his hand a present for Esau
his brother;

14. Shanaym Maah Naphash az wa Asaraym Yy az
    Shanaym Maah Rachal wa Asaraym ayl

Two hundred she goats, and twenty he goats,
two hundred ewes, and twenty rams,

15. Shalashym yanaq gamal ad Cham ban Arabaym
    parah wa Asar par Asharym Naphash aThan wa
    Ashar ayr

Thirty milch camels with their colts, forty
kine, and ten bulls, twenty she asses, and
ten foals.

16. wa Yy Nathan Cham al yad al Naphash abad
kal adar arach bad wa amar al Naphash
abad abar panym any wa Shuwm Ravach
bayn adar wa adar

And he delivered them into the hand of his servants,
every drove by themselves; and said unto his
servants, Pass over before me, and put a space
betwixt drove and drove.

17. wa Yy Tsavah Rashan amar ka
Ashav any ah pagash attah wa Shaal attah
amar Mah Mashay wa an yalak yash
wa Mah hy allah panym attah

And he commanded the foremost, saying, When
Esau my brother meeteth thee, and asketh thee,
saying, Whose art thou? And whither goest thou?
and whose are these before thee?

18. az yash amar Cham hava attah abad yaaqab yash
hy Manachah Shalach al any Adan Ashav wa hannah
gam Yy hy achar anachnw

Then thou shalt say, they be thy servants Jacob's; it
is a present sent unto my Lord Esau: and, behold,
also he is behind us.

19. wa kan Tsavah Yy Shanah wa Shalash
wa kal ka halak adar amar al zah
dabar yash dabar al Ashav ka attah Matsa Naphash

And so commanded he the second, and the third,
and all that followed the droves, saying, On this
manner shall ye speak unto Esau, when ye find him.

20. wa amar attah gam hannah attah abad yaaqab hy
achar anaky al Yy amar ahy kaphar Naphash ad
Manachah ka halak panym any wa achar
ahy raah Naphash panym wlay Yy abah Nasha
al any

And say ye moreover, behold, thy servant Jacob is
behind us. For he said, I will appease him with
a present that goeth before me, and afterward
I will see his face; peradventure he will accept
of me.

21. kan abar Manachah abar panym Naphash wa huw
lwn ka layl al Machanah

So went the present over before him: and himself
lodged that night in the company.

22. wa Yy qam ka Layl wa laqach Naphash Shanaym
Kashashah wa Naphash Shanaym Shaphachah wa
Naphash achad ban wa abar Maabar yabbaq

And he rose up that night, and took his two
wives, and his two womenservants; and
his eleven sons, and passed over the ford Jabbok.

23. wa Yy laqach Cham wa abar Cham Nachal
wa abar ka Yy hayach

And he took them, and sent them over the brook,
and sent over that he had.

24. wa yaaqab hayach yathar bad wa Sham abaq
Kash ad Naphash ad Alah al Shachar

And Jacob was left alone; and there wrestled
a man with him until the breaking of the day.

25. wa ka Yy raah ka Yy yakal lah Nagad Naphash
Yy Naga kaph al Naphash yarak wa kaph
al yaaqab yarak hayach al al yaqa hy Yy abaq
ad Naphash

And when he saw that he prevailed not against him,
he touched the hollow of his thigh; and the hollow
of Jacob's thigh was out of joint, as he wrestled
with him.

26. wa Yy amar yarad any shalach al Shachar Alah
    wa Yy amar ahy lah yarad attah shalach Nasha yash
    barak any

And he said, Let me go, for the day breaketh.
And he said, I will not let thee go, except thou
bless me.

27. wa Yy amar al Naphash Mah hy attah Sham wa
    Yy amar yaaqab

And he said unto him, What is thy name? And
he said, Jacob.

28. wa Yy amar attah Sham yash qara lah owd
    yaaqab han yasharaAl al hy Nasha yash Asarah
    ad AlaSham wa ad anash wa hayach yakal

And he said, Thy name shall be called no more
Jacob, but Israel: for as a prince hast thou power
with God and with men, and hast prevailed.

29. wa yaaqab Shaal Naphash wa amar Nagad any
    anna attah Sham wa Yy amar Mah hy
    yash ka yash ashah Shaal achar any Sham wa Yy
    barak Naphash Sham

And Jacob asked him, said, Tell me,
I pray thee, thy name. And he said, Wherefore is
it that thou dost ask after my name? And he
blessed him there.

30. wa yaaqab qara Sham al Maqam panyal al
    hayach raah AlaSham panym al panym wa any
    Naphash hy Natsal

And Jacob called the name of the place Peniel: for
I have seen God face to face, and my
life is preserved

31. wa hy Yy abar panyal Shamash qam al
    Naphash wa Yy Tsala al Naphash yarak

And as he passed over Penuel the sun rose upon
him, and he halted upon his thigh.

32. al ban al yasharaAl akal lah al gyd
    Asar Nashah Asar hy al kaph al yarak
    al zah yowm ka Yy Naga kaph al
    yaaqab yarak al gyd ka Nashah

Therefore the children of Israel eat not of the sinew
which shrank, which is upon the hollow of the thigh,
unto this day: because he touched the hollow of
Jacob's thigh in the sinew that shrank.

33

Jacob and Esau Reconciled
yaaqab wa Ashav kaphar

{11}

1. wa yaaqab Nasha ayn wa raah wa
   hannah Ashav baw wa ad Naphash arba Maah
   Kash wa Yy chatsah ban al laah wa al
   Rachal wa al Shanaym Shaphachah

AND Jacob lifted up his eyes, and looked, and,
behold, Esau came, and with him four hundred
men. And he divided the children unto Leah, and unto
Rachel, and unto the two handmaids.

2. wa Yy Shuwm Shaphachah wa Cham ban
   Rashan wa laah wa Naphash ban acharan wa
   Rachal wa yacaph acharan

And he put the handmaids and their children
foremost, and Leah and her children after, and
Rachel and Joseph hindermost.

3. wa Yy abar panym Sham wa Shachah huw
   al arats Shaba paam ad Yy Nagash al Naphash
   ah

And he passed over before them, and bowed himself
to the ground seven times, until he came near to his
brother.

4. wa Asahav ruwts al qarah Naphash wa chabaq
   Naphash wa Naphal Naphash Tsavvar wa Nashaq
   Naphash wa Cham bakah

And Esau ran to meet him, and embraced
him, and fell on his neck, and kissed him:
and they wept.

5. wa Yy Nasha Naphash ayn wa raah Kashashah
    wa ban wa amar Mah hy allah ad attah
    wa Yy amar ban Asar AlaSham yash Chanan
    attah abad

And he lifted up his eyes, and saw the women
and the children; and said, Who are those with thee?
And he said, The children which God hath graciously
given thy servant.

6. az Shaphachah Nagash Cham wa Cham
    ban wa Cham shachah bad

Then the handmaidens came near, they and their
children, and they bowed themselves.

7. wa laah gam ad Naphash ban Nagash wa
    shachah bad wa achar Nagash yacaph Nagash wa
    Rachal wa Sham Shachah bad

And Leah also with her children came near, and
bowed themselves: and after came Joseph near and
Rachel, and they bowed themselves.

8. wa Yy amar Mah damah attah arach kal zah
    adar Asar any pagash wa Yy amar allah hy al
    Matsa Chan al ayn al any Adan

And he said What meanest thou by all this
drove which I met? And he said, These are to
find grace in the sight of my Lord.

9. wa Ashav amar hayach Rab any ah Shamar ka
    yash al attah

And Esau said, I have enough, my brother; keep that
thou hast unto thyself.

10. wa yaaqab amar lah Na am Na hayach Matsa
    Chan al attah ayn az laqach any Manachah av any
    yad al al hayach raah attah panym hy ka
    hayach raah panym al AlaSham wa yash hayach
    ratsah ad any

And Jacob said, nay, I pray thee, if now I have found
grace in thy sight, then receive my present at my
hand: for therefore I have seen thy face, as though
I have seen the face of God, and
thou wast pleased with me.

11. laqach Na any barak ka hy baw al attah
    ka AlaSham yash ashah Chanan ad any wa
    ka hayach Rab wa Yy patsar Naphash wa Yy
    laqach yash

Take, I pray thee, my blessing that is brough to thee;
because God hath dealt graciously with me, and
because I have enough. And he urged him, and he
took it.

12. wa Yy amar yarad al laqach anaky Naca wa
    yarad anaky yalak wa any ratsan yalak panym
    attah

And he said, Let us take our journey, and
let us go, and I will go before
thee.

13. wa Yy amar Asar Naphash any Adan yada ka
    ban hy Rak wa Tsaan wa baqar ad wl hy ad
    uwl hy ad any wa am Kash yash abar Cham
    achad yowm kal Tsaan abah MawTh

And he said unto him, My Lord knoweth that
the children are tender, and the flocks and herds with
young are with me: and if men should overdive them
one day, all the flock will die.

14. yarad any Adan Na abar panym Naphash
    abad wa an ratsan Nahal at ragal hy
    Tsaan ka halak panym any wa ban hava ragal
    al ragal ad any baw al any Adan al Shayr

Let my Lord, I pray thee, pass over before his
servant: and I will lead on softly, according as the
cattle that goeth before me and the children be able
to endure, until I come unto my Lord unto Seir.

15. wa Ashav amar yarad any Na yatsag ad attah
achad al am ka hy ad any wa Yy amar Mah
Chashwth yash yarad any Matsa chan al ayn al
any Adan

And Esau said, Let me now leave with thee
some of the folk that are with me, and he said, What
needeth it? Let me find grace in the sight of
my Lord.

16. kan Ashav Shuwb ka yowm al Naphash darak
al Shayr

So Esau returned that day on his way
unto Seir

17. wa yaaqab Naca al Shakkwth wa banah Naphash
wa bayth wa ashah Shakkah al Naphash Tsaan al
Sham al Maqam hy qara Shakkah

And Jacob journeyed to Succoth, and built him
a house, and made booths for his cattle: therefore
the name of the place is called Succoth.

18. wa yaaqab baw al Shalam ayar al Shacham
Asar hy al arats al Kanaan az Yy baw al
Phadan Aram Chanah Naphash ahal panym ayar

And Jacob came to Shalem, a city of Shechem,
which is in the land of Kanaan, when he came from
Padan-aram; and pitched his tent before the city

19. wa Yy qanah chalaqah al Shadah Asar Yy haych
Natah Naphash ahal av yad al ban al Chamar
Shacham Ab al av Maah gazar al qashythah

And he bought a parcel of a field, where he had
spread his tent, at the hand of the children of Hamor,
Shechem's father, for a hundred pieces of money.

20. wa Yy Natsab Sham av Mazabaach wa qara
yash al AlaSham yasharaAl

And he erected there an altar, and called
it El- elohe-Israel

CHAPTER

34

Simeon and Levi fire for Dinah
Shamawn wa Lava Ash al Danach

{12}

1. wa Danah bath al Laah Asar Naphash yalad
   al yaaqab yarad raah baTh al arats

   AND Dinah the daughter of Leah, which she bare
   unto Jacob, went out to see the daughters of the land.

2. wa az Shacham ban al Chamar Chavvah
   Nasha alShadah raah Naphash Yy laqach Naphash
   wa Shakab ad Naphash wa anah Naphash

   And when Shechem the son of Hamor the Hivite,
   prince of the country, saw her, he took her,
   and lay with her, and defiled her.

3. wa Naphash dabaq Asar Danah bath al yaaqab
   wa Yy ahab Naarah wa dabar lab al
   Naarah

   And his soul clave unto Dinah the daughter of Jacob,
   and he loved the damsel, and spake kindly unto the
   damsel.

4. wa Shacham dabar Naphash Ab Chamar amar
   laqach any zath Naarah al Kashashah

   And Shechem spake unto his father Hamor, saying
   Get me this damsel to wife.

5. wa yaaqab Shama ka Yy hayach aThama Danah
   Naphash bath Na Naphash ban hayach ad Naphash
   Tsaan al Shadah wa yaaqab charash Naphash charash
   ad Cham hayach baw

   And Jacob heard that he had defiled Dinah
   his daughter: now his sons were with his
   cattle in the field: and Jacob held his peace
   until they were come.

6. wa Chamar Ab al Shacham yatsa al
yaaqab dabar ad Naphash

And Hamor the father of Shechem went out unto
Jacob to commune with him.

7. wa ban al yaaqab baw al Shadah az
Cham Shama yash wa Kash hayach atsab wa
Cham hayach Maad Charah ka Yy hayach ashah
Nab alah al yasharaAl al Shakab ad yaaqab bath
Asar kan Maamah lah al hava ashah

And the sons of Jacob, came out of the field when
they heard it: and the men were grieved, and
they were very wroth, because he had wrought
follly in Israel in lying with Jacob's daughter;
which thing ought not to be done.

8. wa Chamar dabar ad Cham amar Naphash
al anyban Shacham Chashaq al Naphash bath
Na Nathan Naphash huw al Kashashah

And Hamor cummuned with them, saying, The soul
of my son Shechem longeth for your daughter:
I pray you give her him to wife.

9. wa Sham attah Chathan ad anaky wa Nathan
Naphash ban al anaky wa laqach anaky ban al
attah

And make ye marriages with us, and give
your daughters unto us, and take our daughters unto
you

10. wa attah yash yashab ad anaky wa arats yash
panym attah yashab wa cachar attah qarab wa
laqach attah achaz qarab

And ye shall dwell with us: and the land shall be
before you; dwell and trade ye therein, and
get you possessions therein.

11. wa Shacham amar al Naphash Ab wa al
Naphash ach yarad any Matsa Chan al
Naphash ayn wa Mah attah yash amar al ahy
Nathan

And Shechem said unto her father and unto
her brethren, Let me find grace in
your eyes, and what ye shall say unto me I will
give.

12. Shaal any lah gam Maad Mahar wa Mattan wa
any ratsan Nathan al hy attah yash amar al any
han Nathan any Naarah al Kashashah

Ask me never so much dowry and gift, and
I will give according as ye shall say unto me:
but give me the damsel to wife.

13. wa ban al yaaqab anah Shacham wa
Chamar Naphash Ab Maramah wa amar ka
Yy hayach aThama Danah Cham achwth

And the sons of Jacob answered Shechem and
Hamor his father deceitfully, and said, because
he had defiled Dinah their sister:

14. wa Cham amar al Cham anaky lah ashah zah
dabar al Nathan anaky achwth al Kash ka hy
arlah al ka hayach Charapah al anaky

And they said unto them, We cannot do this
thing, to give our sister to one that is
uncircumcised; or that were a reproach unto us:

15. han al zath abah anaky wTh al attah am attah ahy
hava hy anaky hava kal zakar al attah hava Mwl

But in this will we consent unto you: if ye will
be as we be, that every male of you be circumcised;

16. az abah anaky Nathan anaky ban al attah wa anaky abah laqach Naphash ban al anaky wa anaky abah yashab ad attah wa anaky abah hayach achad am

Then will we give our daughters unto you, and we will take your daughters to us, and we will dwell with you, and we will become one people.

17. han am attah ratsan lah Shama al anaky al hava Mwl az abah anaky laqach anaky ban wa anaky abah halak

But if ye will not hearken unto us, to be circumcised; then will we take our daughter, and we will be gone.

18. wa Cham dabar yaThab Chamar wa Shacham Chamar ban

And their words pleased Hamor, and Shechem Hamor;s son.

19. wa Naar Kash achar lah al ashah dabar kaYy hayach chaphats al yaaqab ban wa Yy hayach kabad Man kal bayth al Naphash Ab

And the young man deferred not to do the thing, because he had delight in Jacob's daughter: and he was more honorable than all the house of his father

20. wa Chamar wa Shacham Naphash ban baw al al Shaar al cham ayar wa dabar ad al anash al cham ayar amar

And Hamor and Shechem his son came unto the gate of their city, and communed with the men of their city, saying,

21. allah chanash hy Shalam ad anaky al yarad cham yashab al arats wa cachar al al arats hannah yash hy Rachab yad al cham yarad anaky laqach ham ban al anaky al Kashashah wa yarad anaky Nathan Cham anaky ban

These men are peaceable with us; therefore let them dwell in the land and trade therein; for the land, behold, it is large enough for them; let us take their daughters to us for wives, and let us give them our daughters.

22. ak zath abah anash wth al anaky al al yashab ad anaky yash achad am am kal zakarqarab anaky hava Mwl hy Cham hy Mwl

Only herein will the men consent unto us for to dwell with us, to be one people, if every male among us be circumcised, as they are circumcised

23. yash lah Cham Tsaan wa Cham qanysn wa kal bachamah al Cham hava anaky ak yarad anaky wth al cham wa cham abah yashab ad anachnuw

Shall not their cattle and their substance and every beast of theirs be ours? Only let us consent unto them, and they will dwell with us.

24. wa al Chamar wa al Shacham Naphash ban Shama kal ka yatsa al Shaar al Naphash ayar kal zakar hayach Mwl kal ka yatsa al al Shaar al Naphash ayar

And unto Hamor and unto Shechem his son hearkened all that went out of the gate of his city; and every male was circumcised, all that went out of the gate of his city.

25. wa yash hayach abar al Shalash yowm az Cham
    hayach kaab ka Shanaym ban al yaaqab Shaman
    wa Lavah Danah ach laqach Kash Kash Naphash
    charab wa baw al ayar batach wa harag kal
    al zakar

    And it came to pass on the third day, when they
    were sore, that two of the sons of Jacob, Simeon
    and Levi, Dinah's brethren, took each man his
    sword, and came upon the city boldly, and slew all
    the males.

26. wa Cham harag Chamar wa Shacham Naphash
    ban ad pah al charab wa laqach Danah al
    al Shacham bayth wa yatsa

    And they slew Hamor ans Shechem his
    son with the edge of the sword, and took Dinah out
    of Shechem's house, and went out.

27. ban al yaaqab baw al chalal wa bazaz
    ayar ka cham hayach aThama Cham achwTh

    The sons of Jacob came upon the slain, and spoiled
    the city, because they had defiled their sister.

28. Cham laqach Cham Tsaan wa Cham baqar wa
    Cham Chamar wa ka Asar hayach al ayar wa ka
    Asar hayach al Shadah

    They took their sheep, and their oxen and
    their asses, and that which was in the city, and that
    which was in the field,

29. wa kal Cham chayl wa kal Cham taph ban wa
    Cham Kashashah laqach Cham Shabah wa bazaz
    gam kal ka hayach al bayth

    And all their wealth, and all their little ones, and
    their wives took they captive, and spoiled
    even all that was in the house.

30. wa yaaqab amar al Shaman wa Lavah attah yash
    akar any al Shuwm any al baash qarab
    yashab al arats qarab Kanaan wa
    Pharazzy wa hayach MaTh al Macapar cham
    yash acaph bad yachad al any wa Nakah
    any wa yash hava Shamad any wa any bayth

    And Jacob said to Simeon and Levi, Ye have
    troubled me to make me to stink among the
    inhabitants of the land, among the Canaanites and
    the Perizzites: and I being few in number, they
    shall gather themselves together against me, and slay
    me; and I shall be destroyed, I and my house.

31. wa Cham amar yash Yy ashah ad anaky
    achwth hy ad av zanah

    And they said, Should he deal with our
    sister as with a harlot?

CHAPTER 35

Jacob's Name, Rachel death
adyaaqab Sham Rachal Mawth

{13}

arats al Asar
land of God

1. wa AlaSham amar al yaaqab qam Alah al baThal
   wa yashab Sham wa ashah Sham av Mazabaach
   al AlaSham ka raah al az allah barach
   al panym Al Ashav attah ah

   AND God said unto Jacob, Arise, go up to Beth-el,
   and dwell there: and make there an altar
   God, that appeared unto thee when thou fleddest
   from the face of Esau thy brother.

2. az yaaqab amar al Naphash bayth wa al kal ka
   hayach ad Naphash Shuwr yarak Nakar AlaSham
   ka hy qarab attah wa aThahar wa chalaph
   Naphash Shamalah

   Then Jacob said unto his household, and to all that
   were with him, Put away the strange gods
   that are among you, and be clean, and change
   your garments:

3. a yarad anachnw qam wa Alah al baTh al wa
   any abah ashah Sham av Mazabaach al AlaSham
   Mah anah any al yowm al any Tsarah wa hayach
   ad any al darak Asar any halak

   And let us arise, and go up to Beth-el; and
   I will make there an altar unto God,
   who answered me in the day of my distress, and was
   with me in the way which I went.

4. wa Cham Nathan al yaaqab kal Nakar AlaSham
   Asar hayach al Cham yad wa kal Cham Nazam
   Asar hayach al Cham azan wa yaaqab aThaman
   Cham ThachaTh Alah Asar hayach arachShacham

And they gave unto Jacob all the strange gods
which were in their hands, and all their earrings
which were in their ears; and Jacob hid
them under the oak which was by Shechem.

5. wa Cham Naca wa chaThThah al AlaSham hy
   al ayar ka hayach cabab Cham wa Cham
   ashah lah radaph achar ban al yaaqab

And they journeyed: and the terror of God was
upon the cities that were round about them, and they
did not pursue after the sons of Jacob.

6. kan yaaqab baw lwz Asar hy al arats al
   Kanaan ka hy bath al Yy wa kal am ka
   hayach ad Naphash

So Jacob came to Luz, which is in the land of
Canaan, that is, Beth-el, he, and all the people that
were with him.

7. wa Yy banah Sham av Mazabaach wa qara
   Maqam al bath al ka Sham AlaSham galah
   al Naphash az Yy barach al panym al Naphash ah

And he built there an altar, and called
the place El-Beth-el: because there God appeared
unto him, when he fled from the face of his brother.

8. han dabarah Rabaqah yanaq Mawth wa Naphash
   hayach qabar ThachaTh bath al ThachaTh av
   Allan wa Sham al yash hayach qara Allan bachaTh

But Deborah Rebekah's nurse died, and she
was buried beneath Beth-el under an
oak: and the name of it was called Allon-bachuth.

9. wa AlaSham raah al yaaqab ad ka Yy baw
   al Al aPhAdan Aram wa barak Naphash

And God appeared unto Jacob again, when he came
out of Padan aram, and blessed him.

10. wa AlaSham amar al Naphash attah Sham hy
    yaaqab attah Sham yash lah qara owd yaaqab
    han yasharaAl yash attah Sham wa Yy qara
    Naphash Sham yasharaAl

And God said unto him, Thy name is
Jacob: thy name shall not be called any more Jacob
but Israel shall be thy name: and he called
his name Israel.

11. wa AlaSham amar al Naphash Ahayach
    AlaSham Shadday pharach wa Rabah gay wa
    qahal al gay yash hava al attah wa Malak
    yash yatsa al attah chalats

And God said unto him, I am
God Almighty be fruitful and multiply; a nation and
a company of nations shall be of thee, and kings
shall come out of thy lions;

12. wa arats Asar any Nathan Abaracham wa
    yatsachaq al attah ahy Nathan yash wa al attah
    zara achar attah abah any Nathan arats

And the land which I gave Abaracham and
Isaac, to thee I will give it, and to thy
seed after thee will I give the land.

13. wa AlaSham Alah al Naphash al Maqam Asar
    Yy dabar ad Naphash

And God went up from him in the place where
he talked with him.

14. wa yaaqab Natsab Matstsabah al Maqam Asar
Yy dabar ad Naphash gam MatstsabaTh al aban
wa Yy Nacak ach Nacak Manachah al wa Yy
yatsaq Shaman al

And Jacob set up a pillar in the place where
he talked with him, even a pillar of stone
and he poured a drink offering thereon, and he
poured oil thereon.

15. wa yaaqab qara Sham al Maqam Asar AlaSham
dabar ad Naphash BaThAl

And Jacob called the name of the place where God
spake with him, Beth-el.

16. wa Cham Naca al bath al wa Sham hayach han
kabarah arats al baw Apharah wa Rachal yalad
wa Naphash hayach qashah yalad

And they journeyed from Beth-el; and there was but
a little way to come to Ephrath: and Rachel travailed
and she had hard lobar.

17. wa yash hayach abar ka Naphash hayach al
qashah yalad ka amar al Naphash yara lah
yash hayach zah ban gam

And it came to pass, when she was in
hard lobar, that the midwife said unto Fear not;
thou shalt have this son also.

18. wa yash hayach abar hy Naphash hayach al
yatsa al Naphash Mawth ka Naphash
qara Naphash Sham Ban any han Naphash Ab
qara Naphash banyaman

And it came to pass, as her soul was in departing,
departing, (for she died) that she
called his name Ben-oni: but his father
called him Benjamin.

19. wa Rachal Mawth wa hayach qabar al darak
al ApharaTh Asar hy bath AlaSham

And Rachel died, and was buried in the way
to Ephrath, which is Bethlehem.

20. wa yaaqab Natsab Matstsabath al Naphash
qabarah ka hy Matstsabath al Rachal qabarah al
zah yowm

And Jacob set up a pillar upon her
grave: that is the pillar of Rachel's grave unto
this day.

21. wa yasharaAl Naca wa Natah Naphash ahal
halaah Magad al Adar

And Israel journeyed, and spread his tent
beyond the tower of Edar.

22. wa yash hayach abar ka yasharAl Shakan al
ka arats ka Raaban yalak wa Shakab ad balahah
Naphash Ab Phalagash wa yasharaAl Shama
yash Na ban al yaaqab hayach Asrah

And it came to pass, when Israel dwelt in
that land Reuben went and lay with Bilhah
his father's concubine: and Israel heard
it. Now the sons of Jacob was twelve:

23. al ban al Laah Raaban yaaqab bakar wa
Shaman wa Lavah wa yachadah wa
yashashashakar wa zabalan

The sons of Leah; Reuben, Jacob's firstborn, and
Simeon, and Levi, and Judah, and
Issachar, and Zebulun:

24. ban al Rachal yacaph wa Banyaman

The sons of Rachel; Joseph, and Benjamin:

25. wa ban al balahah Rachal Shaphachah Dan
wa NaphaThal

And the sons of Bilhah, Rachel's handmaid; Dan,
and Naphtali:

26. wa ban al zalapah Laah Shaphachah Gad wa
Asar allah hy ban al yaaqab Asar hayach yalad
al Naphash Al Phadan Aram

And the sons of Zilpah, Leah's handmaid; Gad, and
Asher: these are the sons of Jacob, which were born
to him in Padan-aram.

27. wa yaaqab baw Asar yatsachaq Naphash Ab
al Mamara al ayar al arbah Asar hy Chabaran
Asar Abaracham wa yatsachaq Gar

And Jacob came unto Isaac his father
unto Mamre unto the city of Arbah, which is Hebron,
where Abraham and Isaac sojourned.

28. wa yowm al yatsachaq hayach av Maah wa
Shamanaym Shanah

And the days of Isaac were a hundred and
fourscore years.

29. wa yatsachaq Nathan al gava wa Mawth wa
hayach acaph al Naphash am hayach zaqan wa
wa Shabaa al yowm wa ban Ashav wa yaaqab
qabar Naphash

And Isaac gave up the ghost, and died, and
was gathered unto his people, being old and
full of day: and his sons Esau and Jacob
buried him.